Messestadt, Buchhandels- und Verlagsstadt, Musikstadt, Universitätsstadt – all das ist Leipzig. Und vieles mehr! Johann Wolfgang von Goethe, Felix Mendelssohn Bartholdy, Hector Berlioz, Thomas Mann, Erich Loest, Clemens Meyer und andere berühmte Autoren und Komponisten gewähren uns Einblicke in die Verlagshäuser, Konzertsäle und Wohnzimmer der Stadt. In Romanauszügen und Tagebucheinträgen erfassen sie Momentaufnahmen des Lebens, spannen den Bogen zu historischen Ereignissen und entdecken uns die Zeichen der Zeit, die das Leben in Leipzig bis heute prägen.

Diese Reihe nimmt deutsche Städte, Flüsse und Regionen in den Blick: Auszüge aus literarischen Klassikern, Gedichte, Sagen, Märchen und Briefe über die verschiedenen Landstriche versammeln Historisches und Mythisches, Kurioses und Aufschlussreiches.

In der Reihe liegen außerdem vor: Berlin, Dresden, Frankfurt, Harz, Köln, Mosel, München, Potsdam, Rhein und Schwaben

*Unsere Adresse im Internet: www.fischerverlage.de*

# Leipzig

*Eine Lese-Verführung*

Herausgegeben von
Constanze Neumann

Fischer Taschenbuch Verlag

*Meinen Eltern in Erinnerung*
*an den 1. August 1970 in Leipzig*

Originalausgabe
Veröffentlicht im Fischer Taschenbuch Verlag,
einem Unternehmen der S. Fischer Verlag GmbH
Frankfurt am Main, Mai 2010


Gesamtherstellung: CPI – Clausen & Bosse, Leck
Printed in Germany
ISBN 978-3-596-65011-8

# Inhalt

»Mein Leipzig lob ich mir.
Es ist ein klein Paris und bildet seine Leute.«
*Statt eines Vorworts*



»Ich komme nach Leipzig, an einen Ort,
wo man die ganze Welt im kleinen sehen kann.«
*Ankunft und Abfahrt*

## Alma Mater Lipsiensis
*Universitätsstadt*



## »Erst das Orchester, dann die Thomaner …«
*Musikstadt*



## »Ich hatte den Kopf voll Lektüre …«
*Buchhandels- und Verlagsstadt*

»Um 4 hub eine Kanonade an …«
*Völkerschlacht*



»Wir sind das Volk«
*Herbst 1989*



Anhang

»Mein Leipzig lob ich mir.
Es ist ein klein Paris und
bildet seine Leute.«
(Johann Wolfgang von Goethe)

*Statt eines Vorworts*

*Das Leipziger Stadtsiegel von 1287*

*Theodor Grässe*

# Der Ursprung von Leipzig und seinen Linden

Die Stadt Leipzig soll nach Einigen ihren Namen daher haben, daß ein gewisser Lybonothes, ein Kriegsfürst jenes Arminius, der den Varus schlug, hier sein stetiges Hoflager gehalten und im Schlosse Aldenburg, nahe dem Ranstädtischen Thore gelegen, da wo die Pleiße und Parthe zusammenkommen, residirt habe: nach diesem habe es erst den Namen Libonitz, aus dem dann durch Zusammenziehung Lyptz ward, geführt. Weil aber dieses Wörtchen in wendischer Sprache einen Lindenbusch bedeutet, so haben Andere, wie der Pirnaische Mönch und Erasmus Stella berichtet, daß an dem Orte, wo jetzt die Stadt liege, ursprünglich ein Dorf gewesen und hier unter einem schönen Lindenbaum mit weit ausgebreiteten Aesten ein Abgott der Sorben-Wenden Namens Flyns gestanden habe, so von schrecklicher Gestalt war, nämlich ein todter Körper mit einem langen Mantel behangen, in seiner Hand einen Stab mit einem brennenden Blasfeuer, auf der linken Schulter einen aufgerichteten Löwen haltend und auf einem hohen Steine stehend, der sei hochgeehrt worden, da sie meinten, der Löwe solle sie von den Todten auferwecken. Solchen Abgott hat der h. Bonifacius im J. 728, als er unter den Sorben das Christenthum gepredigt, abgeschafft und mit Hilfe frommer Herzen ein Klösterlein und einen Convent von wenigen frommen Männern, die er von Mainz kommen lassen und in seiner Abwesenheit das Volk im christlichen Glauben erhalten sollten, errichtet. Dieses Kloster, so neben Rochlitz in diesem Lande das erste gewesen, war dem h. Jacobus geweiht, und erzählt Stella, daß es an dem Zusammenfluß der Pleiße und Parthe gestanden habe und zu seiner Zeit noch einige Mauern davon zu sehen gewesen. Ob nun wohl die Heiden, nachdem der h. Bonifacius und seine Jünger Ludgerus, Rupertus und Gallus den Rücken gewendet, Alles wieder zerstört haben, ist der Ort gleichwohl von Tage zu Tage gewachsen und von Markgraf Conrad mit Mauern umgeben worden. Seitdem ist der Brauch aufgekommen, daß, wo Kirchen aufgerichtet wurden, man auch gemeiniglich eine oder zwei Linden daneben pflanzte und aufzog, wie auf allen alten Kirchhöfen zu sehen und man selbigen Baum fast für heilig und es für eine Sünde hielt, wenn man solchen im Geringsten beschädigte. Von solchen Pflanzungen ist auch das Dorf Lindenau bei Leipzig entstanden. Ueberhaupt war die Linde das Zeichen der Freien und Edlen, die Eiche aber das der Knechte.

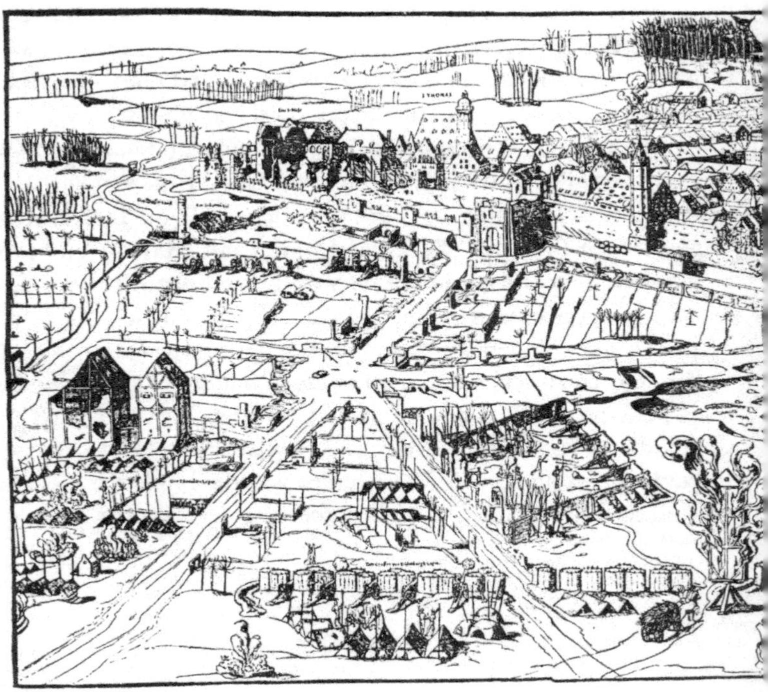

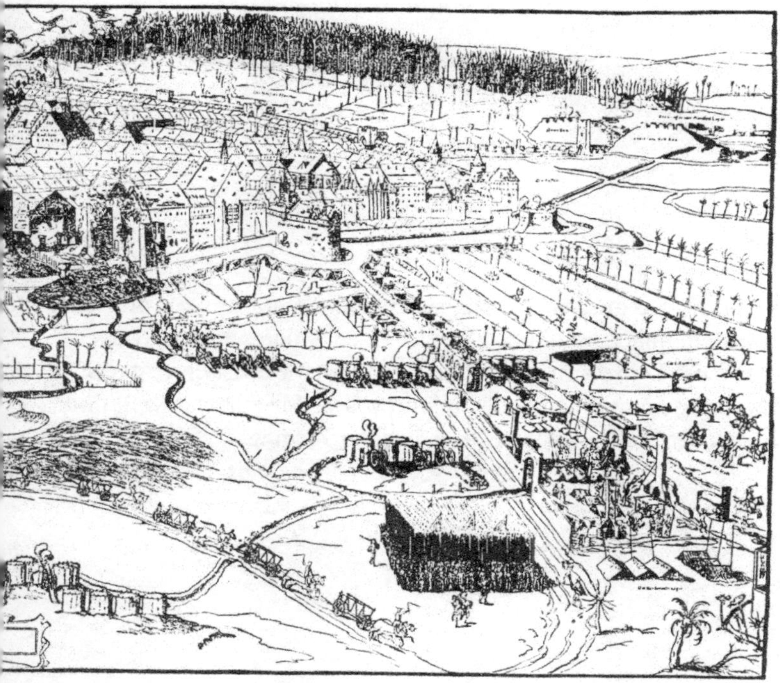

*Älteste Stadtansicht 1547*
*Holzschnitt von einem unbekannten Künstler*

*August Salomon Maurer*

# Sie müssen Leipzig sehen!

»Freund, Sie müssen Leipzig sehen; man giebt ja wohl für das minutenlange Anschauen eines fremden Thieres acht Groschen, – und um Leipzig zu sehen, da darf Sie der Verlust eines ganzen Capitales nicht reuen, – denn dann wissen Sie erst was Welt und Menschen sind – und was ihre Tollheit vermag.«

(1799)

*Joachim Ringelnatz*

# Leipzig

Die Berge sind so schön, so erhaben! –
Aber es gibt hier keine. –
Wo hier zwei Menschen sind, ist keiner alleine. –
Über manche Leute, die jemand begraben,
Lache ich beinahe mich selber zu Tode. –
Fast alle Sachsen sind sächsisch. Sie zeigen sogar,
Daß die Pariser und die Londoner Mode
Vor zwei Jahren eigentlich auch sächsisch war.

Bei deiner Großmutter bin ich gewesen.
Es tut einem weh:
Sie nagelt – die Siebzigjährige – Stiele an Besen
Und trinkt – weil das jetzt am billigsten – Blutreinigungstee.
Sie hat eine alte Kommode, wertvolles, frühes Barock.
Ich klärte sie auf. Und denke dir:
Sie – unabwehrbar – schenkte sie mir,
Trug sie persönlich mir heimlich nachts ins Hotel in den
dritten Stock.

Was nun mit ihr, was mit der Kommode machen?? –
Genug für heute. Ich bin so müde gefragt.
Es ist doch billig, über die Sachsen zu lachen.
Der müßte selber ein
(und würde kein) Sachse sein,
Der einmal recht ihre Vorzüge sagt.

»Ich komme nach Leipzig,
an einen Ort, wo man die ganze Welt
im kleinen sehen kann.«
(Gotthold Ephraim Lessing)

# *Ankunft und Abfahrt*

*August Salomon Maurer*

# Messe-Gefahren

Du glaubst gar nicht, wie sehr man in dem tollen Gedränge sich vorsehen muss; wie nöthig es ist, auf seine Uhr, Börse und Schnupftücher ein stets wachendes Auge zu haben, und wie rathsam es selbst dem fürsichtigsten Manne wird, in einem Augenblicke sich wenigstens viermal umzusehen, wenn er nicht zuweilen Gefahr laufen will, derbe Ribbenstösse zu erhalten, von einherrollenden Wagen umgefahren zu werden, oder sich wohl gar in die Gespanschaft pohlnischer Pferde zu verlieren.

Allzuweit sind ohnedem die Strassen in Leipzig nicht, mache dir also eine Idee, wie viel Platz da seyn kann, wo zwischen einem Raume von vierzehn Ellen (denn so breit sind circa die meisten Strassen) noch zwei Budenleute einander gegenüber stehen, deren Behältnisse beide zusammen genommen doch immer auch eine Breite von acht Ellen ausmachen, und rechne für jeden derselben noch eine Elle, die gewiß die um ihn herumstehenden Käufer und Gaffer ausfüllen, hinzu, so hast du in Summa eine Strasse, wo in einem Zwischenraume von nicht mehr als vier Ellen – Vieh, Menschen und Esel bequemlich wandeln sollen.

Zwar, und das wird man mir einwenden, ist noch einiger Platz hinter den Buden obengerühmter Kaufleute, und dieser führt gerade unter der Dachtraufe hinweg; allein um alles in der Welt, lieber Baron, mag ich diesen Weg nicht einschlagen, denn selbst die Tropfen, welche von den Dächern der Häuser herabträufeln, abgerechnet, so findest du noch überdem auf und an diesem Wege, hinter und zwischen den nahestehenden Buden die unverkennbarsten und sichtlichsten Beweise von der guten Verdauungskraft der Leipziger Messfremden; und, so sehr ich mich auch über das behagliche Wohlseyn dieser Menschenclasse freue, so werden sie mirs doch aber auch nicht verargen, wenn ich nun ein für allemal kein Anatomiker ihrer Präparate seyn mag. [...]

Ich komme auf ein Hauptprodukt, das ganz vorzüglich die Leipziger Messen verschönert, auf die Legion inn- und ausländischer, schöner und minder schöner, gepuzter und zerrissener, parfümirter und barfüssiger, reiner und angesteckter Freudenmädchen, welche alle nach Standes Gebühr und Würden sich bemühen, junge und alte Wollüstlinge in ihre Venuswinkel einzuladen.

O! lieber Baron, so viel niederträchtige Geschöpfe und verworfene Mädchen jeder Art wirst du wohl nie antreffen, als zur Zeit der Messe in Leipzig. Die meisten derselben kommen aus unserm lieben Berlin, aus Dresden, Frankfurth, Dessau, Halle, Jena, kurz aus allen Theilen der Welt versammelt sich diese giftige Brut. Abends wimmelts auf den Strassen von diesen Freudennimpfen in Corsets und Saloppen. Da steht eine an der Ecke und giebt mit einem hämischen Husten oder einem freundlichen guten Abend, die Loosung. Wer sich will finden lassen, giebt Antwort, der Handel ist fertig.

Nun kriecht man mit dem artigen Schäfchen in einen nahen Winkel, oder meldet sich auf dem Markte bei den Wächtern der Buden, diese öffnen die Thüre einer Butike, man schlumpft hinein, und der Kampf der Liebe beginnt.

Weit bequemer noch kann man sich Lage und Stellung vor dem Petersthore machen, wo eine Reihe von Kutschen und niedlichen Wienerchaisen dasteht, welche die Stellmacher den Tag über zum Verkauf ausbieten; auch bei diesen wachen gedungene Miethlinge, an welche man angeht, und sich dann zu seinem Minnespiel für zween Groschen den besten und weichgepolstersten Wagen ausersehen kann, wo Nacht und Stille das Vordringen des kleinen Amors befördern, und der Lose sich dann doppelt brüstet, auf vier Rädern eine Lanze zu brechen. So ganz *sens gêne* kann man hier sein Müthchen kühlen, und ungescheut der Vorübergehenden wackelt die verschwiegene Kutsche, in welcher eben zwei in einem Fleise sind. [...]

Noch giebt es, alles Vorhergegangene abgerechnet, überdem noch eine ganz besondere Sekte derselben, welche ebenfalls die Leipziger Messen bezieht, und die nach meinen Bemerkungen unter allen die ekelhafteste und widrigste ist: ich meine die sogenannten Geiger und Pfeifer, oder die allbekannten Harfenistinnen, welche nicht nur in den Gasthäusern mit ihren Instrumenten sich hören und für Tag und Nacht bestellen lassen, sondern auch in Privathäuser, ja selbst in die Gewölbe der Kaufleute, eindringen, und unter dem Vorwand des Harfengeklimpers ihren gröbern und auffallendern Absichten einen gefälligern Anstrich geben. Sie gesellen sich hauptsächlich zu unwissenden Knaben, – denn für den erwachsenen Kenner sind die meisten zu hässlich, – suchen durch ein einladendes Betragen den jungen Einfaltspinsel empfindsam zu machen; wagen verstohlene Handgriffe, führen die schüchterne Hand selbst in ihre verwelkten Busen, – und will denn alles Herumfühlen, Betappen und Entblössen den erstarrten Klotz noch nicht zu ihren Wünschen beleben, so stimmen sie Lieder an, die diejenige Wirkung thun sollen, welche die vorigen Manöuvres so unglücklich verfehlten. In diesen Liedern herrschen denn nun die zotten- und ekelhaftesten Ausdrücke, und nun nimm dazu, dass ein solches Mädchen, welches ohnehin so durchsichtig gekleidet, dass man von oben bis unten, und von unten bis oben die Glieder ihrer Wollust schauen kann, während dem Tändeln sich noch mit ihrer Stimme hören lässt, und Ausdrücke gebraucht, welche fähig wären, das ganze männliche Fleisch zu empören, – sage einmal, lieber Baron, wie sich alsdann ein unerfahrner mit solchen Aussichten und Misterien noch ganz unbekannter Knabe, geschweige denn der Wollüstling beim Reitz der Neuheit und des Verführerischen noch zurückhalten soll, um nicht auf der Stelle seine Lust zu büssen?

*Wilhelm Raabe*

# »Leipzig ist eine schöne Stadt ...«

An einem zehnten Mai zu Anfange des siebenten Jahrzehnts dieses, wie wir alle wissen, so hochbegnadeten, erleuchteten liebenswürdigen neunzehnten Jahrhunderts setzte der von Alexandria kommende Lloyddampfer ein Individuum auf dem Molo von Triest ab, welches sich durch manche Sonderlichkeit im bunten Gewimmel der übrigen Passagiere auszeichnete und selbst den an mancherlei Erscheinungen der Menschen und Völker gewöhnten Tergestinern als etwas Neues sich darstellte. Ein verwilderteres und, trotz der halbeuropäischen Kleidung, aschanti-, kaffern- oder mandingohafteres Subjekt hatte seit langer Zeit nicht vor dem Zollhause auf seinem Koffer gesessen und verblüfft umhergestarrt. Der Mann hätte sich in das Fremdenbuch oder vielmehr auf den Fremdenzettel des Schwarzen Adlers dreist als »particolarissimo« einzeichnen dürfen: er tat es aber nicht, sondern schrieb einfach seinen Namen: Leonhard Hagebucher, hinein und fügte, den Polizeivorschriften gemäß, hinzu: »Kriegsgefangener – kommt aus Abu Telfan im Land Tumurkie, Königreich Dar-Fur – geht nach Leipzig im Königreich Sachsen.« Natürlich ließ sich eine Viertelstunde später ein kaiserlich-königlicher Beamter bei ihm melden, um sich verwundert einige weitere Auskunft zu erbitten, verließ ihn jedoch wieder eine Viertelstunde darauf noch etwas verwunderter mit der altklassischen Bemerkung: »Aus Afrika doch immer etwas Neues.«

Um seine Rechnung im Schwarzen Adler bezahlen und seine weiteren Reisekosten decken zu können, verkaufte der Fremdling einen Elefantenzahn an einen Händler in der Poststraße und fuhr auf der Eisenbahn, ohne unterwegs die Adelsberger Grotten zu besichtigen, nach Wien, wo er wohl Gelegenheit gefunden hätte, einigen mitgebrachten Goldstaub gegen ein gutes Agio in Papier zu verwandeln, es jedoch in Anbetracht, daß der Triestiner Elfenbeinhändler ebenfalls bereits in Papier gezahlt hatte, unterließ. Natürlich erschien auch in Wien, außer dem bekannten, für sein Kloster sammelnden Barmherzigen Bruder, ein Polizeibeamter auf seiner Stube, ersuchte ihn ebenfalls sehr höflich, ihm einen genauern Einblick in seine Personalakten zu gestatten, und verließ ihn gleichfalls verwundert und befriedigt. Sobald sich die Tür hinter dem Beamten geschlossen hatte, legte sich der Reisende wieder ins Bett, und da er in demselben bis zu seiner Abfahrt nach Prag verblieb, so konnte er selbstverständlich weder den Sankt-Stephans-Turm besteigen noch den Prater besuchen. In Prag kam er am Abend an, und da er am andern Morgen in der Frühe nach Dresden abreiste, so kam der kaiserlich-königliche Beamte tschechischer Nationalität, welcher es gleich den Kollegen zu Triest und Wien für seine Pflicht hielt, sich spezieller nach ihm zu erkundigen, zu spät und gab nur dem Wirt zu den Drei Karpfen den Rat, künftig in solchen absonderlichen und verdächtigen Fällen den Gast den ersten Zug versäumen zu machen. Die Prager Glocken vernahm der Kriegsgefangene aus dem Lande Tumurkie noch vom Eilzuge aus, um dann sogleich wieder sänftiglich zu entschlummern. Er schlief, bis ihn die königlich-sächsischen Mautbeamten zu Bodenbach weckten, und durch den Kampf um seine Habseligkeiten ermuntert, blieb er wach bis Dresden, wo er im Schatten der Drei Palmzweige auf dem Palaisplatz in der Neustadt von neuem einschlief.

Es ist nicht zu verlangen, daß die Polizei sich überall persönlich bemühe; in Dresden kam sie nicht zu dem Reisenden aufs Zimmer, sondern zitierte, weniger verbindlich als in den kaiserlich königlichen Staaten, ihn zu sich aufs Büro, was dem Leser der Abwechslung wegen nicht unlieb sein kann, dagegen aber dem geheimnisvollen Fremdling ganz und gar nicht gelegen war. Da er mußte, so ging er, wie jeder gute Deutsche es tut, kam schlaftrunken zurück und fuhr, ohne sich nach der Sixtinischen Madonna und der Brühlschen Terrasse umzusehen, nach Leipzig ab und ruhte sanft auf dem süßen Bewußtsein, auch die Dresdener Sicherheitsbehörde über seine Persönlichkeit nicht in Unruhe und Zweifel gelassen zu haben.

Zwischen Dresden und Leipzig liegt Riesa an der Bahn. Da trinkt man ein sehr gutes Eierbier. In der Nähe von Leipzig soll der Fürst Schwarzenberg den Kaiser Napoleon geschlagen haben, was jedenfalls eine große Merkwürdigkeit wäre, wenn es sich beweisen ließe. Wir wollen aber die Sache in der Dunkelheit beruhen lassen, in welcher sie uns von unsern Vätern überliefert wurde – die alten Herren wußten nicht genauer als wir, wer eigentlich bei Leipzig den Kaiser Napoleon geschlagen habe.

Der Kriegsgefangene verschlief Paunsdorf, wo die Sachsen zur guten Sache übertraten, und befand sich in Leipzig, wo die Polizei, aufgeklärt durch die Verlagsartikel einiger hundert Buchhändlerfirmen und tolerant gemacht durch das dreimal im Jahre wiederkehrende Meß-Völkergewimmel, ihn zum erstenmal seit seiner Ankunft auf dem Territorium des Deutschen Bundes ungeschoren ließ und über die Unzukömmlichkeit seiner Angaben im Fremdenbuch hinwegsah. [...]

Aller Anfang ist schwer, sagt das Sprichwort und trifft hier durchaus nicht zu. Es war nichts leichter, als den Kriegsgefangenen des Sultans von Dar-Fur vom Molo zu Triest bis in den Palmbaum zu Leipzig zu verfolgen und ihn daselbst samt seiner afrikanischen Kiste im Zimmer Nummer einundachtzig zu deponieren. Wo blieben aber Mann und Kiste nachher?

Gleich den Juden in der Wüste, welchen Jehova die ihrem Zuge voranwandelnde Feuersäule im nicht unbegründeten Ärger vor der Nase ausbläst, gleich dem liebenden Gemüt, welches beim Mondaufgang in der Jasminlaube einen Kuß erwartete und eine Ohrfeige erhält, gleich der deutschen Nation in allen den Augenblicken, wo ihr ein Licht aufgeht, stehen wir sehr verdutzt und im dicksten Nebel.

Leipzig ist eine schöne Stadt und, wenn wir dem Volksliede glauben wollen, sogar eine Seestadt. In seiner nächsten Umgebung pflegen, wie wir bereits leise berührt haben, seit längerer Zeit die Völkerschlachten stattzufinden, und daß seine Messen und sein Buchhandel zu den europäischen Berühmtheiten gehören, haben wir auch schon angegeben. Leipzig ist die Stadt der Denkmäler, und es ist ein großer Vorzug, daselbst zu einem Monument berechtigt zu sein – Hagebucher aber war es nicht. Hagebucher kam nicht als Anführer von hunderttausend Mann Mongolen, Schweden oder Franzosen; er kam nicht als Verleger oder Sortimenter, er kam nicht als Händler in Leder oder Fuchspelzen, es gelüstete ihn nicht nach den von Dichtern und Feinschmeckern gleich geachteten Lerchen – was wollte er in Leipzig?

Er hatte weder mit der »Allgemeinen Modenzeitung« noch mit den »Blättern für literarische Unterhaltung« irgend etwas zu schaffen – was wollte er in Leipzig?

Ja, was wollte er in Leipzig? Unsäglich haben wir uns abgemüht, es herauszubekommen, und als alle unsere Nachforschungen nur zu der einen Vermutung, er wolle ausschlafen, leiteten, erhoben wir uns jauchzend: was für einen frischen, muntern, helläugigen Helden konnten wir unsern Lesern vorführen! Leider aber verlor sich schon im nächsten Augenblick jegliche Spur von ebendiesem Helden; wir standen, wie gesagt, verwirrt und verdutzt und tappten im dicksten Nebel umher. Wir verfolgten eine dunkle Spur über den Augustusplatz, durch die

Grimmaische Straße, aber sie führte hinab in die Eingeweide der Erde, und wenn auch nicht zu den »Müttern«, so doch in Auerbachs Keller, wo sie sich verlor. Eine zweite, noch vagere Spur brachte uns durch das Frankfurter Tor an der großen Funkenburg vorüber nach dem Kuhturme und ließ uns daselbst in einem Kampf auf Leben und Tod mit dem furchtbaren Getränke »Gose« auf das schmählichste im Stich. Auch in einem Kuchengarten zu Reudnitz opferten wir uns für das allgemeine literarische Beste ohne Resultat, und ein unbestimmtes Gerücht, welches den abenteuerlichen Mann aus Afrika, den Kriegsgefangenen des Herrschers von Dar-Fur, im Knoblauchsduft und Mückentanz des Rosentals, auf einer Bank in der Nähe von Gohlis gähnend sein Reisetagebuch vervollständigen läßt, wird ewig ein Gerücht bleiben; denn niemals wurde uns die Existenz dieses Reisetagebuches zu einer Gewißheit.

*Der Marktplatz mit Messebuden um 1850*
*Stahlstich von Ludwig Rohbock nach einer Zeichnung*
*von Georg Michael Kurz*

*Theodor Fontane*

# In der Hainstraße

So vergingen sieben Wochen; eine harte Nuß für meinen Freund Esselbach. Dann begab ich mich zu meinen Eltern aufs Land und war noch ein ziemlich schmalbäckig aussehender Rekonvaleszent, als ich am 31. März in Leipzig eintraf. Zwei Drittel der Reise hatte ich per Bahn zurückgelegt; das letzte Drittel per Post. Nun hielten wir vor dem eben erst fertig gewordenen großen Postgebäude, den Platz mit Universität und Paulinum in voller Ausdehnung vor uns. Es mochte sechs Uhr sein; die Luft war weich, die Sträucher in den Anlagen hatten schon grüne Knospen. Über allem lag ein feiner Dämmer. Ich reckte und streckte mich, atmete hoch auf und hatte das Gefühl eines gewissen Geborgenseins. Das mit den ersten Eindrücken hat doch was auf sich.

Das Neubertsche Haus lag in der Hainstraße, so daß ich, um dorthin zu gelangen, den echtesten und schönsten Teil von Leipzig, die Grimmaische Gasse und den Rathausplatz, zu passieren hatte. Mein Gepäckträger ging neben mir her und machte in gutem Sächsisch den Führer. Ich war ganz benommen und möchte behaupten, daß, soweit Architektur und Stadtbild in Betracht kommen, nichts wieder in meinem Leben einen so großen, ja, komisch zu sagen, einen so berauschenden Eindruck auf mich gemacht hat wie dieser in seiner Kunstbedeutung doch nur mäßig einzuschätzende Weg vom Post- und Universitätsplatz bis in die Hainstraße. Die Sache findet darin ihre Erklärung, daß ich außer einer Anzahl märkischer und pommerscher Nester, in denen ich meine Kinderjahre verbracht hatte, bis zu jener Stunde nichts von der Welt kannte wie unser gutes Berlin, das mir von allen echten Berlinern immer als der Inbegriff städtischer Schönheit geschildert worden war. Und nun! Welcher Zusammenbruch! Es gereicht mir noch in diesem Augenblick zu einer gewissen Eitelkeitsbefriedigung, daß mein künstlerisches Gefühl angesichts des Neuen oder richtiger des Alten, was ich da sah, sofort gegen das Dogma vom »schönen Berlin« revoltierte und instinktmäßig weghatte, daß Städteschönheit was andres ist als gerade Straßen und breite Plätze mit aus der Schachtel genommenen Häusern und Bäumen. Ein paar Ausnahmehäuser, hinter denen ein ausländischer Meister und ein königlicher Wille steckt, können das Ganze nicht retten. Seitdem hat sich freilich sehr vieles gebessert; aber eines fehlt auch jetzt noch: individuelles Leben. Wir ahmen nach. Nur die Schachtel, aus der genommen wird, ist etwas größer, reicher und bunter geworden. Originelles, wie selten!

Die Hainstraße lag schon im Halbdunkel, als ich in das Neubertsche Haus eintrat und alsbald nach dem mir von Berlin her bekannten Ehepaar fragte, das ich begrüßen wollte. Dies erregte halb Verwunderung, halb Verlegenheit, denn von solchen Intimitäten gab es in dem Hause nichts. Familie war eins, und Geschäft war eins. Beiläufig ein großer Vorteil. Diese falsche Familiarität, wo meist nur Gegensätze bestehen, ist immer vom Übel. Der ältere Herr, an den ich mich mit meiner Frage gewendet hatte, verfuhr durchaus diplomatisch und sagte, daß er mir jemand mitgeben werde, der mich auf mein Zimmer führen solle.

»Auf mein Zimmer führen« war nun freilich ein sehr euphemistischer Ausdruck; denn über einen schmalen und rumplig verbauten Hofweg – der mich übrigens durch seine Giebel und Dächer und vor allem durch unzählige Dachrinnen, die bis in die fast überlaufenden Wasserkübel niederreichten, aufs äußerste interessierte – stiegen wir drei Treppen hoch in ein Hinterhaus hinauf, in dessen oberster Etage das Personal in zwei Stuben untergebracht war. Eine der Stuben gehörte dem älteren Herrn, dem Geschäftsführer, den ich unten eben gesprochen hatte, für uns andre aber, und wir waren unsrer vier, existierte nur eine daneben gelegene kleine Stube mit einem noch kleineren Alkovenanhängsel, in welch letzterem vier Betten standen, von denen zwei nur mit Hilfe von Überkletterung erreicht werden konnten. Dieser Alkoven, fensterlos, empfing sein Licht durch das vorgelegene Zimmer, das aber eigentlich auch kein Licht hatte. Wo sollte es auch herkommen? Der Hof war fast dunkel, und das bißchen Helle, was er hatte, fiel durch ein elendes Mansardenfenster ein. Der durch die Dachschrägung gebildeten Vorderwand des Zimmers gegenüber standen an der Hinterwand entlang vier Bastarde von Schrank und Sekretär, in denen wir unsere Sachen unterzubringen hatten. Glücklicherweise hatte man nicht viel. Von sonstigen Möbeln war nichts vorhanden als vier Stühle mit Roßhaarüberzug und ein sogenanntes »Real«, auf dem vier blecherne Kaffeemaschinen und ebenso viele Spiritusflaschen standen. Diese Spiritusflaschen waren um unsres zu kochenden Morgenkaffees willen sehr wichtig für uns, aber noch wichtiger für das alte Faktotum, das da jetzt neben mir stand und meinen Führer machte. Denn dies Faktotum, ein halb schon zum Kretin gewordener Süffel, lebte fast ausschließlich von dem Inhalt dieser vier Flaschen.

Als ich, nachdem mich mein Führer verlassen, den Inhalt meines Koffers in die verschiedenen Schubladen des mir zustehenden Schrankes eingepackt hatte, sah ich mich erst in dem Zimmer um und dann durch das offenstehende Mansardenfenster auf den Hof hinaus. Ich hätte guten Grund gehabt, alles sehr sonderbar und beinah schauderhaft zu finden, es lag aber in meiner Natur, mich von diesen Dingen mehr angeheimelt als abgestoßen zu fühlen. Alles modern Patente, was doch sehr was anderes als Schönheit ist, ist mir von jeher unausstehlich oder mindestens sehr langweilig gewesen, während alles Krumme und Schiefe, alles Schmustrige, alles grotesk Durcheinandergeworfene von Jugend auf einen großen Reiz auf mich ausgeübt hat. Nur keine linealen Korrektheiten, nur nichts Symmetrisches oder Blankpoliertes oder gar Anti-Makassars. Ich habe eine grenzenlose Verachtung gegen das, was man so landläufig »hübsch« nennt, und eine womöglich noch größere gegen sogenannten Komfort, der jedesmal der höchste Diskomfort ist, den es gibt. Nun, hier war nichts hübsch und Komfort kaum dem Namen nach bekannt; aber die grauen, steilen, regenverwaschenen Dächer, auf die mein Auge fiel, der gekräuselte Rauch, der aus den Schornsteinen aufstieg, und das Plätschern des Wassers, das aus den Röhren in die Kübel fiel – alles gewann mir ein Interesse ab, und selbst der Blick in den Alkoven konnte mich nicht umstimmen.

Es stand mir aufs neue fest, daß es mir hier gut gehen würde. Und es ging mir auch gut.

Am andern Morgen erschien ich unten in der Offizin, einer hohen, früher mutmaßlich gewölbt gewesenen Halle, die fast einem Refektorium glich. Der Raum erstreckte sich weit nach hinten zu, war in seiner weiten Hälfte halb dunkel und machte, wie Haus und Hof überhaupt, einen mittelalterlichen Eindruck.

Durch die ganze Tiefe zog sich der sogenannte Rezeptiertisch mit seinen vier Plätzen. Den ersten Platz nahm der etwas dickliche ältere Herr ein, der mich am Tage vorher empfangen hatte. Platz Nummer zwei (für mich bestimmt) war leer, auf Nummer drei und vier aber standen zwei junge Herren meines Alters, ein schwarzer und ein blonder, beide, wie auch der Herr auf Nummer eins, ausgesprochene Sachsen. Man begegnete mir sehr artig, freilich auch mit Zurückhaltung, fast Soupçon; denn der jetzt Gott sei Dank leidlich hingeschwundene Gegensatz zwischen den beiden Nachbarstämmen stand damals noch in voller Blüte. Meine neuen Kollegen merkten indessen sehr bald, daß ich nicht zu den Schlimmen zählte, namentlich nicht besserwisserig und eingebildet war, und so kamen wir schließlich auf einen ganz guten Fuß. Das Jahr, währenddessen ich in Leipzig verblieb, ist ohne jede Rankünе verlaufen, und ich will hier gleich einschalten, daß ich durch einen hübschen Zufall, gerad als ich diese Leipziger Erinnerungen niederzuschreiben anfing, einen Brief mit photographischem Bildnis aus Dresden erhielt und der Widmung: »Seinem lieben Jugendfreunde Th. Fontane«. Den der Sendung beigeschlossenen, von »Platz Nummer vier« herrührenden Zeilen konnt ich zu meiner besonderen Freude entnehmen, daß auch »Platz Nummer drei« noch am Leben und durchaus munter sei. Nicht leicht wird es vorkommen, daß drei junge Leute, die mit einundzwanzig an einem und demselben Tisch gestanden und gearbeitet haben, sich mit fünfundsiebzig noch freundlich und fidel begrüßen können.

Ich war noch kaum installiert, als ich von einem schon im Hofflügel gelegenen Hinterzimmer her meinen Gönner und nunmehrigen Prinzipal Neubert in unser »Refektorium« eintreten sah. Ich dachte, er käme mich zu begrüßen; aber er begnügte sich damit, mir freundlich zuzunicken und mir zweimal einen »guten Morgen« zu wünschen. Und dann war er auch schon durch die Fronttür wieder verschwunden. Der neue Geschäftskram war ihm höchst langweilig, und nun gar erst Klagen oder Wünsche mit anhören! Er war der reine Mikado. Das Mühselige des Regierens überließ er seinem Taikun, dem dicklichen Herrn auf »Platz Nummer eins«.

Ich sah wohl, daß hier alles anders war, war aber doch noch zu sehr in den herkömmlichen Anschauungen befangen, um in meinem Tun gleich das Richtige zu treffen oder auch nur alles klug abzuwarten. Und so geschah es denn, daß ich mich gegen Mittag, unbekümmert um das verlegene Lächeln meiner Kollegen, eine Treppe hoch begab, um dort, wie ich's eigentlich schon am Tage vorher gewollt hatte, der Frau vom Hause meine Visite zu machen. Sie kam mir auch in ihrer ganzen Stattlichkeit vom Erkerfenster her entgegen und beantwortete meine Begrüßung in freundlichen Worten; aber damit war es auch getan, und so rasch, wie ich gekommen, so rasch verschwand ich wieder. Ich habe sie dann in einem ganzen langen Jahre wohl dann und wann gesehn, aber nie wieder gesprochen. Auch nicht beim Abschied. Jetzt nachträglich finde ich das alles nicht bloß vernünftig, sondern betrachte es, wie schon angedeutet, als das einzig Richtige. Nur keine Gemütlichkeiten! Es gab aber auch davon, und daß sich das ermöglichte, war ein Verdienst der Kinder. Es war ein kinderreiches Haus, sechs oder sieben Töchter, von denen zwei (Zwillingsschwestern) damals fünfzehn Jahre sein mochten, die eine ganz brünett, die andere ganz blond. Die Blonde war sehr hübsch; die Brünette weniger, aber dafür sehr apart, sehr rassevoll und Liebling des Vaters, der sie seine »schwarze Jette« nannte. Mein eigentlicher Liebling indes war eine jüngere Tochter, erst zehn- oder elfjährig, von besonders liebenswürdigem Charakter. Eine gütige, ganz humoristisch gestimmte Seele sprach aus ihren klugen Kinderaugen. Sie übermittelte die jedesmaligen Wünsche der Schwestern und wandte sich dabei zumeist an mich, nicht weil sie mich für den Bestimmbarsten gehalten hätte, sondern weil ich sie am meisten amüsierte, was wohl mit meinem damals noch ganz unverfälschten Berlinertum zusammenhing. Sie verstand es oft nicht; aber meine ganze Art zu sprechen, vielleicht auch der Klang der Stimme war eine stete Erheiterung für sie. Hoffentlich ist sie glücklich geworden.

Ich will nun beschreiben, wie die Tage vergingen, und wähle dazu zunächst einen Sommertag.

Erst um acht oder auch wohl noch später brauchten wir – natürlich mit Ausnahme des einen, der die »Wache« hatte – an unserem Geschäftstisch zu erscheinen, und so waren wir denn in der angenehmen Lage, wenn wir nur recht früh aufstanden, die schöne Morgenfrische zwei oder dritthalb Stunden lang genießen zu können. Davon machten wir denn auch redlich Gebrauch. Um sechs rüsteten wir uns, um in der Elster oder Pleiße – ich glaube, es war ziemlich genau die Stelle, wo Poniatowski ertrunken war – ein Schwimmbad zu nehmen, und eine Stunde später ging es in das »Rosental«, an dessen Eingang wir uns, weil jeder seine Lieblingsstelle hatte, zu trennen pflegten. Es gab damals zwei Hauptlokale, vielleicht existieren sie unter gleichem Namen noch: Bonorand und Kintschy. Ich hielt es mit Kintschy. Zu so früher Stunde waren noch kaum Gäste da, und der ganze reizende Platz gehörte mir. Ein auf Holzpfeilern ruhendes, weit vorspringendes Dach überdeckte eine Veranda mit einem vorgelegenen Kiesweg, den von der anderen Seite her die großen alten Bäume überschatteten. In allen Zweigen war ein Jubilieren, und kaum daß mein Frühstück erschien, so hüpften auch schon die Spatzen auf meinem Tisch umher. Es war so reizend, daß ich selbst das Journallesen vergaß, womit ich damals meine Zeit nur allzugern vertrödelte. Doch nein, nicht vertrödelte. Die Journale paßten ganz genau zu mir, waren mir um einen Schritt voraus, und von einer derartigen Lektüre hat man viel mehr als von solcher, die einem über den Kopf geht. Es ist ein Unsinn, jungen Leuten immer mit dem »Besten« zu kommen. Man hat sich in das Beste hineinzuwachsen, und das dauert oft recht lange. Schadet auch nichts. Vor allem ist es ganz unnatürlich, mit Goethe zu beginnen. Ich bin glücklich, mit Freiligrath begonnen zu haben.

Um acht oder halb neun war ich dann wieder zurück und an meinem Platz. In der ersten Stunde gab es noch wenig zu tun. Aber bald danach kamen die Doktoren und verschrieben ihre Rezepte. Freilich gab es auch solche, die wenig Praxis hatten und die sich nur einfanden, um sich an einem großen Lesepult, das für sie hergerichtet war, in die verschiedenen Leipziger Zeitungen zu vertiefen. Für sie war die Apotheke bloß Lesehalle, Doktorbörse, Klublokal. Unter den Ärzten, die zu dieser Gruppe gehörten, interessierten mich besonders zwei, ein Dr. Reuter und ein Dr. Adler. Reuter, ein sehr hübscher, eleganter Herr, war ausgesprochener Sachse, liebte mich aber, weil ich ihm Tag für Tag Gelegenheit gab, seinen starken Preußenantagonismus in übrigens nie verletzender Weise gegen mich auszulassen. Er erkundigte sich regelmäßig bei mir nach den Schicksalen der »großen Nation« oder fragte mich, »ob es wahr sei, daß Kaiser Nikolaus wieder auf einer Inspektionsreise sei, um nachzusehen, ob sein ›Unterknäs‹ Friedrich Wilhelm IV. mittlerweile keine Dummheiten gemacht habe«.

Viel interessanter war Dr. Adler, überhaupt das Prachtstück unter denen, die die Doktorbörse besuchten. Er galt auch bei den eigenen Kollegen, was immer was sagen will, als der Klügste, vielleicht sogar als Arzt, sicherlich aber als Mensch. Nebenher stand er leider in den Anfängen des Delirium tremens. Natürlich war er auch Dichter – sogar ein sehr guter –, was meine nähere Bekanntschaft mit ihm herbeiführte. Er hatte damals Thomas Moores »Paradies und Peri« übersetzt und trug mir spätabends, wo wenig zu tun und ein Unterbrochenwerden von seiten des Publikums fast ausgeschlossen war, die ganze Dichtung vor. Er ging dabei, seine von Trunk und Begeisterung seltsam verglasten Augen nach oben gerichtet, beständig auf und ab, hingerissen vom Wohlklang der Strophen, und nur ich war womöglich noch hingerissener als er selbst. All dies führte bald dazu, daß ich ihn eines Tages bat, ihm einige meiner Arbeiten vorlegen zu dürfen. Er ging auch freundlich darauf ein, aber doch mit einer gewissen, nur zu berechtigten Verlegenheit. Was konnt es am Ende sein? Er hatte sich selbst zu lange und zu ernsthaft mit derlei Dingen beschäftigt, um nicht zu wissen, daß von einem zwanzigjährigen, bei Radix Valerianae und Flores

Chamomillae herangewachsenen Springinsfeld mutmaßlich nicht viel zu gewärtigen sei. So kam es denn auch. Es war eine tüchtige Niederlage, der ich zunächst entgegenging, aber sie verwandelte sich, was mich sehr glücklich machte, schließlich in einen kleinen Sieg.

*Thomas Mann*

# In der Petersstraße

»Leipzig, Freitags nach Purificationis 1905
In der Petersstraße, das 27. Haus

Ehrbar, hochgelahrter, lieber, günstiger Herr Magister und Ballisticus!

Wir danken uns gar freundlich für euer Sorgen und Schreiben, und daß ihr mir von euren jetzigen schmucken, dummen und harten Bewandtnissen, eurem Springen, Striegeln, Putzen und Knallen anschauliche und hochkomische Zeitung thatet. Hat uns alles innig gelächert, insonderheit der Unteroffizier, der, wie er euch auch hobelt und rülpt, so große Bewunderung für euere hohe Erziehung und Bildung hat, und dem ihr in der Cantine alle Versmaße nach Füßen und Moren habt aufzeichnen müssen, weil ihn diese Kenntnis der Gipfel geistiger Veredelung dünkt. Will dir dafür, wenn ich auslange, mit einer recht schimpflichen Facetie und Büffelposse erwidern, die mir hie zugestoßen, daß du auch was zu wundern und lachen habest. Sage dir nur erst mein freundlich Hertz und guten Willen und verhoffe, daß du solche Ruthe fast fröhlich und gerne leidest, wird dir in seiner Zeit wohl davon geholfen werden, daß du am Ende mit Knöpfen und Tressen als ein Reserve-Wachtmeister daraus hervorgehest.

Hie nun heißt es: ›Gott vertrauen, landt und leut beschauen, thut niemand gerauen.‹ Ist an der Pleiße, Parthe und Elster doch unleugbar ein ander Dasein und geht ein anderer Puls, als an der Saala, weil nämlich ein ziemlich groß Volk hier versammelt ist, mehr als siebenhunderttausend, was von vornherein zu einer gewissen Sympathie und Duldung stimmt, wie der Prophet schon für Ninives Sünde ein wissend und humorhaft verstehend Herz hat, wenn er entschuldigend sagt: ›Solche große Stadt, darinnen mehr als hunderttausend Menschen.‹ Da magstu denken, wies erst bei siebenhunderttausend Nachsicht erheischend zugeht, wo sie in den Messe-Zeiten, von deren herbstlicher ich als Neu-Kömmling eben noch eine Probe hatte, aus allen Teilen Europas, dazu aus Persien, Armenien und anderen asiatischen Ländern noch erklecklichen Zustrom haben.

Nicht als ob mir dies Ninive sonderlich gefiele, ist gewiß nicht die schönste Stadt meines Vaterlandis, Kaisersaschern ist schöner, hat aber auch leichter schön sein und würdig, da es nichts weiter als alt und still zu sein braucht und keinen Puls hat. Ist schon prächtig gebaut, mein Leipzig, recht wie aus einem teuereren Steinbaukasten, und dazu reden die Leute überaus teuflisch gemein, daß man vor jedem Laden scheut, ehe man was erhandelt, – ist als ob unser sanft verschlafenes Thüringisch aufgeweckt wäre zu einer Siebenhunderttausend-Mann-Frechheit und Ruchlosigkeit des Maulwerks mit vorgeschobenem Unterkiefer, greulich, greulich, aber bewahre Gott, gewißlich nicht böse gemeint und mit Selbstverspottung vermischt, die sie sich leisten können auf Grund ihres Weltpulses. Centrum musicae, centrum des Druckwesens und der Buchgremplerei, hochleuchtende universitet, – übrigens baulich zersplittert: das Hauptgebäude ist am Augustusplatz, die Bibliothek beim Gewandhaus, und zu den unterschiedlichen Facultäten gehören besondre Collegiengebäude, wie zu der philosophischen das Rothe Haus an der Promenade und zur juristischen das Collegium beatae Virginis, in meiner Petersstraße, wo ich sogleich, nur frisch vom Hauptbahnhof, auf dem ersten

Weg in die Stadt, passende Herberg und Unterkunft fand. Kam am frühen Nachmittag an, ließ mein Sach in der Niederlage, ging wie geführt hieher, las den Zettel am Regenrohr, schellte und war gleich mit der dicken, teuflisch redenden Vermieterin handelseins von wegen der beiden Gezimmer im Erdgeschoß. War noch so früh an der Zeit danach, daß ich den Tag noch in erster Ankunftslaune beinahe die ganze Stadt besah, – diesmal wirklich geführt, nämlich von dem Dienstmann, der mein Felleisen vom Bahnhof geholt: daher eben zu letsten der Schwanck und das Speiwerk, davon ich geredt und dir vielleicht noch erzählen will.

Wegen des Klavizimbels hat die Dicke auch keine Faxen gemacht; sie sind's gewöhnt hier. Liege ihr auch nicht allzuviel in den Ohren damit, denn ichs vornehmlich theoretisch treibe zur Zeit, mit Büchern und Schreibzeug, die Harmoniam und den punctum contra punctum, ganz auf eigene Faust, ich will sagen: unter Aufsicht und Maßregelung amici Kretzschmars, dem ich das Geübte und Gemachte alle paar Täg zur Gut- und Schlechtheißung hintrage. Hat sich baß gefreut, der Mann, wie ich kam und mich in die Arme geschlossen, denn ich ihm seine Zuversicht nicht wöllen hindern. Will auch nichts wissen für mich vom Konservatorium, weder vom großen, noch von dem Hase'schen, wo er lehrt; wär, sagt er, keine Atmosphäre für mich, sondern solls eher machen, wie Vater Haydn, der überall keinen praeceptor gehabt, sondern sich den Gradus ad Parnassum von Fux und etwelche Musik von damals, insonderheit des Hamburger Bach, verschafft und sich daraus brav das Handwerck erübt. Unter uns gesagt, macht die Harmonielehre mir viel Gähnens, da ich doch bei dem Kontrapunkt sofort lebendig werde, nicht genug kurtzweiliger Bossen auf diesem Zauberfelde anstellen kann, mit wohl-lustbarlicher Versessenheit die nicht endenden Probleme löse und schon einen ganzen Stapel schnurriger Canon- und Fugen-Studien zusammengeschrieben, auch mir vom Meister manches Lob dafür geholt habe. Das ist produktive, Phantasie und Erfindung aufrufende Arbeit, da das Dominospiel mit den Akkorden ohne Thema meim Bedünken nach der Welt weder zu sieden noch zu braten taugt. Sollte man nicht alldas von Vorhalten, Durchgangsnoten, Modulation, Vorbereitungen und Auflösungen viel besser in praxi, vom Hören, Erfahren und Selbstfinden lernen, denn aus dem Buch? Überhaupt nun aber und per aversionem ist's eine Narrheit, die mechanische Trennung von Kontrapunkt und Harmonie, sintemal sie einander so unlöslich durchdringen, daß man nicht jedes für sich, sondern nur das Ganze, nämlich Musik lehren kann, – sofern man es kann.

Bin also fleißig, zelo virtutis, ja fast überladen und übermengt mit Sachen, da noch auf der Hohen schul Geschichte der Philosophie höre bei Lautensack und Enzyklopädie der philosophischen Wissenschaften sowie Logik bei dem berühmten Bermeter. – Vale. Iam satis est. Hiemit dem lieben Gotte befohlen, der euch und alle unschuldigen Herzen behüte. ›Ihr ganz ergebener Diener‹, hieß es zu Halla. – Mit dem Schwanck und Bossen und wegen dessen, was zwischen mir und dem Satan vorgeht, hab ich dich viel zu neugierig gemacht: war nichts weiter damit, als daß jener Dienstmann am ersten Tag gegen die Nacht mich irreführte, – so ein Kerl, einen Strick um den Leib, mit roter Mütze und Messingschild, im Wetterumhang, teuflisch redend wie alle Welt dahier mit gesträubtem Unterkiefer, sah meiner Meinung nach entfernt unserm Schleppfuß ähnlich von wegen des Bärtchens, sah ihm sogar recht ähnlich, wenn ichs bedenk, oder ist ihm seitdem in meiner Erinnerung ähnlicher worden, – übrigens stärker und dicker war er von der Gose. Stellt sich mir auch als Fremdenführer vor und wies sich als solcher aus durch sein Messingschild und durch zwei, drei englische und französische Brocken, teuflisch gesprochen, peaudiful puilding und antiquidé exdrèmement indéressant.

Item, wir wurden der Sachen eins, und hat der Kerl mir zwei Stunden lang alles geeigt und gezeigt, mich überall hingeführt: zu der Pauluskirchen mit wunderlich gekehltem Kreuzgang, zu der Thomaskirchen, wegen Johann Sebastians, und zu seinem Grabe in der Johanniskirchen, wo auch das Reformationsdenkmal ist und das neue Gewandhaus. Lustig wars in den Straßen, denn, wie ich zuvor geredt, währte noch gerade die Herbstmesse, und allerlei Fahnen und Tücher mit Anpreisungen von Pelzwerk und anderen Waren hingen aus den Fenstern an den Häusern herunter, war auch ein groß Gewimmel in allen Gassen, sonderlich in der innersten Stadt, beim alten Rathaus, wo mir der Kerl das Königshaus und Auerbachs Hof und den stehengebliebenen Turm der Pleissenburg zeigte, – Luther hielt da seine Disputation mit Eck. Und nun erst das Geschieb und Gewühl in den engen Straßen hinter dem Marktplatz, altertümlich, mit steilen Dachschrägen, durch gedeckte Höfe und Gänge, an denen Speicher und Keller liegen, in die Kreuz und Quer labyrinthisch verbunden. Das ist alles mit Waren vollgepfropft, und die Leute, die sich da drängen, sehen dich wohl mit exotischen Augen an und reden in Zungen, von denen du nie einen Laut gehört. War recht aufregend, und du fühltest den Puls der Welt dir im eigenen Leibe schlagen.

Allgemach dunkelt es, Lichter gingen an, leerten sich auch die Gassen, und ich war müde und hungrig. Sollt mir zuguterletzt ein Gasthaus zeigen zum Essen, sag ich dem Führer. Ein gutes? fragt er und blinzelt. Ein gutes, sag ich, wenns nicht zu teuer. Führt er mich vor ein Haus in einer Gasse hinter der Hauptstraße, – war ein Geländer aus Messing an den Stufen zur Thür, just so blitzend wie sein Mützenschild, und eine Laterne über der Thür, just so rot wie die Mütze des Kerls. Guten Appetit wünscht er mir, wie ich ihn ausgezahlt, und macht sich abwegs. Ich schelle, die Thür geht von selber auf, und auf dem Flur kommt mir eine geputzte Madam entgegen, mit rosinfarbenen

Backen, einen Rosenkranz wachsfarbener Perlen auf ihrem Speck, und begrüßt mich fast züchtiger berden, hocherfreut flötend und scharmutzierend, wie einen Langerwarteten, komplimentiert mich danach durch Portièren in ein schimmernd Gemach mit eingefaßter Bespannung, einem Kristall-Lüster, Wandleuchtern vor Spiegeln, und seidnen Gautschen, darauf sitzen dir Nymphen und Töchter der Wüste, sechs oder sieben, wie soll ich sagen, Morphos, Glasflügler, Esmeralden, wenig gekleidet, durchsichtig gekleidet, in Tüll, Gaze und Glitzerwerk, das Haar lang offen, kurzlockig das Haar, gepuderte Halbkugeln, Arme mit Spangen, und sehen dich mit erwartungsvollen, vom Lüster gleißenden Augen an.

Mich sehen sie an, nicht dich. Hat mich der Kerl, der Gose-Schleppfuß, in eine Schlupfbude geführt! Ich stand und verbarg meine Affekten, sehe mir gegenüber ein offen Klavier, einen Freund, geh über den Teppich drauf los und schlage im Stehen zwei, drei Akkorde an, weiß noch, was es war, weil mir das Klangphänomen gerade im Sinne lag. Modulation von H- nach C-dur, aufhellender Halbton-Abstand wie im Gebet des Eremiten im Freischütz-Finale, bei dem Eintritt von Pauke, Trompeten und Oboen auf dem Quartsextakkord von C. Weiß es im Nachher, wußte es aber damals nicht, sondern schlug eben nur an. Neben mich stellt sich dabei eine Bräunliche, in spanischem Jäckchen, mit großem Mund, Stumpfnase und Mandelaugen, Esmeralda, die streichelt mir mit dem Arm die Wange. Kehr ich mich um, stoß mit dem Knie die Sitzbank bei Seite und schlage mich über den Teppich zurück durch die Lusthölle, an der schwadronierenden Zatzenmutter vorbei, durch den Flur und die Stufen hinab auf die Straße, ohne das Messinggeländer nur anzufassen.

Da hast du den Fetzen, so mir begegnete, nach der lenge erzält, zum Entgelt für den brüllenden Rottenführer, den du artem metrificandi lehrst. Amen hiemit und betet für mich! Nur ein Gewandhaus-Konzert bis dato gehört mit Schumanns Dritter als pièce de résistance. Ein Kritiker von damals rühmte dieser Musik ›umfassende Weltanschauung‹ nach, was sehr nach unsachlichem Geschwätz klingt, und worüber denn auch die Klassizisten sich weidlich lustig machten. Hatte aber doch seinen guten Sinn, da es die Standeserhöhung bezeichnet, die Musik und Musiker der Romantik verdanken. Sie hat die Musik aus der Sphäre eines krähwinkligen Spezialistentums und der Stadtpfeiferei emanzipiert und sie mit der großen Welt des Geistes, der allgemeinen künstlerisch-intellektuellen Bewegung der Zeit in Kontakt gebracht, – man sollt es ihr nicht vergessen. Von dem letzten Beethoven und seiner Polyphonie geht das alles aus, und ich finde es außerordentlich vielsagend, daß die Gegner der Romantik, das heißt: einer aus dem bloß Musikalischen ins allgemein Geistige hinaustretenden Kunst, immer auch Gegner und Bedauerer der Beethoven'schen Spätentwicklung waren. Hast du je darüber nachgedacht, wie anders, wieviel leidend-bedeutender die Individualisierung der Stimme in seinen höchsten Werken sich ausnimmt, als in der älteren Musik, *wo sie gekonnter ist*? Es gibt Urteile, die durch ihre krasse, den Urteilenden kräftig kompromittierende Wahrheit belustigen. Händel sagte von Gluck: ›Mein Koch versteht mehr vom Kontrapunkt als er‹, – ein mir teures Kollegenwort.

Spiele viel Chopin und lese über ihn. Ich liebe das Engelhafte seiner Gestalt, das an Shelley erinnert, das eigentümlich und sehr geheimnisvoll Verschleierte, Unzulassende, sich Entziehende, Abenteuerlose seines Daseins, das Nichts-wissen-wollen, das Ablehnen stofflicher Erfahrung, die sublime Inzucht seiner phantastisch delikaten und verführerischen Kunst. Wie sehr spricht für den Menschen die tief aufmerksame Freundschaft Delacroix', der ihm schreibt: ›J'espère vous voir ce soir, mais ce moment est capable de me faire devenir fou.‹ Alles Mögliche für den Wagner der Malerei! Aber nicht ganz Weniges gibts ja bei Chopin, was Wagner, nicht nur harmonisch, sondern im Allgemein-Seelischen, mehr als antizipiert, nämlich gleich überholt. Nimm das cis-uroll-Notturno opus 27 No. 2 und den Zwiegesang, der angeht nach der enharmonischen Vertauschung von Cis- mit Des-dur. Das übertrifft an desperatem Wohlklang alle Tristan-Orgien – und zwar in klavieristischer Intimität, nicht als Hauptschlacht der Wollust und ohne das Corridahafte einer in der Verderbtheit robusten Theatermystik. Nimm vor allem auch sein ironisches Verhältnis zur Tonalität, das Vexatorische, Vorenthaltende, Verleugnende, Schwebende, die Verspottung des Vorzeichens. Es geht weit, belustigend und ergreifend weit …«

Mit dem Ausruf »Ecce epistolal« schließt der Brief. Hinzugefügt ist: »Daß du dies hier *sofort vernichtest*, versteht sich.« Die Unterschrift ist ein Initial, dasjenige des Familiennamens, das L, nicht das A. –

*Wolfgang Hilbig*

# Leipzig-Plagwitz. Abfahrt und Ankunft

## 1.

Auf irgendeine Weise, so schien es, geriet man immer wieder auf den Bahnhof in Plagwitz: mit der letzten Straßenbahn, Linie 2, mit der S-Bahn, wenn diese dort endete, mit irgendeinem nicht legalen Taxi, von dem man in den kalten Straßen aufgelesen wurde, wenn man Glück hatte, oder schließlich zu Fuß durch die immer finsterer werdende Stadt; immer wieder kam man auf dem Bahnhof Plagwitz an, immer noch infolge einer Hoffnung, die längst keine Grundlage mehr hatte. Vor einem Jahrzehnt mußte es gewesen sein, daß von Plagwitz aus noch ein letzter Zug abging, in Richtung Pegau, in Richtung Zeitz ... oder rückwärts in Richtung Gaschwitz, von dort aus weiter nach Altenburg; es war eine im Verlauf vieler Jahre niemals völlig erloschene Illusion: als wäre es einmal, im Zeitraum eines Menschengedenkens, doch möglich gewesen, in der Nacht, nach Abfahrt aller Züge, Leipzig zu verlassen ... von Plagwitz aus, das wie die abstoßende Endstation eines unnahbaren Häusermeers war. Aber vielleicht war diese Hoffnung auch zurückzuführen auf einen Traum, in welchem sich das dunkle Gefühl, noch wegkommen zu können, auf wunderliche Art als stichhaltig erwiesen hatte: mit einem Zug, der 0 Uhr 40 fuhr, 0 Uhr 44 ... selbst wenn es die Erinnerung an eine seit Jahren gestrichene Bahnverbindung war, an einen seit Ewigkeiten ausrangierten, lange verschrotteten Zug, so vollkommen konnte man sich nicht täuschen.

Oder es fuhr ab Plagwitz die erste Bahn nach vier ... oder 3 Uhr 40, 3 Uhr 44; man konnte in Pegau in den Bus umsteigen, der vollbesetzt war von unausgeschlafenen Arbeitern – sie hatten immerhin versucht auszuschlafen –, und man kam, zusammen mit ihnen, noch zur rechten Zeit in den Betrieb.

Auf dem Bahnhof Leipzig-Plagwitz war es dunkel und still. Über einen grob gepflasterten Vorplatz, von gelbrotem Lampenlicht überschattet, war man angekommen und erreichte den Tunneleingang »Zu den Bahnsteigen«; es war eine nackte und feuchte Unterführung, in der man nie auf Anhieb den richtigen Bahnsteig fand. Man stieg die Treppen zum falschen Bahnsteig hinauf: am anderen Ende war die Tafel mit dem Fahrplan, man ging zum anderen Ende des Bahnsteigs und las, sich mit angezündeten Streichhölzern helfend, die Abfahrtszeiten nach, die man längst kannte; der zweite, von einigen Lampen beleuchtete Bahnsteig war der richtige, man hatte es gewußt, man erinnerte sich jetzt. Man erinnerte sich, dort auf dem richtigen Bahnsteig sitzend, wo eine Lampe darüber war, auf einer Bank, die naß war trotz der Bahnsteigüberdachung – naß und kalt in jedem Winter wie in diesem, in dem es, wie seit Jahren, nicht gefror, dafür aber unaufhörlich regnete –, in den gelbroten Schein einer der Lampen gestarrt zu haben, die unter dem schwarzen Holzdach hingen ... die gleichen Lampen, wie deren eine den Bahnhofsvorplatz in ein Licht getaucht hatte, in dem sich alle Schatten irregulär verschoben und vergrößerten, ein Licht, das auf dem verschwommenen Platz, zwischen den Pflastersteinbukkeln, imaginäre Stufen oder Gräben anzeigte, so daß man ohne wirkliche Hindernisse zu stolpern anfing, zu springen, grundlos fehlzutreten, und auf den abschüssigen Treppen der hohl hallenden Unterführung noch immer nicht richtig gehen konnte, und die Füße mit unnötiger Vorsicht setzte, so als müsse auf jeder Stufe die Haltbarkeit einer Falltür erprobt werden, und dies schnell, so daß man also immer weiter stolperte, alles Gewicht allein in der unbequemen Einrichtung der Füße, tief zwischen den Werkzeugen der untauglich gewordenen zweibeinigen Gangart, die in dieser Stadt eine Konvention war, beibehalten entgegen aller Erfahrung mit der Schwerkraft, während der unkontrollierbar leichte Körper oben an den naßkalten Wänden entlangschmierte ... und man erinnerte sich eines dünnen Fadens von Wasser, gelb phosphoreszierend, der durch das Bahnhofsdach lief und dicht neben Kabel und Aufhängung auf den Blechschirm einer der Lampen troff – seit Tagen schon, offenbar solange der Regen schon anhielt – und, den Lampenschirm in schwarzen Glanz gießend, über das Blech lief, am unteren Rand des Schirms einen Perlenkranz rötlich gleißender Tropfen bildend, die eilig rund um den Schirmrand zu kreisen schienen, oder an dem Schirm zu schrauben schienen ... bis irgendwann in der Nacht die Glühbirne mit bleiernem Knall zerplatzte, und ein Schwall Scherben und Wasser auf den Bahnsteig geworfen wurde. Vielleicht vor einem Jahr war es, da dies geschah, seitdem konnte man auf der Bahnsteigbank nicht mehr lesen ...

Seitdem war er auf die reine Beobachtung verwiesen, seitdem hatte er sich allzuoft auf diesem Bahnhof ankommen sehen, nach langen Irrgängen durch die Stadt, die um Mitternacht rings um den Waldplatz schon totenstill war, die immer stiller und grotesker wurde, wenn er über das Zentralstadion hinaus war, und nur noch still, tot, ein enttrümmerter Trümmerhaufen, und brüchig und siechend in den endlos verschachtelten Gebäudewüsten der Weststadt, durch die man irrte und fehlging, ernüchtert kreiste oder in stumpfer Orientierungslosigkeit vorantrieb, durch die sich wiederholenden und immerfort sich kreuzenden Häuserzeilen von Lindenau oder Leutzsch ... und manchmal war er fast bis nach Böhlitz-Ehrenberg gekommen; ein andermal hatte er schon die Neubauwüste von Grünau vor sich gesehen, ein unüberwindliches Wegstück vor ihm im flachen Sumpf war jene Unzahl riesiger graubrauner Zigarrenkistenformate aufgetaucht, mit den toten Fenstern, in denen sich das gelbrote Strahlen der Bauplatzbeleuchtungen spiegelte, wie erdbebensichere Dominosteine, hochkant aufgereiht und gespenstisch in die Ebene gestaffelt, wie ein Drittel von Karl-Marx-Stadt, oder wie eine der endlos gleichförmigen Fertigbauhälften von Ulan-Bator ... fix und fertig im Winter, durchnäßt und verschwitzt und frierend war er auf dem Bahnhof Plagwitz doch noch angekommen, hatte ihn gefunden wie ein erlösendes Wunder und war in das Tunnelloch der Unterführung gefallen, froh, ein paar Stunden auf der Bank warten zu können, bis 3 Uhr 40 oder bis 4 Uhr 44 ... der Warteraum geschlossen, die Mitropa zu oder nicht vorhanden, kein Schnaps mehr, kein Bier, keine Prick-Cola, ein Name, über den sich im Felsenkeller Lindenau einige amerikanische Studentinnen halbtot kichern wollten.

Oder vielleicht spielte sich das Ganze auch auf dem Bahnhof Leipzig-Leutzsch ab?

## 2.

Viel zu oft schon hatte er seine Schritte in der Unterführung zu hören geglaubt, in allzu vielen solcher Nächte hatte er seine Gestalt drüben über den falschen Bahnsteig gehen sehen, während er sich auf seiner Bank wie ausgelöscht gefühlt hatte, aufgerieben von der Stupidität der sich wiederholenden Ereignisse, die keine Ereignisse waren, die, anstelle von mehr Deutlichkeit, nur noch Unwirklichkeit und Unglauben erzeugten.

Oder er hatte nicht bemerkt, daß dort drüben auf diesem Gleis eine Bahn eingefahren war ... irgendwann im Sommer oder im Frühherbst war es gewesen; er war aus dem Schlaf erwacht von einem Türenschlagen ... es war einer der ersten Frühzüge, die auf dem Bahnhof Plagwitz ankamen, ein einziger Fahrgast war aus den leeren Personenwagen gestiegen, in denen ein gelbrotes Licht brannte und den trüben Schmutz der Fenster von innen beleuchtete, wo dieser Fahrgast nicht zu erkennen gewesen war. – Offenbar folgte er einem anderen, einem gegenteiligen Impuls: zielstrebig, ja leichtfüßig schritt er auf dem Bahnsteig nach vorn, noch verdeckt von dem stehenden Zug, aus dem es noch dampfte und in dem die Lampen nun ausgeschaltet wurden. Schon war zu sehen, wie die Gestalt in die Unterführung eintauchte, ohne zu zögern, ohne die Möglichkeit fehlzugehen, sie glitt, wie auf einer Rolltreppe, in den Tunnelschlund hinab und war seinem Blick sofort entzogen: flüchtig hatte er sich selbst zu erkennen geglaubt, erneut, wie schon so oft, aber vielleicht war es auch ein bloßes Wünschen, das diesen Eindruck in ihm hervorrief. – Dort war jemand, der sich auf den Weg in die Stadt gemacht hatte, der entschlossen auf den Tagesanbruch zuging, während er selbst im Begriff war, dem Tag zu entfliehen. Noch regnete es, noch war der Bahnhofsvorplatz ganz unter der Herrschaft der Schatten, die sich mit gelbroten Emblemen schmückten, sich krönten mit den Auren der Beleuchtung, durch die es regnete.

Noch herrschte Nacht, doch im Himmel über der Stadt, immer weiteren Raum einnehmend, erschien die Dämmerung, es mußte bald hell werden. Und der Regen ließ nach kurzer Zeit nach ... er würde aufhören; von irgendwoher, vielleicht aus der unerfindlichen Himmelsleere, wo eine Sonne sich versteckt hält, bricht Wärme in die Straßen, die plötzlich sichtbar sind. Es verschwinden die Nebel, der Regen, sein letztes Geriesel versinkt im Rauch ... die Nässe schwindet aus dem grauen und gelben Verputz der Wände. Die Wände haben die Nässe widerstandslos abgegeben; er hatte beobachten können, wie die dunklen Ausbreitungen auf den sandigen Mörtelflächen –

uralte zerfressene Borken, aus denen Sand und Salpeter über die Grasbüschel in den Trottoirwinkeln rieseln – immer kleiner wurden, wie sie verflogen, in den Himmel sich verflüchtigten, der trocken und farblos darüber steht, – wie über jeder Wüste! hatte er gedacht. Nun haben sich die Straßen in das Licht ausgestreckt, sichtbar, horizontal, ohne Hebungen oder Senkungen, wellenlos laufen sie auf die Stadthorizonte zu, die immer kurz sind. Doch es ist, als schlössen sich immer gleich neue Horizonte hinter die sichtbaren: unsichtbare Stadthorizonte, die sich staffeln, wie hintereinander gestellte Bilder reihen sie sich auf ... Stapel von Bildern, von schiefen Bildern, die plötzlich umfallen können, eins das andere umwerfend, wie Dominosteine, um den Blick in die Weite freizugeben. Den Blick in den Himmel freigebend, dessen Farblosigkeit sich über den Erdrand hinaus ins Nichts verliert ... in den Himmel, der Leere ist, undurchsichtiges Nichts, nicht einmal Undurchsichtigkeit, namenlos und nichtswürdig wie der Weltraum. Vor dem die Vertikalen der Wände stehen, die Staffeln der Kulissen, die Fassaden: *Gießerstraße, Spinnereistraße, Industriestraße.* Die Namen der Straßen beziehen sich auf das, was sich abspielt hinter den Fassaden, aber die Straßen selber erscheinen völlig unbetroffen davon. Was sie allein noch vorstellen wollen, ist Geschichte: sie zeigen, wie alt und verkommen das Jahrhundert ist, in das sie hineingestellt sind, und welche Verkommenheit das nächste Jahrhundert übernehmen wird ... *Alte Straße*, dieser Name allein scheint Bezug auf etwas zu haben, das über die Information hinausgeht. Aber das stimmt nicht, die Straßennamen der proletarischen Weststadt beziehen sich direkt auf das Weichbild der Weltgeschichte; wenn sie sich nach historischen Figuren benennen, so scheinen dies vergessene Figuren zu sein: wer weiß schon noch, wen die Namen *Odermann, Stockmann, Wachsmuth* meinten, oder wer weiß wirklich noch, wer *Karl Heine* war, oder *Erich Zeigner* ... vielleicht ein Gegner der vorgenannten, doch in der kahlen *Allee*, die nach ihm benannt ist, scheint er ein Erbteil der anderen weiter zu hüten. Und die Träger dieser Namen sind längst in den Humus der Geschichte gesunken.

Die Geschichte dieses Jahrhunderts – und vielleicht die des vorigen dazu – hat am heftigsten in diesem Stadtviertel gegärt. Über den Westen von Leipzig – und über vergleichbare Gegenden im Osten der Stadt – ist die Geschichte hergefallen, unspektakulär wie wirkliche Geschichte, hier hat der Alltag der Geschichte gewütet, und scheinbar hat es niemand bemerkt, denn hier wohnten die Sprachlosen, die Bilderlosen. Hier hat sie ihr Werk getan, ihr Kriegswerk, ihr Friedenswerk, vernichtet, zerstört, verseucht, zu Ende gesiegt und wieder angefangen, zertrümmert und wieder enttrümmert, hier waren die großen Löschzüge, die großen Verdunklungskolonnen, hier hat die historische Müllabfuhr entrümpelt ... ausgelöscht, abgerissen, und die Lücken wieder gefüllt mit Mauern, Toren, Fenstern, mit Zäunen und Gebäuden, mit Plakaten und Kulissen. Die Geschichte ... niemand hier weiß, woher die *Nonnenstraße* ihren Namen hat ... sitzt hier persönlich zwischen den Mauern, in oszillierender Ungestalt, oder als lebender Leichnam von unbeschreiblicher Vielgestalt; hier ist sie das immerfort arbeitende, sich selbst verschlingende und sich selbst wieder ausspeiende Ungeheuer, das sich einer Vielzahl von geschlossenen Mündern bedient, einer Vielzahl geblendeter Augen. Hier ist sie angekommen, ihre Zukunft ist so leer wie der Himmel, sie wird niemals wieder abfahren. Unfaßlich, untot, bösartig, so wird sie hier bleiben bis ans Ende ihrer Tage. Und das wird noch lange dauern, und daraus bezieht das Stadtviertel seine Würde. Vatikanstadt, Washington D. C. sind lächerlich dagegen in ihrer Anmaßung. Es ist die Würde der Zersetzung und Erneuerung, ein häßliches Gespenst, um-, umhergehend in Europa, ein Zombie, ein mißgestalteter unfarbener Tintenfischgott, hier hockt es, das lähmende Fatum, das Historie heißt. Hier hat das Monstrum seine mythische Substanz: die Kleinen, die sogenannten kleinen Leute, die groß und maßlos sind in ihrer Masse. Und wie von allem Maßlosen gibt es davon keine Bilder: es gibt davon nur Augenblicke im Gesicht der einzelnen. Und es gibt davon keine Sprache: hier war das Gebrabbel am Werk, LSI, LTI, LQI, nur Buchstaben, doch niemals eine erste Sprache, kein wahres Wort, kein wirkliches Bild ... hier war die Lüge tagtäglich am Schuften, von 0 Uhr 44 bis 23 Uhr 44, dazwischen gähnte einen Atemzug lang der Tod.

Hier war sie am Schmatzen, die Zivilisation, jene alte Sau mit Zahnfäule, wie Ezra Pound sie nannte. Hier reicht die Geschichte tief hinab unter den Strand des Pflasters, bis tief in die kaltgewordenen Wellen der erstarrten Erde, dort lauert ihr Wesen, untätig, und frißt und verdaut.

– Und davon gibt es keine Bilder, denkt er, während er unter der Leere weitergeht, während seine Augen voraustastend über die Fassaden fahren.

– Nein, muß er sich sagen, hier gibt es keine Fassaden. Die Mauern, die Gebäude zeigen sich nackt in ihrer Klarheit und Rätselhaftigkeit, in ihrer Funktion, in ihrer Existenz, ob sie Existenz oder Funktion nun haben oder nicht. Es gibt hier keine Fassaden, es gibt hier keine Bilder, und es gibt hier keine Wörter, aus denen Bilder für diese Straßen zu flechten wären. Es gibt nur die Geschichte, die sich in diesen Straßen selbst beschreibt. Und es gibt auch diese Beschreibungen nicht, und damit vernichtet sich die Geschichte, die sich vernichten muß, um existieren zu können. Bilder von diesem Ort wären solche, auf denen die Geschichte für einen Augenblick aufgehört hat: Bruchteile von Bildsekunden ... substanzgewordene Augenblicke, in die Weichen der immateriellen Geschichte geschlagen, bevor sich diese unbeweglich weiterwälzt: Ewigkeiten, in Form von Augenblicken aus dem leeren Licht des Tages gerissen.

*Uwe Johnson*

# Leipzig. Hauptbahnhof

Das Buch, in dem ein Durchreisender namens Karsch beschreiben wollte wie Achim zum Ruhm kam und lebte mit dem Ruhm, sollte enden mit der Wahl Achims in das Parlament des Landes, das war die Zusammenarbeit von Sport und Macht der Gesellschaft in einer Person, so scheint sie dem Durchreisenden abgeschlossen; auf dies Ende zu sollte der Anfang laufen und sein Ziel schon wissen. Er dachte anzufangen wie du und wie ihr es gebilligt hättet; darüber wußte er nicht Bescheid, durch diese Frage dachte er oft. Wo fing das an?

Zunächst hielt er den städtischen Hauptbahnhof für ein Mittel glücklicher Erklärung; er dachte da an einen Morgen im Jahr von Achims Geburt und an eine zufällige Gruppe von Personen, die durch ihre Gespräche und Reiseziele und Zeitungslektüre und Kleidung den Zustand menschlichen Zusammenlebens vorstellten, von dem aus es gekommen ist zu dem heutigen, der Achims einunddreißigstes Lebensjahr machte und festhielt. Der Bahnhof saß so breit auf dem unbebauten Platz (in dessen Mitte früher eine dichte Kette von Hotels die Ankömmlinge begrüßt hatte) daß er seinen amtlichen Namen zur Seite drückte, damals wie heute trafen sich die Straßenbahnen fast sämtlicher Richtungen auf dem Bahnhof-Vorplatz und nicht auf dem der Republik oder dem des geschlagenen Generals, der vor dreißig Jahren dem deutschen Staat vorgestanden hatte. Auch faßten getrennte Fahrbahnen an seinen Kanten den städtischen Ziel- und Quellverkehr und schleusten ihn nach allen Seiten. So war der Bahnhof Treffpunkt für die Bewohner entgegengesetzter Stadtteile, er lag inmitten, und überhaupt günstiger für den Aufenthalt, da die Straßen der Innenstadt nur die Hälfte des Tages Mahlzeiten oder Waren oder Unterhaltung anboten. (Darum wollten Abend und Nacht Karsch mitunter noch benutzbarer vorkommen.) Das mächtige graue Gebäude zog östlich und westlich mit hohen Hallen auf den Platz und betrat die Straße, vor der zurückgesetzt verbindenden Front begaben sich die Anfahrten der Mietautos und Lieferwagen. Wie die Ziegelmauer außen verkleidet war mit heldenhaft zerklüftetem Sandgemisch (das heißt rustiziert), so waren innen die hohen Deckengewölbe aus klassischen Kassetten gebildet und von stämmigen Säulenpfosten unterstellt und zeigten nicht den Stahl, der sie eigentlich hielt. Nur ein kleiner Teil der unbenutzbaren Höhe war besetzt mit Verkaufsräumen für Blumen Lebensmittel Fahrkarten Reiseandenken Tabakwaren, in ihrer Größe auch hielt sich die lange Höhle des unteren Durchgangs zur Schwesterhalle; war einer die flachen Stufen zu den Zügen hinaufgestiegen, sah er winzig im Raum geduckt die Holzbuden der Fahrkartenausgabe von oben und ihre staubigen Dächer. Von der Treppe aber trat man auf die geräumige quere Plattform, die auf Stahlbögen in Höhe des Himmels schwere Überglasung trug und überging in den vergitterten Zugang zu dreißig Bahnsteigen nicht auf einen Blick zu übersehen. Unterteilt in sechs Hallen kam das rauchgeschwärzte Dachgewölbe über den Gleisen an die Pfeiler der Querplattform gestützt, dicht unter ihnen hielten die Lokomotiven, überqualmten Kontrollhäuschen und Verkaufsbuden und Gepäckfahrstühle, und waren zu sehen aus den oberen Etagen der Restaurants Treppenhäuser Diensträume, die die hohe und sanfter rustizierte Fassade gegen die eigentliche Zughalle füllten. In diesen Gewölben aber oben und unten kreiselte und strömte tags unendlich und nachts noch dicker Gewimmel von Menschen, von denen weniger abfuhren oder ankamen oder Gäste begrüßten. Bis spät in die Nacht war hier Zeit hinzubringen in den Gaststätten beim Friseur in den Geschäften mit Verabredungen und Spazierengehen inmitten von Gesichtern und Gesten, die unablässig in andere übergingen und andere wurden, selbst das Erwartete kam überraschend und regte auf und bedeutete ferne Städte und die Nacht jenseits der Häuserversammlung und die kräftige Schnelligkeit der Maschinen und plötzlich kenntlich gemachtes (fremdes verwandtes eigenes) Gesicht: zusammengefaßte Bewegung des Lebens und mehr als zu sehen war.

Achim aber war nicht zu denken abseits der Stadt, die hier zusammentraf und sich verband mit der umgebenden Welt. Warum also sollte Karsch nicht sechs Personen ehemals hinstellen in einen hartluftigen Oktoberabend unter die leise zischenden Lampen vor hupende Gepäckkarren an klappernde Biergläser und inmitten vielfältigen Lärms und Geschreis sie auch reden lassen über die Ereignisse, die Achims Aufstieg zu einer der höchsten staatsbürgerlichen Ehren vorbereiteten: oder ermöglichten: oder zumindest zeitlich davor geschahen? Der Zusammenbruch der nordamerikanischen Wirtschaft lief mit kurzen schweren Flutwellen in Europa und Deutschland aus und schwemmte viele Arbeitnehmer aus dem Verdienst, das ist ein Vergleich, sog die Preise des Lebens auf wachsende Wellenkämme, wusch jede Zuversicht auf den kommenden Tag aus dem Gefühl des Daseins und würde heil lassen und höflich umspülen nur die rustizierten Mauern, in denen das Geld saß in ungerechter Massigkeit und lebte und wuchs von der Kraft derer, die Gerät und Nahrung des Lebens dennoch herstellten in acht Stunden täglicher Arbeit? Die kommunistischen und sozialdemokratischen Parteien zogen durch die Straßen und versprachen unterschiedlich auf Fahnen und Plakaten die Besserung des Unheils, sofern die Herrschaft des Kapitals beendet werde mit vereinter Kraft aller Ausgebeuteten und ohne Verzug; der Verein der Nationalsozialisten hingegen schlug sich mit ihnen und versprach statt glückhaften Umsturzes einzeln erkennbare Besserungen und Bewahrung der Ordnung, sofern nur jüdisches Kapital in deutschstämmige Hände kam und das Volk sich besinne auf seine Abkunft mit vereinter Kraft aller Enttäuschten und gleichfalls ohne Verzug? Das Kapital jedoch bot diesen die Hand und zog sie nicht ab von ihnen, getäuscht und bestochen ließ die Regierung sie gewähren? Vermischt mit den aktuellen Sportberichten. In dieser Form abgekürzt sollte die Mitteilung des damaligen Jahres zusammenwachsen aus der Begegnung von sechs oder sieben Reisenden in einem Vorortszug und gesondert hervorgehen aus der Anzahl und Güte ihrer Koffer, aus ihrer Laune und ihrem Betragen, aus den Rufen der Männer mit den rollbaren Zeitungskarren, aus dem verhältnismäßigen Preis der Fahrkarten, aus dem Zustand der Gleise und Wände und Wagen: des Bahnhofs insgesamt in einem Eindruck gesehen, aus Bruchstücken von Gespräch unter Fremden. Aber schon hier war Karsch nicht wohl.

Alma Mater Lipsiensis

*Universitätsstadt*

*Johann Martin Miller*

## Lied eines Leipziger Magisters

Ein jedes Ding hat seine Zeit,
  So auch das Liedersingen;
Drum will ich euch, ihr Musen, heut
  Mein letztes Opfer bringen.
Das Glück, mit dem ihr uns beschenkt,
  Ist flatterhaft und eitel;
Ich leb' in Niedrigkeit versenkt
  Und ohne Geld im Beutel.

Was half es jede Messe mir,
  Zwölf Bogen anzufüllen?
Ich schrieb, in Theokrits Manier,
  Die lieblichsten Idyllen:
Sang in Horazens hohem Ton
  Bald Oden, bald Satiren,
Und wußte, wie Anakreon,
  Das Barbyton zu rühren:

Hatt' eine Epopö' gemacht,
  Und übertraf Homeren;
Ließ mich nicht minder Tag und Nacht
  Bei Gellerts Grabe hören.
Umsonst, es ließ mich jedermann
  In stillem Kummer schmachten,

Und Rezensenten singen an,
  Mich gröblich zu verachten.

Wohl! undankbares Vaterland!
  Das ich zu zärtlich liebte;
Sieh! Hier vergehen sie im Brand,
  Die teuren Manuskripte.
Du wolltest sie aus Blindheit nicht,
  Wie sie verdienten, lesen;
Nun sieh mit weinendem Gesicht,
  Den teuren Schmuck verwesen.

Der edlen Übersetzungskunst
  Will ich mich nun ergeben.
Mehr kann sie, als der Musen Gunst,
  Sie kann uns Nahrung geben.
O, möcht' ich eure Sprache doch,
  Ihr Britten, schon verstehen!
Man sollte diese Messe noch
  Von mir ein Pröbchen sehen.

*Johann Wolfgang von Goethe*

# Meine Kollegia besuchte ich anfangs emsig und treulich

Als ich in Leipzig ankam, war es gerade Meßzeit, woraus mir ein besonderes Vergnügen entsprang: denn ich sah hier die Fortsetzung eines vaterländischen Zustandes vor mir, bekannte Waren und Verkäufer, nur an anderen Plätzen und in einer anderen Folge. Ich durchstrich den Markt und die Buden mit vielem Anteil; besonders aber zogen meine Aufmerksamkeit an sich, in ihren seltsamen Kleidern, jene Bewohner der östlichen Gegenden, die Polen und Russen, vor allen aber die Griechen, deren ansehnlichen Gestalten und würdigen Kleidungen ich gar oft zu Gefallen ging.

Diese lebhafte Bewegung war jedoch bald vorüber, und nun trat mir die Stadt selbst mit ihren schönen, hohen und untereinander gleichen Gebäuden entgegen. Sie machte einen sehr guten Eindruck auf mich, und es ist nicht zu leugnen, daß sie überhaupt, besonders aber in stillen Momenten der Sonn- und Feiertage, etwas Imposantes hat, so wie denn auch im Mondschein die Straßen, halb beschattet, halb erleuchtet, mich oft zu nächtlichen Promenaden einluden.

Indessen genügte mir gegen das, was ich bisher gewohnt war, dieser neue Zustand keineswegs. Leipzig ruft dem Beschauer keine altertümliche Zeit zurück; es ist eine neue, kurz vergangene, von Handelstätigkeit, Wohlhabenheit, Reichtum zeugende Epoche, die sich uns in diesen Denkmalen ankündet. Jedoch ganz nach meinem Sinn waren die mir ungeheuer scheinenden Gebäude, die, nach zwei Straßen ihr Gesicht wendend, in großen, himmelhoch umbauten Hofräumen eine bürgerliche Welt umfassend, großen Burgen, ja Halbstädten ähnlich sind. In einem dieser seltsamen Räume quartierte ich mich ein, und zwar in der »Feuerkugel« zwischen dem Alten und Neuen Neumarkt. Ein paar artige Zimmer, die in den Hof sahen, der wegen des Durchgangs nicht unbelebt war, bewohnte der Buchhändler Fleischer während der Messe, und ich für die übrige Zeit um einen leidlichen Preis. Als Stubennachbarn fand ich einen Theologen, der in seinem Fache gründlich unterrichtet, wohldenkend, aber arm war, und, was ihm große Sorge für die Zukunft machte, sehr an den Augen litt. Er hatte sich dieses Übel durch übermäßiges Lesen bis in die tiefste Dämmerung, ja sogar, um das wenige Öl zu ersparen, bei Mondschein zugezogen. Unsere alte Wirtin erzeigte sich wohltätig gegen ihn, gegen mich jederzeit freundlich, und gegen beide sorgsam.

Nun eilte ich mit meinem Empfehlungsschreiben zu Hofrat Böhme, der, ein Zögling von Mascov, nunmehr sein Nachfolger, Geschichte und Staatsrecht lehrte. Ein kleiner, untersetzter, lebhafter Mann empfing mich freundlich genug und stellte mich seiner Gattin vor. Beide, sowie die übrigen Personen, denen ich aufwartete, gaben mir die beste Hoffnung wegen meines künftigen Aufenthaltes; doch ließ ich mich anfangs gegen niemand merken, was ich im Schilde führte, ob ich gleich den schicklichen Moment kaum erwarten konnte, wo ich mich von der Jurisprudenz frei und dem Studium der Alten verbunden erklären wollte. Vorsichtig wartete ich ab, bis Fleischers wieder abgereist waren, damit mein Vorsatz nicht allzu geschwind den Meinigen verraten würde. Sodann aber ging ich ohne Anstand zu Hofrat Böhmen, dem ich vor allen die Sache glaubte vertrauen zu müssen, und erklärte ihm, mit vieler Konsequenz und Parrhesie, meine Absicht. Allein ich fand keineswegs eine gute Aufnahme meines Vortrags. Als Historiker und Staatsrechtler hatte er einen erklärten Haß gegen alles, was nach schönen Wissenschaften schmeckte. Unglücklicherweise stand er mit denen, welche sie kultivierten, nicht im besten Vernehmen, und Gellerten besonders, für den ich, ungeschickt genug, viel Zutrauen geäußert hatte, konnte er nun gar nicht leiden. Jenen Männern also einen treuen Zuhörer zuzuweisen, sich selbst aber einen zu entziehen, und noch dazu unter solchen Umständen, schien ihm ganz und gar unzulässig. Er hielt mir daher aus dem Stegreif eine gewaltige Strafpredigt, worin er beteuerte, daß er ohne Erlaubnis meiner Eltern einen solchen Schritt nicht zugeben könne, wenn er ihn auch, wie hier der Fall nicht sei, selbst billigte. Er verunglimpfte darauf leidenschaftlich Philologie und Sprachstudien, noch mehr aber die poetischen Übungen, die ich freilich im Hintergrunde hatte durchblicken lassen. Er schloß zuletzt, daß, wenn ich ja dem Studium der Alten mich nähern wolle, solches viel besser auf dem Wege der Jurisprudenz geschehen könne. Er brachte mir so manchen eleganten Juristen, Everhard Otto und Heineccius, ins Gedächtnis, versprach mir von den römischen Altertümern und der Rechtsgeschichte goldne Berge, und zeigte mir sonnenklar, daß ich hier nicht einmal einen Umweg mache, wenn ich auch späterhin noch jenen Vorsatz, nach reiferer Überlegung und mit Zustimmung meiner Eltern, auszuführen gedächte. Er ersuchte mich freundlich, die Sache nochmals zu überlegen und ihm meine Gesinnungen bald zu eröffnen, weil es nötig sei, wegen bevorstehenden Anfangs der Kollegien, sich zunächst zu entschließen.

Es war noch ganz artig von ihm, nicht auf der Stelle in mich zu dringen. Seine Argumente und das Gewicht, womit er sie vortrug, hatten meine biegsame Jugend schon überzeugt, und ich sah nun erst die Schwierigkeiten und Bedenklichkeiten einer Sache, die ich mir im stillen so tulich ausgebildet hatte. Frau Hofrat Böhme ließ mich kurz darauf zu sich einladen. Ich fand sie allein. Sie war nicht mehr jung und sehr kränklich, unendlich sanft und zart, und machte gegen ihren Mann, dessen Gutmütigkeit sogar polterte, einen entschiedenen Kontrast. Sie brachte mich auf das von ihrem Manne neulich geführte Gespräch, und stellte mir die Sache nochmals so freundlich, liebevoll und verständig im ganzen Umfange vor, daß ich mich nicht enthalten konnte nachzugeben; die wenigen Reservationen, auf denen ich bestand, wurden von jener Seite denn auch bewilligt.

Der Gemahl regulierte darauf meine Stunden: da sollte ich denn Philosophie, Rechtsgeschichte und Institutionen und noch einiges andere hören. Ich ließ mir das gefallen; doch setzte ich durch, Gellerts Literargeschichte über Stockhausen und außerdem sein Praktikum zu frequentieren.

Die Verehrung und Liebe, welche Gellert von allen jungen Leuten genoß, war außerordentlich. Ich hatte ihn schon besucht und war freundlich von ihm aufgenommen worden. Nicht groß von Gestalt, zierlich aber nicht hager, sanfte, eher traurige Augen, eine sehr schöne Stirn, eine nicht übertriebene Habichtsnase, ein feiner Mund, ein gefälliges Oval des Gesichts: alles machte seine Gegenwart angenehm und wünschenswert. Es kostete einige Mühe, zu ihm zu gelangen. Seine zwei Famuli schienen Priester, die ein Heiligtum bewahren, wozu nicht jedem, noch zu jeder Zeit, der Zutritt erlaubt ist; und eine solche Vorsicht war wohl notwendig: denn er würde seinen ganzen Tag aufgeopfert haben, wenn er alle die Menschen, die sich ihm vertraulich zu nähern gedachten, hätte aufnehmen und befriedigen wollen.

Meine Kollegia besuchte ich anfangs emsig und treulich; die Philosophie wollte mich jedoch keineswegs aufklären. In der Logik kam es mir wunderlich vor, daß ich diejenigen Geistesoperationen, die ich von Jugend auf mit der größten Bequemlichkeit verrichtete, so aus einander zerren, vereinzelnen und gleichsam zerstören sollte, um den rechten Gebrauch derselben einzusehen. Von dem Dinge, von der Welt, von Gott glaubte ich ungefähr so viel zu wissen als der Lehrer selbst, und es schien mir an mehr als einer Stelle gewaltig zu hapern. Doch ging alles noch in ziemlicher Folge bis gegen Fastnacht, wo in der Nähe des Professor Winckler auf dem Thomasplan, gerade um die Stunde, die köstlichsten Kräpfel heiß aus der Pfanne kamen, welche uns denn dergestalt verspäteten, daß unsere Hefte lokker wurden, und das Ende derselben gegen das Frühjahr mit dem Schnee zugleich verschmolz und sich verlor.

Mit den juristischen Kollegien ward es bald ebenso schlimm: denn ich wußte gerade schon so viel, als uns der Lehrer zu überliefern für gut fand. Mein erst hartnäckiger Fleiß im Nachschreiben wurde nach und nach gelähmt, indem ich es höchst langweilig fand, dasjenige nochmals aufzuzeichnen, was ich bei meinem Vater, teils fragend, teils antwortend, oft genug wiederholt hatte, um es für immer im Gedächtnis zu behalten. Der Schaden, den man anrichtet, wenn man junge Leute auf Schulen in manchen Dingen zu weit führt, hat sich späterhin noch mehr ergeben, da man den Sprachübungen und der Begründung in dem, was eigentliche Vorkenntnisse sind, Zeit und Aufmerksamkeit abbrach, um sie an sogenannte Realitäten zu wenden, welche mehr zerstreuen als bilden, wenn sie nicht methodisch und vollständig überliefert werden.

Noch ein anderes Übel, wodurch Studierende sehr bedrängt sind, erwähne ich hier beiläufig. Professoren, so gut wie andere in Ämtern angestellte Männer, können nicht alle von einem Alter sein; da aber die jüngeren eigentlich nur lehren, um zu lernen, und noch dazu, wenn sie gute Köpfe sind, dem Zeitalter voreilen, so erwerben sie ihre Bildung durchaus auf Unkosten der Zuhörer, weil diese nicht in dem unterrichtet werden, was sie eigentlich brauchen, sondern in dem, was der Lehrer für sich zu bearbeiten nötig findet. Unter den ältesten Professoren dagegen sind manche schon lange Zeit stationär; sie überliefern im ganzen nur fixe Ansichten, und, was das einzelne betrifft, vieles, was die Zeit schon als unnütz und falsch verurteilt hat. Durch beides entsteht ein trauriger Konflikt, zwischen welchem junge Geister hin und her gezerrt werden, und welcher kaum durch die Lehrer des mittleren Alters, die, obschon genugsam unterrichtet und gebildet, doch immer noch ein tätiges Streben zum Wissen und Nachdenken bei sich empfinden, ins gleiche gebracht werden kann.

Wie ich nun auf diesem Wege viel mehreres kennen als zurechte legen lernte, wodurch sich ein immer wachsendes Mißbehagen in mir hervordrang, so hatte ich auch vom Leben manche kleine Unannehmlichkeiten; wie man denn, wenn man den Ort verändert und in neue Verhältnisse tritt, immer Einstand geben muß. Das erste, was die Frauen an mir tadelten, bezog sich auf die Kleidung; denn ich war vom Hause freilich etwas wunderlich equipiert auf die Akademie gelangt.

Mein Vater, dem nichts so sehr verhaßt war, als wenn etwas vergeblich geschah, wenn jemand seine Zeit nicht zu brauchen wußte, oder sie zu benutzen keine Gelegenheit fand, trieb seine Ökonomie mit Zeit und Kräften so weit, daß ihm nichts mehr Vergnügen machte, als zwei Fliegen mit e i n e r Klappe zu schlagen. Er hatte deswegen niemals einen Bedienten, der nicht im Hause zu noch etwas nützlich gewesen wäre. Da er nun von jeher alles mit eigener Hand schrieb und später die Bequemlichkeit hatte, jenem jungen Hausgenossen in die Feder zu diktieren, so fand er am vorteilhaftesten, Schneider zu Bedienten zu haben, welche die Stunden gut anwenden mußten, indem sie nicht allein ihre Livreien, sondern auch die Kleider für Vater und Kinder zu fertigen, nicht weniger alles Flickwerk zu besorgen hatten. Mein Vater war selbst um die besten Tücher und Zeuge bemüht, indem er auf den Messen von auswärtigen Handelsherren feine Ware bezog und sie in seinen Vorrat legte; wie ich mich denn noch recht wohl erinnere, daß er die Herrn, von

Loewenich von Aachen jederzeit besuchte, und mich von meiner frühesten Jugend an mit diesen und anderen vorzüglichen Handelsherren bekannt machte.

Für die Tüchtigkeit des Zeugs war also gesorgt und genugsamer Vorrat verschiedener Sorten Tücher, Sarschen, Göttinger Zeug, nicht weniger das nötige Unterfutter vorhanden, so daß wir, dem Stoff nach, uns wohl hätten dürfen sehen lassen; aber die Form verdarb meist alles: denn wenn ein solcher Hausschneider allenfalls ein guter Geselle gewesen wäre, um einen meisterhaft zugeschnittenen Rock wohl zu nähen und zu fertigen, so sollte er nun auch das Kleid selbst zuschneiden, und dieses geriet nicht immer zum besten. Hiezu kam noch, daß mein Vater alles, was zu seinem Anzuge gehörte, sehr gut und reinlich hielt und viele Jahre mehr bewahrte als benutzte, daher eine Vorliebe für gewissen alten Zuschnitt und Verzierungen trug, wodurch unser Putz mitunter ein wunderliches Ansehen bekam.

Auf eben diesem Wege hatte man auch meine Garderobe, die ich mit auf die Akademie nahm, zustande gebracht; sie war recht vollständig und ansehnlich und sogar ein Tressenkleid darunter. Ich, diese Art von Aufzug schon gewohnt, hielt mich für geputzt genug; allein es währte nicht lange, so überzeugten mich meine Freundinnen, erst durch leichte Neckereien, dann durch vernünftige Vorstellungen, daß ich wie aus einer fremden Welt hereingeschneit aussehe. So viel Verdruß ich auch hierüber empfand, sah ich doch anfangs nicht, wie ich mir helfen sollte. Als aber Herr von Masuren, der so beliebte poetische Dorfjunker, einst auf dem Theater in einer ähnlichen Kleidung auftrat, und mehr wegen seiner äußeren als inneren Abgeschmacktheit herzlich belacht wurde, faßte ich Mut und wagte, meine sämtliche Garderobe gegen eine neumodische, dem Ort gemäße auf einmal umzutauschen, wodurch sie aber freilich sehr zusammenschrumpfte.

Nach dieser überstandenen Prüfung sollte abermals eine neue eintreten, welche mir weit unangenehmer auffiel, weil sie eine Sache betraf, die man nicht so leicht ablegt und umtauscht.

Ich war nämlich in dem oberdeutschen Dialekt geboren und erzogen, und obgleich mein Vater sich stets einer gewissen Reinheit der Sprache befliß und uns Kinder auf das, was man wirklich Mängel jenes Idioms nennen kann, von Jugend an aufmerksam gemacht und zu einem besseren Sprechen vorbereitet hatte, so blieben mir doch gar manche tiefer liegende Eigenheiten, die ich, weil sie mir ihrer Naivetät wegen gefielen, mit Behagen hervorhob, und mir dadurch von meinen neuen Mitbürgern jedesmal einen strengen Verweis zuzog. Der Oberdeutsche nämlich, und vielleicht vorzüglich derjenige, welcher dem Rhein und Main anwohnt (denn große Flüsse haben, wie das Meeresufer, immer Belebendes), drückt sich viel in Gleichnissen und Anspielungen aus, und bei einer inneren menschenverständigen Tüchtigkeit bedient er sich sprüchwörtlicher Redensarten. In beiden Fällen ist er öfters derb, doch, wenn man auf den Zweck des Ausdruckes sieht, immer gehörig; nur mag freilich manchmal etwas mit unterlaufen, was gegen ein zarteres Ohr sich anstößig erweist.

Jede Provinz liebt ihren Dialekt: denn er ist doch eigentlich das Element, in welchem die Seele ihren Atem schöpft. Mit welchem Eigensinn aber die meißnische Mundart die übrigen zu beherrschen, ja eine Zeitlang auszuschließen gewußt hat, ist jedermann bekannt. Wir haben viele Jahre unter diesem pedantischen Regimente gelitten, und nur durch vielfachen Widerstreit haben sich die sämtlichen Provinzen in ihre alten Rechte wieder eingesetzt. Was ein junger lebhafter Mensch unter diesem beständigen Hofmeistern ausgestanden habe, wird derjenige leicht ermessen, der bedenkt, daß nun mit der Aussprache, in deren Veränderung man sich endlich wohl ergäbe, zugleich Denkweise, Einbildungskraft, Gefühl, vaterländischer Charakter sollten aufgeopfert werden. Und diese unerträgliche Forderung wurde von gebildeten Männern und Frauen gemacht, deren Überzeugung ich mir nicht zueignen konnte, deren Unrecht ich zu empfinden glaubte, ohne mir es deutlich machen zu können. Mir sollten die Anspielungen auf biblische Kernstellen untersagt sein, sowie die Benutzung treuherziger Chronikenausdrücke. Ich sollte vergessen, daß ich den Geiler von Kaisersberg gelesen hatte, und des Gebrauchs der Sprüchwörter entbehren, die doch, statt vieles Hin- und Herfackelns, den Nagel gleich auf den Kopf treffen; alles dies, das ich mir mit jugendlicher Heftigkeit angeeignet, sollte ich missen, ich fühlte mich in meinem Innersten paralysiert und wußte kaum mehr, wie ich mich über die gemeinsten Dinge zu äußern hatte. Daneben hörte ich, man solle reden wie man schreibt, und schreiben wie man spricht; da mir Reden und Schreiben ein für allemal zweierlei Dinge schienen, von denen jedes wohl seine eignen Rechte behaupten möchte. Und hatte ich doch auch im Meißner Dialekt manches zu hören, was sich auf dem Papier nicht sonderlich würde ausgenommen haben.

Jedermann, der hier vernimmt, welchen Einfluß auf einen jungen Studierenden gebildete Männer und Frauen, Gelehrte und sonst in einer feinen Sozietät sich gefallende Personen so entschieden ausüben, würde, wenn es auch nicht ausgesprochen wäre, sich sogleich überzeugt halten, daß wir uns in Leipzig befinden. Jede der deutschen Akademien hat eine besondere Gestalt: denn weil in unserem Vaterlande keine allgemeine Bildung durchdringen kann, so beharrt jeder Ort auf seiner Art und Weise und treibt seine charakteristischen Eigenheiten bis aufs letzte; eben dieses gilt von den Akademien. In Jena und Halle war die Roheit aufs höchste gestiegen, körperliche Stärke, Fechtergewandtheit, die wildeste Selbsthülfe war dort an der Tagesordnung; und ein solcher Zustand kann sich nur durch den gemeinsten Saus und Braus erhalten und fortpflanzen. Das

Verhältnis der Studierenden zu den Einwohnern jener Städte, so verschieden es auch sein mochte, kam doch darin überein, daß der wilde Fremdling keine Achtung vor dem Bürger hatte und sich als ein eignes, zu aller Freiheit und Frechheit privilegiertes Wesen ansah. Dagegen konnte in Leipzig ein Student kaum anders als galant sein, sobald er mit reichen, wohl und genau gesitteten Einwohnern in einigem Bezug stehen wollte.

*Johann Wolfgang von Goethe*

# Auerbachs Keller in Leipzig

Zeche lustiger Gesellen

FROSCH. Will keiner trinken? keiner lachen?
Ich will euch lehren Gesichter machen!
Ihr seid ja heut wie nasses Stroh,
Und brennt sonst immer lichterloh.
BRANDER. Das liegt an dir; du bringst ja nichts herbei,
Nicht eine Dummheit, keine Sauerei.
FROSCH *(gießt ihm ein Glas Wein über den Kopf)*.
Da hast du beides!
BRANDER. Doppelt Schwein!
FROSCH. Ihr wollt es ja, man soll es sein!
SIEBEL. Zur Tür hinaus wer sich entzweit!
Mit offner Brust singt Runda, sauft und schreit
Auf! Holla! Ho!
ALTMAYER. Weh mir, ich bin verloren!
Baumwolle her! der Kerl sprengt mir die Ohren.
SIEBEL. Wenn das Gewölbe widerschallt,
Fühlt man erst recht des Basses Grundgewalt.
FROSCH. So recht, hinaus mit dem der etwas übel nimmt!
A! tara lara da!
ALTMAYER. A! tara lara da!
FROSCH. Die Kehlen sind gestimmt.
*(Singt.)* Das liebe, heil'ge Röm'sche Reich,
Wie hält's nur noch zusammen?

BRANDER. Ein garstig Lied! Pfui! ein politisch Lied!
Ein leidig Lied! Dankt Gott mit jedem Morgen
Dass ihr nicht braucht fürs Röm'sche Reich zu sorgen!
Ich halt es wenigstens für reichlichen Gewinn,
Dass ich nicht Kaiser oder Kanzler bin.
Doch muss auch uns ein Oberhaupt nicht fehlen;
Wir wollen einen Papst erwählen.
Ihr wisst, welch eine Qualität
Den Ausschlag gibt, den Mann erhöht.

FROSCH *(singt)*. Schwing dich auf, Frau Nachtigall,
Grüß mir mein Liebchen zehentausendmal.

SIEBEL. Dem Liebchen keinen Gruß! Ich will davon nichts hören!

FROSCH. Dem Liebchen Gruß und Kuss! du wirst mir's nicht verwehren!
*(Singt.)* Riegel auf! in stiller Nacht.
Riegel auf! der Liebste wacht.
Riegel zu! des Morgens früh.

SIEBEL. Ja, singe, singe nur, und lob und rühme sie!
Ich will zu meiner Zeit schon lachen.
Sie hat mich angeführt, dir wird sie's auch so machen.
Zum Liebsten sei ein Kobold ihr beschert!
Der mag mit ihr auf einem Kreuzweg schäkern;
Ein alter Bock, wenn er vom Blocksberg kehrt,
Mag im Galopp noch gute Nacht ihr meckern!
Ein braver Kerl von echtem Fleisch und Blut
Ist für die Dirne viel zu gut.
Ich will von keinem Gruße wissen,
Als ihr die Fenster eingeschmissen!

BRANDER *(auf den Tisch schlagend)*.
Passt auf! passt auf! Gehorchet mir!
Ihr Herrn gesteht, ich weiß zu leben;
Verliebte Leute sitzen hier,

Und diesen muss, nach Standsgebühr,
Zur guten Nacht ich was zum Besten geben.
Gebt Acht! Ein Lied vom neusten Schnitt!
Und singt den Rundreim kräftig mit!
*(Er singt.)* Es war eine Ratt im Kellernest,
Lebte nur von Fett und Butter,
Hatte sich ein Ränzlein angemäst't,
Als wie der Doktor Luther.
Die Köchin hatt ihr Gift gestellt;
Da ward's so eng ihr in der Welt,
Als hätte sie Lieb im Leibe.

CHORUS *(jauchzend)*. Als hätte sie Lieb im Leibe.

BRANDER. Sie fuhr herum, sie fuhr heraus,
Und soff aus allen Pfützen,
Zernagt', zerkratzt' das ganze Haus,
Wollte nichts ihr Wüten nützen;
Sie tät gar manchen Ängstesprung,
Bald hatte das arme Tier genung,
Als hätt es Lieb im Leibe.

CHORUS. Als hätt es Lieb im Leibe.

BRANDER. Sie kam vor Angst am hellen Tag
Der Küche zugelaufen,
Fiel an den Herd und zuckt' und lag,
Und tät erbärmlich schnaufen.
Da lachte die Vergifterin noch;
Ha! sie pfeift auf dem letzten Loch,
Als hätte sie Lieb im Leibe.

CHORUS. Als hätte sie Lieb im Leibe.

SIEBEL. Wie sich die platten Bursche freuen!
Es ist mir eine rechte Kunst,
Den armen Ratten Gift zu streuen!

BRANDER. Sie stehn wohl sehr in deiner Gunst?

ALTMAYER. Der Schmerbauch mit der kahlen Platte!

Das Unglück macht ihn zahm und mild;
Er sieht in der geschwollnen Ratte
Sein ganz natürlich Ebenbild.

Faust *und* MEPHISTOPHELES.

MEPHISTOPHELES. Ich muss dich nun vor allen Dingen
In lustige Gesellschaft bringen,
Damit du siehst wie leicht sich's leben lässt.
Dem Volke hier wird jeder Tag ein Fest.
Mit wenig Witz und viel Behagen
Dreht jeder sich im engen Zirkeltanz,
Wie junge Katzen mit dem Schwanz.
Wenn sie nicht über Kopfweh klagen,
So lang der Wirt nur weiter borgt,
Sind sie vergnügt und unbesorgt.
BRANDER. Die kommen eben von der Reise,
Man sieht's an ihrer wunderlichen Weise;
Sie sind nicht eine Stunde hier.
FROSCH. Wahrhaftig du hast Recht! Mein Leipzig lob ich mir!
Es ist ein klein Paris, und bildet seine Leute.
SIEBEL. Für was siehst du die Fremden an?
FROSCH. Lass mich nur gehn! Bei einem vollen Glase,
Zieh ich, wie einen Kinderzahn,
Den Burschen leicht die Würmer aus der Nase.
Sie scheinen mir aus einem edlen Haus,
Sie sehen stolz und unzufrieden aus.
BRANDER. Marktschreier sind's gewiss, ich wette!
ALTMAYER. Vielleicht.
FROSCH. Gib Acht, ich schraube sie!
MEPHISTOPHELES *(zu Faust)*.
Den Teufel spürt das Völkchen nie,

Und wenn er sie beim Kragen hätte.
FAUST. Seid uns gegrüßt, ihr Herrn!
SIEBEL. Viel Dank zum Gegengruß.
*(Leise, Mephistopheles von der Seite ansehend.)*
Was hinkt der Kerl auf Einem Fuß?
MEPHISTOPHELES.
Ist es erlaubt, uns auch zu euch zu setzen?
Statt eines guten Trunks, den man nicht haben kann,
Soll die Gesellschaft uns ergetzen.
ALTMAYER. Ihr scheint ein sehr verwöhnter Mann.
FROSCH. Ihr seid wohl spät von Rippach aufgebrochen?
Habt ihr mit Herren Hans noch erst zu Nacht gespeist?
MEPHISTOPHELES. Heut sind wir ihn vorbeigereist!
Wir haben ihn das letzte Mal gesprochen.
Von seinen Vettern wusst er viel zu sagen,
Viel Grüße hat er uns an jeden aufgetragen.
*(Er neigt sich gegen Frosch.)*
ALTMAYER *(leise)*.
Da hast du's! der versteht's!
SIEBEL. Ein pfiffiger Patron!
FROSCH. Nun, warte nur, ich krieg ihn schon!
MEPHISTOPHELES. Wenn ich nicht irrte, hörten wir
Geübte Stimmen Chorus singen?
Gewiss, Gesang muss trefflich hier
Von dieser Wölbung widerklingen!
FROSCH. Seid Ihr wohl gar ein Virtuos?
MEPHISTOPHELES.
O nein! die Kraft ist schwach, allein die Lust ist groß.
ALTMAYER. Gebt uns ein Lied!
MEPHISTOPHELES. Wenn ihr begehrt, die Menge.
SIEBEL. Nur auch ein nagelneues Stück!
MEPHISTOPHELES. Wir kommen erst aus Spanien zurück,
Dem schönen Land des Weins und der Gesänge.

*(Singt.)* Es war einmal ein König,
Der hatt einen großen Floh –

FROSCH. Horcht! Einen Floh! Habt ihr das wohl gefaßt?
Ein Floh ist mir ein saubrer Gast.

MEPHISTOPHELES *(singt)*. Es war einmal ein König,
Der hatt einen großen Floh,
Den liebt' er gar nicht wenig,
Als wie seinen eignen Sohn.
Da rief er seinen Schneider,
Der Schneider kam heran:
Da, miss dem Junker Kleider,
Und miss ihm Hosen an!

BRANDER. Vergesst nur nicht dem Schneider einzuschärfen,
Dass er mir aufs Genauste misst,
Und dass, so lieb sein Kopf ihm ist,
Die Hosen keine Falten werfen!

MEPHISTOPHELES. In Sammet und in Seide
War er nun angetan,
Hatte Bänder auf dem Kleide,
Hatt auch ein Kreuz daran,
Und war sogleich Minister,
Und hatt einen großen Stern.
Da wurden seine Geschwister
Bei Hof auch große Herrn.

Und Herrn und Fraun am Hofe,
Die waren sehr geplagt,
Die Königin und die Zofe
Gestochen und genagt,
Und durften sie nicht knicken,
Und weg sie jucken nicht.
Wir knicken und ersticken
Doch gleich wenn einer sticht.

CHORUS *(jauchzend)*. Wir knicken und ersticken
Doch gleich wenn einer sticht.
FROSCH. Bravo! Bravo! Das war schön!
SIEBEL. So soll es jedem Floh ergehn!
BRANDER. Spitzt die Finger und packt sie fein!
ALTMAYER. Es lebe die Freiheit! Es lebe der Wein!
MEPHISTOPHELES.
Ich tränke gern ein Glas, die Freiheit hoch zu ehren,
Wenn eure Weine nur ein bisschen besser wären.
SIEBEL. Wir mögen das nicht wieder hören!
MEPHISTOPHELES.
Ich fürchte nur der Wirt beschweret sich;
Sonst gäb ich diesen werten Gästen
Aus unserm Keller was zum Besten.
SIEBEL. Nur immer her! ich nehm's auf mich.
FROSCH.
Schafft Ihr ein gutes Glas, so wollen wir Euch loben.
Nur gebt nicht gar zu kleine Proben;
Denn wenn ich judizieren soll,
Verlang ich auch das Maul recht voll.
ALTMAYER *(leise)*. Sie sind vom Rheine, wie ich spüre.
MEPHISTOPHELES.
Schafft einen Bohrer an!
BRANDER. Was soll mit dem geschehn?
Ihr habt doch nicht die Fässer vor der Türe?
ALTMAYER.
Dahinten hat der Wirt ein Körbchen Werkzeug stehn.
MEPHISTOPHELES *(nimmt den Bohrer. Zu Frosch)*.
Nun sagt, was wünschet Ihr zu schmecken?
FROSCH. Wie meint Ihr das? Habt Ihr so mancherlei?
MEPHISTOPHELES. Ich stell es einem jeden frei.
ALTMAYER *(zu Frosch)*.
Aha, du fängst schon an die Lippen abzulecken.

FROSCH.
Gut! wenn ich wählen soll, so will ich Rheinwein haben.
Das Vaterland verleiht die allerbesten Gaben.

MEPHISTOPHELES *(indem er an dem Platz, wo Frosch sitzt, ein Loch in den Tischrand bohrt).*
Verschafft ein wenig Wachs, die Pfropfen gleich zu machen!

ALTMAYER. Ach das sind Taschenspielersachen.

MEPHISTOPHELES *(zu Brander).*
Und Ihr?

BRANDER. Ich will Champagner Wein,
Und recht moussierend soll er sein!
*(Mephistopheles bohrt; einer hat indessen die Wachspfropfen gemacht und verstopft.)*
Man kann nicht stets das Fremde meiden,
Das Gute liegt uns oft so fern.
Ein echter deutscher Mann mag keinen Franzen leiden,
Doch ihre Weine trinkt er gern.

SIEBEL *(indem sich Mephistopheles seinem Platze nähert).*
Ich muss gestehn, den sauren mag ich nicht,
Gebt mir ein Glas vom echten süßen!

MEPHISTOPHELES *(bohrt).* Euch soll sogleich Tokayer fließen.

ALTMAYER. Nein, Herren, seht mir ins Gesicht!
Ich seh es ein, ihr habt uns nur zum Besten.

MEPHISTOPHELES. Ei! Ei! Mit solchen edlen Gästen
Wär es ein bisschen viel gewagt.
Geschwind! Nur grad heraus gesagt!
Mit welchem Weine kann ich dienen?

ALTMAYER. Mit jedem! Nur nicht lang gefragt.
*(Nachdem die Löcher alle gebohrt und verstopft sind.)*

MEPHISTOPHELES *(mit seltsamen Gebärden).*
Trauben trägt der Weinstock!
Hörner der Ziegenbock;
Der Wein ist saftig, Holz die Reben,

Der hölzerne Tisch kann Wein auch geben.
Ein tiefer Blick in die Natur!
Hier ist ein Wunder, glaubet nur!
Nun zieht die Pfropfen und genießt!

ALLE *(indem sie die Pfropfen ziehen, und jedem der verlangte Wein ins Glas läuft).*
O schöner Brunnen, der uns fließt!

MEPHISTOPHELES.
Nur hütet euch, dass ihr mir nichts vergießt!
*(Sie trinken wiederholt.)*

ALLE *(singen).* Uns ist ganz kannibalisch wohl,
Als wie fünfhundert Säuen!

MEPHISTOPHELES.
Das Volk ist frei, seht an, wie wohl's ihm geht!

FAUST. Ich hätte Lust nun abzufahren.

MEPHISTOPHELES. Gib nur erst Acht, die Bestialität
Wird sich gar herrlich offenbaren.

SIEBEL *(trinkt unvorsichtig, der Wein fließt auf die Erde, und wird zur Flamme).*
Helft! Feuer! Helft! Die Hölle brennt!

MEPHISTOPHELES *(die Flamme besprechend).*
Sei ruhig, freundlich Element! *(Zu dem Gesellen.)*
Für diesmal war es nur ein Tropfen Fegefeuer.

SIEBEL. Was soll das sein? Wart! Ihr bezahlt es teuer!
Es scheinet, dass Ihr uns nicht kennt.

FROSCH. Lass' Er uns das zum zweiten Male bleiben!

ALTMAYER.
Ich dächt, wir hießen ihn ganz sachte seitwärts gehn.

SIEBEL. Was Herr? Er will sich unterstehn,
Und hier sein Hokuspokus treiben?

MEPHISTOPHELES. Still, altes Weinfass!

SIEBEL. Besenstiel!
Du willst uns gar noch grob begegnen?

BRANDER. Wart nur! Es sollen Schläge regnen!

ALTMAYER *(zieht einen Pfropf aus dem Tisch, es springt ihm Feuer entgegen)*. Ich brenne! ich brenne!

SIEBEL. Zauberei!
Stoßt zu! der Kerl ist vogelfrei!
*(Sie ziehen die Messer und gehn auf Mephistopheles los.)*

MEPHISTOPHELES *(mit ernsthafter Gebärde)*.
Falsch Gebild und Wort
Verändern Sinn und Ort!
Seid hier und dort!
*(Sie stehn erstaunt und sehn einander an.)*

ALTMAYER. Wo bin ich? Welches schöne Land?

FROSCH. Weinberge! Seh ich recht?

SIEBEL. Und Trauben gleich zur Hand!

BRANDER. Hier unter diesem grünen Laube,
Seht, welch ein Stock! Seht, welche Traube!
*(Er fasst Siebeln bei der Nase. Die andern tun es wechselseitig und heben die Messer.)*

MEPHISTOPHELES *(wie oben)*.
Irrtum, lass los der Augen Band!
Und merkt euch wie der Teufel spaße.
*(Er verschwindet mit Faust, die Gesellen fahren auseinander.)*

SIEBEL. Was gibt's?

ALTMAYER. Wie?

FROSCH. War das deine Nase?

BRANDER *(zu Siebel)*. Und deine hab ich in der Hand!

ALTMAYER. Es war ein Schlag, der ging durch alle Glieder!
Schafft einen Stuhl, ich sinke nieder!

FROSCH. Nein, sagt mir nur, was ist geschehn?

SIEBEL. Wo ist der Kerl? Wenn ich ihn spüre,
Er soll mir nicht lebendig gehn!

ALTMAYER. Ich hab ihn selbst hinaus zur Kellertüre –
Auf einem Fasse reiten sehn – –

Es liegt mir bleischwer in den Füßen.
*(Sich nach dem Tische wendend.)*
Mein! Sollte wohl der Wein noch fließen?
SIEBEL. Betrug war alles, Lug und Schein.
FROSCH. Mir deuchte doch als tränk ich Wein.
BRANDER. Aber wie war es mit den Trauben?
ALTMAYER. Nun sag' mir eins, man soll kein Wunder glauben!

*Augustusplatz mit Universität und Universitätskirche*
*Lithographie von Karl Traugott Riedel nach einer Zeichnung von Otto Knäbig*

*Erich Loest*

# Ein schreckliches Jahr, ein fürchterlicher Wonnemonat Mai

Der Kreis beginnt sich zu schließen. Man könnte auch sagen: Wie bei einer Spirale kehrt man immer an einen bestimmten Punkt zurück. Manchmal ein Stück höher, manchmal tiefer. Aber wer entscheidet schon, was weiter oben oder unten ist? Ein schreckliches Jahr, ein fürchterlicher Wonnemonat Mai. Das Jahr, der Mai 1968.

Eines Morgens während der Frühstückspause schlug ich die Volkszeitung auf und las, die Stadtverordneten hätten über die Neugestaltung des Karl-Marx-Platzes beraten, Gäste seien dabeigewesen, an der Spitze Paul Fröhlich, der Bezirkschef, dem man nachsagte, er verstünde sich mit Ulbricht blind und würde dessen Nachfolger werden.

Der Rektor der Universität war gekommen; auch dessen Vorgänger, den Georg Mayer, hatte man aus einer seiner Stammkneipen geholt. Ich muß heute Namen nennen, die vielen nichts bedeuten, aber sie weichen nicht aus meinem Gedächtnis. Man sollte diese Namen aufbewahren als die von Verderbern meiner Stadt.

Neben mir blieb die Stulle liegen, den Bissen im Mund vergaß ich zu Ende zu kauen, zum erstenmal in meiner langen Berufslaufbahn ging ich nicht nach einer Viertelstunde an die Arbeit zurück, sondern las wieder und wieder und drang durch blumige und scharfe und verwaschene Worte in den Sinn dessen ein, was da geschehen sollte, und es war kein Zweifel möglich,

Leipzigs sogenannte Stadtväter hatten die Beseitigung der Universität und der dazugehörigen Kirche beschlossen.

Ein neuer Platz, sozialistischer Aufbruch, schöner denn je im frischen Geiste, so argumentierte eine Genossin Sorgenfrei von der Volksbildung. Deren Kollege Eisengräber drohte allen, die dagegen hätten sein können: »Wenn Vertreter christlicher Kreise versuchen, Stimmung gegen die höchste Volksvertretung unserer Stadt zu machen, stellen wir uns hinter den vom Oberbürgermeister vertretenen Standpunkt, gegen diese Kräfte mit allen gesetzlichen Mitteln vorzugehen! Die geistige Urheberschaft ist in der Theologischen Fakultät und im Theologenseminar zu suchen!« Eisengräber beantragte, eine Kommission zu bilden, die diese Vorgänge untersuchen sollte; der Antrag wurde einstimmig gutgeheißen. Oberbürgermeister Kresse, las ich, habe sich energisch gegen die Versuche einiger Kirchenmänner gewendet, Sachentscheidungen zu politischen Entscheidungen ummünzen zu wollen und gegen staatliche Organe und ihre Beschlüsse zu schüren. Von Machenschaften kündete der Oberbürgermeister. Da hatte doch sogar ein Mitglied der Christpartei, Dr. Paul Ullmann, der Sprengung der ältesten Kirche der Stadt zugestimmt, Dr. Paul Ullmann, ich wiederhole den Namen voller Ekel. Die Schriftstellerin Trude Richter schlug namens des Kulturbundes in dieselbe Kerbe. Wenigstens meldete Professor Albert Kapr, der Rektor der Kunsthochschule, Bedauern an, daß die Kirche »dem Neuen weichen müsse«, vorher aber hatte er in einer Kommission dem Abbruch zugestimmt: Architekten aus Rostock hätten eine Lösung versucht, bei der die Kirche erhalten werden solle, aber der Vorschlag sei *unbefriedigend* gewesen. Ich bin sicher, *die* Scharfrichter sind am schlimmsten, die kurz vor dem Köpfen noch zum Opfer sagen: Tut mir aufrichtig leid, mein Herr!

»Meester, was is?« Ein Lehrling stand in der Tür. »Is Ihn schlecht?«

»Macht alleene weiter, ich gomm gleich.« Aber ich las: Der

stellvertretende Direktor der Universitätsbibliothek, Dr. Fritz Schaaf, hatte der Zerstörung zugestimmt, Hans-Dieter Richter von den Liberalen hatte eingeräumt, es sei verständlich, daß mancher Leipziger an diesem Stück hinge; dann hatte auch er den Daumen gesenkt. Ein einziger nur, Pfarrer Rausch, hatte den Mut gefunden, gegen diese Absicht zu sprechen: Selbst auf dem Roten Platz in Moskau stünde eine Basilika, da werde doch wohl der Marxplatz in Leipzig mit einem Gotteshaus auskommen. Rausch hatte vom Alter der Paulinerkirche gesprochen, dem Rest einer Klosteranlage, noch vor 1240 errichtet, vom Kreuzgang, von der Standfigur des Markgrafen Dietzmann, dem geschnitzten Altar; ich hätte gern gewußt, ob seine Stimme fest geklungen hatte wie die Martin Luthers einst drüben in der Pleißenburg, wie die Dimitroffs – es hat schon Männer in Leipzig gegeben. Pfarrer Rausch war unser letzter Held.

Nun stapfte der Stargast aufs Podium, Paul Fröhlich. Weil der Marxplatz zu fast hundert Prozent zerstört sei, müsse man zu einer neuen Lösung kommen. Die durch meinen Vater gerettete Kirche machte also in Fröhlichs Augen kaum ein paar Prozente aus. Und dann zog auch er das Messer: »Es gibt aber noch einige Leute, die aus dieser städtebaulich objektiv notwendigen Entscheidung eine weltanschauliche Diskussion ableiten wollen, mehr noch, die versuchen, politischen Druck auf die Stadtverordneten und den Rat auszuüben. Jeder sollte wissen, daß die Stadtverordneten niemandem gestatten werden, mit ihren Beschlüssen zu spielen.«

Wer übte mehr Druck aus als Fröhlich? Dennoch stimmte einer gegen die Sprengung von Kirche und Universität – eben jener Pfarrer Rausch. Alle anderen hoben die Hand. Was wäre geworden, sie hätten dagegengestimmt? Wären sie ins Gefängnis oder ihrer Pfründen verlustig gegangen? Das erstere wohl kaum, das letztere vermutlich. Heute redet man gern in Leipzig: Waren eben wilde Zeiten, Ulbricht und Fröhlich haben die Kirche sprengen lassen. Aber *alle* Stadtverordneten von 1969 sind schuldig außer Pfarrer Rausch. Vielleicht wird er noch einmal Ehrenbürger? Die evangelische Kirche hat ja keine Heiligen.

Mittags saß ich immer noch in unserer Bude, die Zeitung neben mir. Ein Lastwagen fuhr vor, darin saß der Schlesier, der Jahre vorher an meiner Seite auf der Denkmalskrone in den gelben Himmel gestarrt hatte. »Hier ist jetzt Schluß«, er wies sich als Einsatzleiter einer Sonderaufgabe aus, »alles zusammenpakken, morgen früh geht's woanders weiter.«

Ich ging nicht nach Hause, sondern fuhr mit der Straßenbahn in die Innenstadt. Die Universität und die Kirche waren abgesperrt, Seile gezogen, alle paar Meter lungerte ein Polizist. Die Vorderseite der Universität stand mit ihren klassizistischen Säulen, dem Fries, leer die Fensterhöhlen, der Lichthof dahinter ohne Dach. Das Tor hatte Schinkel entworfen. Seitenflügel waren bewohnbar und boten Platz für Institute mit Bibliotheken, Büros und Hörsälen, im Hof stand ein Denkmal von Leibniz. Viel fotografiert wurde an diesem hellen Abend, die Gesichter der Leute waren wie zugesperrt, sie redeten weniger und leiser als sonst. [...]

Also weiter: Als wir am nächsten Tag vorfuhren, hatte sich die Universität in eine Festung verwandelt: Die Absperrungen waren verstärkt, junge Kerle in den Uniformen von Bereitschaftspolizisten hatte man hergeholt, aus Mecklenburg und von der Oder. In einem Büro, an dessen Tür zu lesen stand, hier sei das Germanistische Institut, an dessen Wänden Bilder von deutschen Dichtern hingen, saßen Polizeioffiziere, hier herrschte ein spannungsgeladener Ton, als würde mit jedem Wort entschieden, abgewehrt, als könne die geringste Lässigkeit Gefahr heraufbeschwören. »Sie bekommen Sonderausweise«, sagte ein Offizier, als wir, unsere Frühstückstaschen unter dem Arm, eingetreten waren. »Sie lassen sich da drüben fotografieren, Sie unterstehen dem Sonderstab. Also der erste dort nüber.« Meine Leute blickten auf mich, ich war der Meister, wenn einer Fragen zu stellen hatte, wäre ich es gewesen, aber ich ging auf den Fotografen zu. »Mütze abnehm!« Ich klemmte sie unter den Arm, setzte mich und starrte in die Kamera und nahm folgsam das Kinn höher, und dann klickte es, und ich hatte einen ersten Schritt getan, das meiste beginnt ja ganz unscheinbar. Mir folgten meine Männer, der Fotograf beschied: »Heut nachmittag könn Se de Ausweise abholn.« Schließlich: »Sie gehn jetzt mit dem Genossen mit.« In einem anderen Raum, an dessen Tür zu lesen war, hier sei das Anglistische Institut, lagen Pläne der Universität und der Kirche: Von langer Hand war das vorbereitet worden, hier hatten Fachleute berechnet, wie man diesen Mauern beikommen könnte: Die Sprengpläne waren Maßarbeit. »Wir beginnen«, sagte der Major, »mit der Kirche. Die zweite Schicht bilden Sie.« Ich blickte auf den Plan hinunter, vor langer Zeit hatte ich gelernt, was jedes Symbol bedeutete. In meiner Gesellen- und Meisterprüfung war es abgefragt worden, jetzt hörte ich den Major referieren. Ich horchte auf den Dialekt, den Tonfall; der Mann war Leipziger. Liebend gern hätte ich herausgehört, daß er von sonstwoher stammte. Aus Preußen – natürlich. Aber er kam noch nicht einmal aus Dresden oder Karl-Marx-Stadt oder Zwickau. Der Major schloß: »Eine Aufgabe, die die Anspannung aller Kräfte verlangt. Sie holen jetzt Ihr Gerät vom Wagen. Ich erwarte, daß wir in einer halben Stunde anfangen könn! Der Genosse hier geht mit Ihnen mit.«

Ich reagierte wie eine Marionette. Da zieht einer, schon bewege ich ein Bein, einen Arm, schon klappt der Unterkiefer herunter. Neben unserem Wagen wurde Reisig abgeladen, auch dreimeterhohe Fichten, sie waren nicht geschlagen worden, um wie bei der Eröffnung des Völkerschlachtdenkmals oder bei einem Turnfest zu schmücken, jetzt sollte Sprengwirkung eingedämmt, Druckwelle abgefangen werden, Steinbrocken sollten sich verfangen. Die Sonne brannte aufs Kirchdach, das Türmchen stand spitz vor dem blanken Himmel. Ich dachte: eine Woche noch. Meine Arme wurden wie von Drähten gehoben und griffen nach einem Preßlufthammer, ich wartete darauf, daß irgend jemand, irgend etwas diese Drähte durchschnitt. Ich hätte mich nicht auf den Stuhl des Polizeifotografen setzen sollen, hätte nicht hier herausgehen dürfen, ich spürte das Gewicht des Hammers, vertraut bis in jedes Gramm, meine Arme gehorchten noch immer, ich war ja nicht besser als die Stadtverräter, die auch an allerlei gebunden waren, an Parteidisziplinen und Fraktionszwänge, Gehälter und Vorrechte und an Vorwürfe von Ehepartnern und studierwilligen Kindern, daß sie vieles gefährdeten, Karrieren, und hätte sich denn sonst alles gelohnt, und lohnte es sich, und überstimmt wurde man ja gewiß – da ließen meine Arme den Hammer fallen, er krachte auf den Wagenboden.

Ich spürte die Blicke meiner Männer und wich ihnen aus. Es gibt Dinge, in die darf man keinen hineinziehen, da darf man nicht voranstürmen: Mir nach, Kanaillen! Ich ging über den Hof und die Treppe hinauf in die Universität hinein, Bücherstapel wurden herausgetragen. Hörsaal 40 stand über einer Tür, sie war sperrangelweit offen, drin brannten alle Lampen, leer die Bänke. In einen Flur schien die Sonne hinein – Fotos der alten Universität sind erhalten: Sie sollten sich einmal einen Band anschauen und mit dem vergleichen, was seitdem in Billigbauweise dort aufgeschachtelt worden ist. In die berühmte Aula trat ich, Albert Geutebrück hat sie entworfen, Klinger mit einem Wandbild geschmückt. Arwed Roßbach baute sie um – wie klingen die Namen in Ihren Ohren? Die Aula war ausgebrannt, aber die Mauern standen, man hätte das Dach schließen können, hätte es längst getan haben sollen. Auf den Simsen wuchsen Birkchen. Maiensonne und Maiengrün, und unten ratterten die Bohrer. Ich maß den Raum mit den Augen – Sie sollten sich das Käfterchen anschauen, das in der heutigen Universität den Professoren als Sitzungsraum zugemutet wird, da kann sich einer kaum hinter dem Stuhl des anderen vorbeidrükken. Eine Aula gibt es sowieso nicht, kein Auditorium maximum, wozu auch so viele Studenten auf einem Haufen, die könnten ja etwas aushecken.

Von der Kirche herüber hörte ich die Preßlufthämmer. Ich ging wieder hinab; vor dem Portal wurde ich von einem Zivilisten angehalten, er wollte meinen Sonderausweis sehen. Der würde gerade ausgestellt, sagte ich, aber meine Männer seien schließlich in der Kirche – oder nicht? Ich fand sie in den Gewölben des Weinlokals unter dem Universitätsflügel, der an die Grundmauern der Kirche grenzt. Jeder wolle etwas anderes von ihnen, hörte ich, und die oben bohrten, seien Pioniere einer Sondereinheit.

Am späten Nachmittag erhielten wir unsere Ausweise, kurz vor Feierabend; meine Leute waren sich einig, daß es keinen Zweck mehr habe, irgend etwas anzufangen. Einen Tag lang hatten wir keinen Handgriff getan. Ich fuhr nach Hause, aß wenig, redete nur ein paar Worte mit Marianne. Ich überlegte, ob ich mich krank melden sollte, mir kam sogar der Gedanke, ich könne unter diesen Umständen tatsächlich krank werden, ein Organ könne nicht mitmachen, was von ihm verlangt wurde, der Magen, das Herz.

Kurz vor neun klingelte es; Joachim stand in der Tür. »Vater, ich muß unbedingt mit dir sprechen.« Gewichtig und hastig klang das, nie hatte Joachim einen Besuch so begonnen. Wir setzten uns an den Wohnzimmertisch, er redete sofort los: »Ich hab erfahren, daß du am Karl-Marx-Platz eingesetzt bist.« Da mühten sich verschiedene Leute, allerlei aus der Kirche und der Universität zu bergen, sie wollten die Orgel und das Gestühl ausbauen. »Du, Vater, Fröhlich und seine Leute sind knochenhart. Keinen Tag lassen sie denen. Und ich hab mir gedacht, daß du vielleicht ...«

»Bin bloß froh, daß ihr euch nicht streitet«, beschwor Marianne. Ob Joachim etwas essen oder trinken wolle; sie rannte fast nach Bier und goß ein.

»Keiner kann was ändern«, redete Joachim. »Heute abend sind die ersten festgenommen worden, sie hatten sich vor der Absperrung auf die Erde gesetzt. Vater, machst keinen Unsinn, ja?«

Am liebsten wäre ich in mein Zimmer gegangen. Ich wich aus: »Jetzt bin ich jedenfalls hundemüde.«

Marianne barmte nochmal: »Bin bloß froh, daß ihr euch nicht streitet! Und nett, daß du gekommen bist, Joachim.«

Ich hätte jetzt am liebsten bei meiner Mutter gesessen und mit ihr an die Kirche gedacht. Da sagte Joachim: »Du, Baba, ich hab immerzu Ärger gehabt, weil Erika drüben ist. Du machst mir nich auch noch Ärger?«

»Hab schon mal gesagt: Ich bin hundemüde.«

Joachim trank sein Bier aus, ich brachte ihn an die Haustür. Nachdem ich aufgeschlossen hatte, sagte er: »Ach, Vater!« Einen Augenblick hatte ich den Wunsch, ihn an mich zu ziehen, das hatte ich seit zwanzig Jahren nicht mehr getan.

Am nächsten Morgen in der Straßenbahn las ich in der Zeitung, die Stadtverordneten hätten nicht nur die Neugestaltung des Karl-Marx-Platzes beschlossen, jetzt ginge es überall in Leipzig richtig mit dem Aufbau los. Für die Häuser in der Straße des 18. Oktobers seien moderne leuchtende Farben vorgesehen, ein Wettbewerb für den Bayerischen Platz sei ausgeschrieben, interessante Ingenieurbauwerke seien für Johannisplatz und Matthäikirchhof geplant. Daneben Leserbriefe: Ganz Leipzig schien von dem besoffen zu sein, das nun geschehen sollte. Kein Wort über die Kirche. Die Architekten für die neue Universität wurden genannt: Hermann Henselmann und Horst Siegel. Ich dachte: So heißen Leute, die über Leichen gehen. Niemals haben die Häuser im Oktoberbeton leuchtende Farben bekommen, am Bayerischen Platz sieht es aus wie damals, bloß ist inzwischen ein Haus wegen Hinfälligkeit abgerissen worden. Nichts Neues am Johannisplatz. Nur in einem haben die Stadtväter recht behalten: Am Matthäikirchhof steht ein weiterer Klotz der Staatssicherheit.

Diesmal kam ich ohne Schwierigkeiten durch die Absperrungen und sogar in die Kirche hinein. Das Dröhnen der Preßluftbohrer vibrierte in den Mauern, Steinstaub lag in der Luft. Ich fragte nach meinen Männern und nach dem Gerät, das wir am Vortag abgeladen hatten – niemand wußte davon. Ich schaute zur Decke hinauf, da war der Wasserfleck, der den Tod des Kirchenretters Felix Linden überdauert hatte.

Beim Hinausgehen zeigte ich wieder meinen Ausweis vor. Weit vor der Kirche waren Seile gezogen und Schilder aufgestellt: Betreten der Baustelle verboten! Am Blumengeschäft – »Blumen-Hanisch« sagen die Leipziger noch heute – konnten die Leute am nächsten heran, dort stand ein Polizist mit einem Sprechfunkgerät, auch er voller Nervosität. Die Leute gingen langsam mit verschlossenen Gesichtern, blickten auf die Kirche und sprachen nicht. Was wäre wohl geschehen, wenn hier tausend Menschen vorgedrungen wären oder dreitausend, die die Seile niedergetreten, die Posten beiseite geschoben und die Preßluftbohrer zerstört hätten? Ach, das doch nicht in Sachsen.

»Gehen Sie weiter«, sagte ein junger Mann, dabei schaute er an mir vorbei, aber es war klar, daß ich gemeint war. Was hier alles seinen guten und schönen Platz gehabt hatte, auch das »Café Felsche« alias »Français«, es war 1914 nicht etwa abgerissen, sondern umbenannt worden. Gewiß hätte Studienrat Bemmann für die Vernichtung dieses Schandcafés eine flammende patriotische Begründung gefunden, wenn man ihn damit beauftragt hätte. Jetzt müßte, dachte ich, Katzenstein junior mit seinem Liberatorbomber anfliegen, um im Tiefdonnern die Sprengwütigen zu vertreiben. Aber lustige Kondensstreifen am

Leipziger Himmel kündeten ja davon, daß ihm das nicht leicht gemacht würde, der Himmelsfriede war bewaffnet. Blüchers ostpreußische Landwehr war durch diese Gasse gedrungen, auf Stroh in der Kirche waren Verwundete gestorben. Jetzt mußte die Kirche ein paar Fahnenstangen weichen, ein Bildhauer entwarf schon Röhren, aus denen Wasser blubbern sollte – fort mit dem Alten und was Neues hin und heraus gegen uns, wer sich traut! Die Schweden hatten hier gehaust, die Kaiserlichen, sie hatten die Kirchen der anderen frisch geweiht, aber sie hatten sie stehenlassen. Nun kam Paul Fröhlich aus der Zuchthausstadt Bautzen.

»Mal Ihrn Ausweis!« Da war ich also nicht weitergegangen, meinen Sonderausweis hielt ich einem Kerl vor die Nase und sagte: »Von hier aus wird gezündet. Da müssen *Sie* dann weitergehen!«

Er blickte verdutzt. »Aber machn Se schnell, sonst denkn die andern …« So jung und dumm war Carl Friedrich Lindner gewesen, die Krätze hatte ihn gequält, und schließlich hatten sie ihn erschlagen. Man durfte nicht in letzter Minute überlaufen; Verrat war stets eine Frage des Zeitpunkts. Steinstaub hatte immer zu meinem Beruf gehört. »Eine riesige Wolke wird aufsteigen«, sagte ich zu dem Bengel, »passen Sie nur auf, daß Sie dann nicht hier sind.«

»Geine Privatundrhaldung!«

Ich ging um die Ecke in die Nikolaistraße, setzte mich in den »Blauen Hecht« und bestellte Gose. Mir gegenüber saß ein Mann in altmodischer Kleidung, einen geflochtenen Koffer neben sich, eine Art Reisetasche mit geschwungenem Henkel. »Sind Sie Bauarbeiter?« Er zeigte auf meine Jacke. »Gehören Sie auch zu denen, die sich beschweren?« Er tippte auf die Volkszeitung vor sich. »Da steht: ›Bauarbeiter wandten sich empört gegen Gammler und Nichtstuer, die im Stadtgebiet rumkriechen und vermutlich nicht wissen, wo ihre Arbeitsstelle ist. Man sollte ihnen das Arbeiten lernen.‹ Meister Fritz Timper hat gesagt: ›Ich bin der Meinung, diesen Gammlern eine Schaufel in die Hand zu drücken.‹ Hübsch, nicht wahr? Sie sind wohl nicht zufällig Meister Timper?«

»Zufällig nicht.«

»Bin zum Besuch in der Stadt, komme von meinem Gütchen bei Borna.«

Meine Gose wurde gebracht, ich …

Ich hätte selbst gesagt, Gose sei wegrationalisiert worden – stimmt. Dann war es also Silberpils von Sternburg meinetwegen.

Der alte Herr an meinem Tisch redete davon, daß er und andere Eichenreiser an den Hüten getragen hätten, als sie durch die Innenstadt marschiert waren, Turner auf zum Streite. Bin Sprengmeister, wollte ich sagen, es kam mir nicht über die Lippen. Hab mich für einen Sonderausweis fotografieren lassen, es fängt immer mit Kleinigkeiten an, und jetzt weiß ich nicht einmal, ob Vojciech Machulski und Felix Linden Paßfotos in ihren Soldbüchern hatten, als sie auf dem Bienitz übten. Von dem alten Herrn ging ein säuerlicher Geruch aus, als ob er lange nicht an die Luft gekommen wäre. An der Wand hing ein Plakat, das für Döllnitzer Rittergutsgose warb, mir kam alles so vor, als ob ich vor sehr langer Zeit zum letztenmal hier gewesen wäre, aber jede Einzelheit behalten hätte. Draußen krachte es, ich zuckte nicht zusammen, wußte ja, daß es noch nicht soweit war. Frühzündung bei einem Auto oder so was: »Ich hab vor kurzem Ihren Kutschwagen gesehen«, sagte ich, »dachte wenigstens, ihn gesehen zu haben. Sie sind doch früher oft übers Schlachtfeld gefahren?« Er hatte mir wohl nicht zugehört. »Kommen Sie doch wieder mal ans Denkmal«, sagte ich.

»Wenn es meine Zeit erlaubt.« Darüber schien er nachzudenken und kicherte. Ein Geruch wehte über mich hin wie zuletzt im Fluchtstollen der SS, wo Zeltplanen und Tarnjacken moderten. Ich ließ mir noch ein Pils bringen. Das in meiner Arbeitszeit, ich dachte an meinen' Lehrmeister draußen in Beucha, an Vater, als ich meine erste Ladung gezündet hatte, das Bier danach – nun war etwas zu Ende mit mir. »Ihr Gütchen hab ich gesprengt«, fuhr ich fort, »das verzeihe ich mir. Viel wert war es nicht mehr, und wir haben vorher jeden Stuhl und jeden Fensterrahmen geborgen. Einen Ihrer Schädel hab ich aufgehoben.« Ich wußte nicht, ob er mich verstanden hatte.

Ich zahlte und trat auf die Straße. Die Sonne stand hell überm Dach von Nikolai, ein Auto, hochbeladen mit Fellen, fuhr vorbei, weiter unten waren ja die Kürschnereien am Brühl. Etwas zog mich zurück in die Kirche und in die Universität hinein, der Gedanke an meine Leute, seit Jahren hatte immer jemand auf mich gehört: Mach das, paß auf das auf, gib das her, schaff das weg. Meine Stimme hatte Besonnenheit auch im Ton verbreiten müssen, einen Sprengmeister, der seine Männer anschreit, gibt es nicht. Ich ging um die Nikolaikirche, kam wieder auf die Grimmaische, an dieser Ecke hatte das Königshaus gestanden; zerbombt. Dahinter ragte der Westgiebel der Paulinerkirche auf, das Dröhnen der Preßluftbohrer nahm zu, und da kam ich auf den Gedanken, daß wohl meine Männer längst einem anderen Meister unterstellt wären, daß ich, selbst wenn ich in und an der Kirche wäre, nicht mehr zu sagen haben würde als jeder Geselle. Jetzt führte ein Major das Kommando und entschied, welche Ladung an welche Stelle kam. Vom Sims eines Flachdachs schauten zwei Männer in die Straße hinein. Späher also auch über mir, und ich stellte mir vor, wie ein heißer Draht hinaus in die Bezirksleitung zum ernsten Fröhlich führte, der lauschte: die Orgel sprengreif, die Figur des Thomas von Aquin wird vom Kreuz fliegen trotz aller Nägel, Platz wird sein für ein Bronzerelief mit dem Marxkopf, dem Marxbart. Für Fahnenstangen und blubbernde Röhren. Und wenn sich die Gammler und Gaffer verdoppelten, wenn sie heckten wie Wühlmäuse und Ratten, dann müßte Paule eben andere Saiten aufziehen: Mein Leipzig lob ich mir, weil ich der Hausherr bin! Fort mit den Trümmern, und eine Kirche war Opium fürs Volk. Ich konnte mir den Machtmann vorstellen, wie er in seinem Büro saß, die Beine gespreizt von sich gestreckt, auf die Nachrichten der Adjutanten wartend wie Napoleon an der Tabaksmühle. Die Napoleons und die Fröhlichs kommen und gehen. Vielleicht porträtierte ihn gerade ein Maler, um ihn in ein Gemälde über den Bau der Universität einzufügen, damit der Parteisekretär in die Geschichte eingehe als Wissenschaftsförderer, nicht als der Mann an der Lunte. Jahrelang hatte er auf den Tag der Sprengung hingearbeitet, immer noch konnte jemand in die Suppe spucken – kein Bischof, an die Kirchenoberen dachte Fröhlich nur mit Verachtung. Denen hatte man schöne, leiseschnurrende Autos gegeben, fast so schwer und genauso schwarzglänzend wie die der Politbüromänner – da hielten sie den Mund. Einer konnte sich vor der Kirche selbst verbrennen, dachte Fröhlich plötzlich mit Schauder, ein Dorfpfarrer, ein Fanatiker. Da wäre dann Geschrei in der Welt. Geschichte schrieb man am nachdrücklichsten mit Dynamit, genauso, wie das beste Urteil das Todesurteil war. Ob Fröhlich den Tod schon in seinen Adern spürte? Wenig später starb er ja unter Höllenschmerzen, sein Blut zersetzte sich, und kein Arzt wußte ein Mittel dagegen. Nie hatte er ein Todesurteil fällen dürfen. Wenigstens hatte er auf den Feldern um Torgau, in den Wäldern um Annaburg auf Hasen und Rehe und Wildschweine, geballert, wie die meisten Mächtigen war auch er ein forscher Abknaller, eine Jagdhütte hatte er sich dort bauen lassen, an der Wand hingen die Skalpe. Wenn es sich um aufrechtgehende Zweibeiner handelte, hatte er lediglich zu seinem Stasi-Chef sagen können: Den Kerl will ich nicht mehr sehen! Dann hatten sie den für fünf, sieben, zehn Jahre nach Bautzen geschickt. Oder Fröhlichs Leute waren den windigen Burschen so lange auf die Zehen getreten, bis sie es vorzogen, sich nach dem Westen davonzumachen; damit war dann klar: Verräter waren sie, Handlanger des Klassenfeinds. Die Universität hatte er so von Ernst Bloch und Hans Mayer gesäubert, das Kabarett von Reinhold und Zwerenz, die Studentengemeinde vom Pfarrer Schmutzler. Von Bautzen und Waldheim würden leider einige wiederkommen, liberale Spinner, Jazznarren, Schreiberlinge, hoffentlich hatte man ihnen dort gründlich die Schnauzen gestopft. Aber niemand hatte ein Pülverchen erfunden, eine gesprengte Kirche aus ihren Brocken wieder zur alten Gestalt zusammenfliegen, aus Steinstaub zu Stein auferstehen zu lassen.

Tumult, da hatte sich jemand aufs Pflaster gesetzt und wurde weggetragen oder weggeschleift. Ich ließ mich zum Markt drängen, von dort war es nicht weit zu der Stelle hinunter, an der die Synagoge gebrannt hatte. Still war es dort. Katzenstein junior und seine Mitbomber hatten sich gerade dort ausgiebig gerächt. Nicht weit davon hatte Vojciech Gehwegplatten gelegt und war Gerüstleitern hinaufgeturnt – schief und bröckelnd jetzt alles, das Reich der Goldrute und der Akazie in diesem Jahr 1968 und heute erst recht. Ich schaute auf die Gedenktafel für die Synagoge und die jüdischen Leipziger, die von den Leipziger Nazis umgebracht worden waren. Über diesen Hof da, durch diesen Garten war Felix Linden gehetzt. Ich ging durch den Park, sah den Rathausturm hinter den Bäumen. Enten, Schwäne, Kinder und Großmütter um mich – zu ihnen war ich geflohen wie einer, der sich Augen und Ohren und Mund zuhält, sich das Herz verschließt, der seinen Vater vergessen möchte, der nicht verdient, einen Vater gehabt zu haben. Da kehrte ich zur Universität zurück und wollte hinein und zeigte meinen Ausweis vor, und ein Polizeioffizier sagte mir, längst sei Arbeitsschluß, und mir fiel nichts anderes ein, als zu antworten, ich wolle nach meinen Männern sehen. »Aber die sind doch seit zwei Stunden weg! Also morgen früh wieder!« Dann machte er sich daran, einen Lastwagen zu kontrollieren, sprang auf die Ladefläche, hob Säcke und Planen hoch, vielleicht fürchtete er, jemand wolle eine Orgelpfeife schmuggeln.

Am nächsten Morgen stand ich pünktlich auf. Es war ein wunderschöner Maitag. Leipziger Geschichte hat sich nie im Mai zugespitzt. Oktober und November, da war es turbulent zugegangen, die Kriege brachen im hohen oder späten Sommer aus, die Amis waren im April gekommen, doch da hatte die Sonne geschienen wie im Mai. Ich versuchte, Gesprächsbrokken aufzuschnappen, aber die Straßenbahn ratterte zu stark. Mit der »4« fuhr ich vom Weißeplatz durch viele Kurven, über die Riebeckbrücke hinweg, von der Höhe warf ich einen Blick auf Nikolaikirche und Rathausturm, von der Universität war zwischen den Häusern hindurch nichts zu sehen. Am Marxplatz stieg ich aus. Seile überall. Da ging ich auf der anderen Seite herum, am Schinkeltor vorbei, da hinten war eine Lücke. In meinen Ausweis wurde ein Stempel eingedrückt, noch einer zu den übrigen, ich wurde zum Einsatzstab III hinaufgeschickt, da sei ein Schild an der Tür im Gang links. Zwei meiner Männer konnten ihre Aufregung nicht verbergen, als sie mich sahen, einer sagte hastig: »Mensch! Mensch!« Der andere rief dem Offizier hinter den Plänen zu: »Unser Meester!«

»Da kann es ja losgehn mit Ihn. Hier is der Schwerpunkt.« Ich muß wohl nicht richtig zugehört haben, oder so: Ich hab nicht zuhören können. Als der Offizier fragte: »Alles klar?« antwortete nicht ich ihm, das tat einer meiner Männer. Er faßte mich am Ellbogen und schob mich sachte an, da ging ich mit; an der Treppe sagte er: »Was denn mit Ihn los, Meester?« Ich fragte: »Habt ihr gebohrt?«

»Was denn sonst. Unter der Universität, in der Weinstube, an der Mauer zur Kirche hin ...«

»Am Kreuzgang also.«

»Das ist noch ’ne Mauer!«

»Muß noch was erledigen«, sagte ich.

»Schon wieder?« Ein guter, brauchbarer Kollege fragte das, den ich seit Jahren kannte, Sorge lag in seinem Blick und in seiner Stimme. Etwas ging in mir vor, das merkte er. War ich krank? Fieber? Eine Erkältung?

»Mach dir keinen Kopp«, sagte ich.

Ich kam doch in die Kirche hinein, trotz der Sonderkontrollen der Sondereinheit, stieg die Wendeltreppe hinauf wie mein Vater und die beiden Männer aus der Nachbarschaft. Steinstaub auch hier, das Dröhnen der Bohrer in allen Mauern und Balken, es klang heller als das Brummen der Bomber damals. Für mich ging das alles ineinander über: Brandgeruch und Steingeruch, Brummen und Dröhnen, das Heulen der Sirenen wie das Schimmern von Kondensstreifen und ihr Spiegeln im Wasserbecken. Unter dem Dachgestühl war es dumpf, halbdunkel, überwarm. Ich tastete mich zu der Stelle, an der Felix Linden gelöscht hatte und eingebrochen war, den Brettern dort konnte man nicht ansehen, daß sie erst wenig älter als zwanzig Jahre waren gegenüber den mehrhundertjährigen anderen. Von dort bin ich am nächsten Nachmittag weggeholt worden, da besaß ich keinen Ausweis mehr, warum, weiß ich nicht. Einige meiner Leute hätten mich am Abend noch gesehen, haben sie später ausgesagt, Marianne hätte schwören wollen, ich sei nachts zu Hause gewesen, aber ihre Aussage wurde wegen ehefraulicher Befangenheit kaum beachtet. Später sind meine Männer unsicher geworden, sie hätten sich auch um einen Tag geirrt haben können.

Am folgenden Tag wurde ich von zwei jungen Männern die Treppe hinuntergeschickt, einer ging vor, der andere hinter mir. In einer Ecke hinter dem Eingang sagten sie, ich sollte die Hände auf den Rücken legen und mich mit dem Gesicht zur Wand stellen, und sie müßten bei einem Fluchtversuch von der Schußwaffe Gebrauch machen. Dort stand ich eine Stunde lang, ich wunderte mich nicht allzusehr über diese nie erlebte, nie vorgestellte Situation, in die weder Carl Friedrich noch Fürchtegott, weder Vojciech noch Felix je geraten waren. Einmal hörte ich die Stimme eines meiner Kollegen: »Ja, das iss'r.« Und das leise hinzugesetzte: »Mensch, Freedi.«

Im Hof stand ein Kastenwagen, einem Bäckerauto ähnlich. In einem Käfterchen war gerade so viel Platz, daß ich sitzen konnte; hinter einer vergitterten Luke brannte eine Glühbirne. Ich versuchte mir die Kurven zu merken, links, rechts, links, nach höchstens zwei Minuten schon hielt der Wagen, ich stieg aus wie befohlen, schaute in einem engen Hof hoch, sah Reihen von vergitterten Fenstern – ich war, wie ich später erfuhr, im Gefängnis jener Institution, die mich kürzlich betreute, ehe ich in diese Klinik gebracht wurde. Eine Tür wie zu einer Zelle wurde aufgeschlossen, in ihr war ein Schreibtisch mit einem Stuhl dahinter und einem Schemel davor, auf dem Stuhl saß ein Mann in Uniform, der sofort fragte: »Warum haben Sie die Schläuche zerschnitten? Und warum haben Sie Sprenglöcher zubetoniert? Durch ein Geständnis können Sie Ihre Lage verbessern.« Man habe Fingerabdrücke gesichert, nun warte man nur noch auf mein Geständnis. An wen hätte ich meinen Ausweis übergeben und warum? Wer hätte mich beauftragt? Was hätte ich die Nacht über sonst noch auf dem Dachboden getrieben? Ob eine Westantenne auf meinem Dach stehe? Ein junger Posten der Sondereinheit sagte aus, ich hätte, als ich ihn passierte, einen grauen, wadenlangen Mantel getragen, eine Art Soldatenmantel wie aus dem Museum, dann wurde er unsicher: Er habe mich größer und breiter in Erinnerung, und auf die Uhrzeit könne er sich nicht festlegen. Ich wurde hinausgeschickt, die beiden mußten sich wohl beraten, und als ich wieder hereingeführt wurde, hatten sie sich auf eine neue Variante geeinigt: Ich hätte meinen Ausweis eben diesem großen Mann im abgeschabten Mantel übergeben. Meine Antworten waren karg, oft schwieg ich und dachte nach, wie denn das alles gekommen sei, allmählich breitete sich seltsame Ruhe in mir aus: Lächerlich, daß ich hinter Gittern saß, was war das schon verglichen mit dem Tod von Carl Friedrich, von Vojciech, von Felix. Ich fragte: »Ist die Kirche schon gesprengt?«

Einer altbekannten Redewendung nach gibt es drei Sorten von Menschen: die, die sitzen, die, die gesessen haben, und die, die sitzen werden. So betrachte ich Knastalltag mit seinen stupiden Abläufen, Ängsten und Hoffnungen als weithin bekannt. Apathie überkam mich, Wurstigkeit, Schläfrigkeit gar. Bei den Vernehmungen überhörte ich manche Frage. Immer wieder: Wer der Mann im Mantel gewesen sei, ob ich ihm den Ausweis übergeben hätte, ob ich selbst solchen Mantel besäße, woher ich den Mörtel zum Zuschmieren der Löcher bekommen hätte, wer meine Auftraggeber gewesen wären – imperialistische Geheimdienste? Dunkelmänner aus der Theologischen Fakultät? »Seit wann kennen Sie Pfarrer Rausch?« Ich versank immer mehr in eigene Gedanken.

Im Haus herrschten Geschäftigkeit, Schließen, auch Gebrüll. Das Auto, das mich hergebracht hatte, war wohl ständig ausgelastet, ich hörte in kurzen Abständen seinen Motor aufbrummen, die Türen schlagen. »Komm Se!« oder »Gesicht zur Wand!« oder »Hier wird nich gesprochn!«. So ging das tags, nachts. Vielleicht hatte jemand ein Holzkreuz auf die Kirche geschleppt wie einst Jesus zum Berge Golgatha. In diesen Tagen bedauerte ich, nicht beten zu können. Zum Gebet gehört, daß man sich den Gott vorzustellen vermag, an den man sich richtet.

Gleich am ersten Tag war gefragt worden, wem meine Festnahme mitgeteilt werden sollte, ich hatte Marianne angegeben. Ich stellte mir vor, wie der Schlesier, der auf dem Gipfelstein in die Wolken gestarrt und später unser Bohrgerät zur Kirche transportiert hatte, vor der Wohnungstür stand: Frau Linden?

Möchte Ihnen mitteilen ... Und dann natürlich: Hausdurchsuchung. Der Schädel auf dem Schrank. Ich fragte, ob ich einen Brief an meine Frau schreiben dürfe – das sei erst möglich, wenn die Vernehmung einen bestimmten Punkt erreicht habe, und den bestimmte durch ein umfassendes Geständnis natürlich ich. Diesen Brief entwarf ich in vielen leeren Stunden: Liebe Marianne, mach Dir keine Sorgen, ich werde bald ... Vergeblich versuchte ich mich zu erinnern, wann ich zum letztenmal an Marianne geschrieben hatte. Wir waren ja immer zusammengewesen. Im Krieg, als ich in Zeithain ausgebildet worden war? Unter Mariannes Briefe an Erika hatte ich manchmal geschrieben: »Dein Vater«. Jetzt entwarf ich: Liebe Marianne, es tut mir so leid, daß ich Dir Sorgen mache, aber. Es sind ein paar seltsame Umstände zusammengekommen, alles wird sich aufklären, und bald, ehe wir es vermuten ...

Eines Morgens hatte der Vernehmer eine Mappe vor sich, blätterte, las, ich streckte vergeblich den Hals. »Ihr Sohn setzt sich mächtig für Sie ein«, sagte er nach einer Weile. »Tja, haben ja einige Beziehungen zu den alten Mauern da. Und jemand hat Ihnen mal erzählt, wie man Bohrlöcher der Amis verstopfen muß, da könnte eine Idee hängengeblieben sein, meint er. Und Ihr Sohn hat Sie gewarnt, keinen Blödsinn zu machen? Warum haben Sie nicht auf ihn gehört?«

Ich sagte: »Vielleicht setzt sich mein Sohn auch ein wenig für sich selber ein?«

Eines Morgens begann alles ungleich stiller als sonst, niemand wurde zur Freistunde in die Steinkäfige hinabgelassen, keine Autos jaulten, keine Türen wurden geknallt. Von einer nahen Kirche hörte ich jeden Viertelstundenschlag. Keine Straßenbahn brummte den Peterssteinweg hinauf, sonst hörte ich die Motoren jedesmal die Tourenzahl erhöhen. Mein Blick stieß immerzu an, aber mein Ohr hatte sich geschärft. Ein Sprengmeister muß nicht nur Spürfinger haben, sondern auch ein empfindliches Ohr: Wenn in einem Zünder Rost knistert, zwinkert der Tod.

Ich setzte mich auf die Pritsche, die so hoch war, daß die Füße nicht auftrafen – eine sowjetische Erfindung. Anlehnen darf man sich nicht, dann kracht ein Posten an die Tür und brüllt: Von der Wand weg! Ein ermüdendes Balancieren. Da alles so unheimlich still wurde, scheute ich mich selbst vor dem kaum wahrnehmbaren Geräusch der ausgelatschten, mit Fußpilzsporen getränkten Kamelhaarpantoffeln beim Dreieckgehen. Neun Uhr, Viertel nach neun, halb zehn, dreiviertel zehn – den Zehnuhrschlag hörte ich nicht mehr. Es war der 30. Mai 1968, ein sonniger Tag. Früh am Morgen – ich erfuhr es später – war ein Sicherheitskreis von dreihundert Metern um die Kirche gezogen worden, den niemand betreten durfte, da angeblich Weltkriegsbomben unter den Trümmern lagen, die durch die Erschütterung hochgehen konnten: Die Stadtherren wollten die Leipziger weit genug von der Kirche fernhalten. Nur vom Johannisplatz aus konnte man ihr Dach sehen, dort drängten sich, wurde mir später erzählt, Tausende. Und doch wurde aus dem Hochhaus schräg gegenüber fotografiert – aber ich greife vor.

Ich spürte das Vibrieren, bevor ich den Knall hörte. Zwischen der Kirche und meiner Zelle waren es siebenhundert Meter, das Beben lief durch die Erde und die Mauern hinauf bis in meine Pritsche. In einem Stockwerk über mir begann ein Mann zu singen: »Ein feste Burg ist unser Gott«, er hielt das Lied durch alle Strophen durch, ohne im Ton oder im Text unsicher zu werden, kein Posten rannte zu seiner Zelle und krachte mit dem Stiefel gegen die Tür. Ich saß noch zwei Stunden später, als sich das Leben im Haus allmählich zu regen begann, als wieder Autos in den Hof fuhren, bewegungslos auf meiner Pritsche, die Beine hingen herab, die Pantoffel waren mir längst von den Füßen gefallen. Durch den Spalt zwischen den Glasziegelschichten wehte Steinstaub herein.

*Universitätskirche, Kreuzgang und Kirchenschiff*

*Sprengung der Universitätskirche am 30. Mai 1968*

»Erst das Orchester,
dann die Thomaner …«

*Musikstadt*

*Christoph Wolff*

# Kapellmeister an St. Thomas

Leipzig, 29. Mai. Am vergangenen Sonnabend [22. Mai] zu Mittage kamen 4. Wagen mit Haus-Raht beladen von Cöthen allhier an, so dem gewesenen dasigen Fürstl. Capell-Meister, als nach Leipzig vocirten Cantori Figurali, zugehöreten; Um 2. Uhr kam er selbst nebst seiner Familie auf 2 Kutschen an, und bezog die in der Thomas-Schule neu renovierte Wohnung.

Diese Meldung einer Hamburger Zeitung war keine bloße Lokalnachricht. Offenbar wollten dieselben Persönlichkeiten, vermutlich Amtsträger der Stadt Leipzig, die im Februar die Presse über Bachs erfolgreiches Probespiel informiert hatten, nun eine breitere Öffentlichkeit davon in Kenntnis setzen, daß der fürstliche Kapellmeister die Stellung nicht nur erhalten hatte, sondern inzwischen auch in der Stadt eingetroffen war. Mit diesem Wechsel trat Bach das Amt des Kantors und *Director Musices* an, dem er siebenundzwanzig Jahre lang treu bleiben sollte. Der offizielle Titel beschrieb seine Funktion als Kantor der Thomasschule und Musikdirektor der vier Stadtkirchen. Tatsächlich war seit Valentin Otto, der von 1564 an vierzig Jahre lang an St. Thomas wirkte, kein Kantor so lange im Amt geblieben wie Bach. Während der auf den Tod Johann Kuhnaus folgenden, fast ein ganzes Jahr währenden Interimszeit trug der Chorpräfekt Johann Gabriel Roth die Hauptverantwortung für die Lehrtätigkeit an der Schule und die musikalischen Aufgaben an den Kirchen (Roth, ein fähiger und hochgeschätzter Kantoratsvertreter, ging 1726 als Kantor nach Geringswalde und 1730 als Stadtkantor nach Grimma). Doch nun stand ein Neubeginn an. Ein weiterer Aspekt von Bachs Amtsantritt allerdings hatte noch größere Bedeutung als die Übernahme der regulären Kantoren-Pflichten: Es wurde von ihm erwartet, bei der Neugestaltung des Leipziger Musiklebens eine entscheidende Rolle zu spielen. Und dies konnte, um mit dem regierenden Bürgermeister zu sprechen, nur ein »berühmter Mann« leisten.

Von Anfang an war die treibende Kraft hinter der Berufung eines neuen Kantors der ehrgeizige Geltungsdrang einer Mehrheit der Leipziger Stadtväter, angeführt von Dr. Gottfried Lange, dem regierenden Bürgermeister und Vorsteher der Thomaskirche. Sie sahen in der Berufung eine Chance, die Attraktivität und das Ansehen der als Handels- und Wissenschaftszentrum wohlbekannten Stadt weiter zu steigern. Leipzig, ursprünglich eine slawische Siedlung namens »Lipsk« (*urbs Libzi*, Ort der Lindenbäume) und günstig gelegen in einer fruchtbaren Ebene am Zusammenfluß von Pleiße, Weißer Elster und Parthe, hatte zwischen 1156 und 1170 die Stadtrechte erhalten. Rasch entwickelte sie sich zu einem bedeutenden Handelszentrum, begünstigt von ihrer Lage an der Kreuzung mehrerer wichtiger und in alle Himmelsrichtungen verlaufender alter Handelsstraßen: südwestlich nach Nürnberg, Augsburg und Italien; westlich nach Erfurt, Frankfurt, ins Rheinland, in die Niederlande, die Schweiz, nach Frankreich und Spanien; nordwestlich nach Magdeburg und von dort über Braunschweig in die Niederlande oder über den Hamburger Hafen nach Holland und England oder über den Lübecker Hafen nach Skandinavien und Rußland; nordnordöstlich nach Berlin und zu den Ostseehäfen Wismar, Rostock, Stettin und Stralsund; nordöstlich nach Frankfurt an der Oder, Danzig, Königsberg und ins Baltikum; östlich nach Dresden und von dort aus nach Breslau, Krakau, Lublin und Rußland oder südöstlich nach Prag, Wien und Ungarn. Vom 12. Jahrhundert an ermöglichten kaiserliche und päpstliche Privilegien die Einrichtung regelmäßiger Handelsmessen in der Stadt. Diese fanden spätestens ab 1458 dreimal jährlich statt und dauerten jeweils eine Woche bis zehn Tage: die Neujahrsmesse ab 1. Januar, die Oster- oder Jubilatemesse im Frühjahr (ab Sonntag Jubilate) und die Michaelismesse im Herbst ab dem Sonntag nach Michaelis. Um 1710 hatte Leipzig Frankfurt am Main überflügelt und sich etabliert als »Marktplatz Europas« und wichtigste Messestadt in den deutschen Landen, die regelmäßig zwischen sechs- und zehntausend Aussteller und Besucher anlockte.

Im Unterschied zu Frankfurt und Hamburg, ihren Hauptrivalen als Handelsstadt, war Leipzig auch Sitz einer Universität. 1409 gegründet, war sie 1519 Schauplatz der berühmten Disputation der Theologieprofessoren Martin Luther, Andreas Karlstadt und Johann Eck und hatte sich zu Beginn des 18. Jahrhunderts zu einem der größten und angesehensten akademischen Zentren Deutschlands entwickelt. In mancherlei Hinsicht erwies sich die Verbindung von Gewerbe und Handel mit höherer Bildung und gelehrter Wissenschaft als eine für Leipzig höchst machtvolle Kombination, die in bekannten deutschen Universitätsstädten wie Jena, Heidelberg und Tübingen nicht ihresgleichen hatte. Insbesondere begünstigten eine hochqualifizierte Professorenschaft, eine dynamische, vorwärtsstrebende akademische Jugend und ein gebildetes Bürgertum die Entwicklung der Stadt zu einem unangefochtenen Zentrum des Buchhandels sowie des wissenschaftlichen und allgemeinen Verlagswesens. Diese Aktivitäten steigerten das Ansehen der Stadt merklich, so daß um die Mitte des 18. Jahrhunderts Leipzig als geistige Hauptstadt Deutschlands galt – ein Ort unwiderstehlicher Anziehungskraft für Menschen wie den jungen Goethe, die es nach exzellenter akademischer Schulung und Allgemeinbildung drängte.

Leipzig, kleiner als Hamburg und etwa gleich groß wie Frankfurt, hatte unter den Folgen des Dreißigjährigen Krieges länger zu leiden als die anderen beiden Städte. Doch um 1700 begann für Leipzig mit seinen etwa 30000 Einwohnern eine Zeit nie gekannten Wachstums und Wohlstands. Allein bis 1730 hatten sich in der Stadt neun Banken niedergelassen, die finanzielle Transaktionen abwickelten. Die wohlhabenden, stolzen und einflußreichen Kaufmannsfamilien, aus denen viele prominente Mitglieder des in drei Kammern geteilten Stadtrats stammten, wurden von wahrem Baufieber gepackt. Bis 1710 hatten die Familien Romanus, Apel und Hohmann mit prunkvollen Fassaden für opulente Gebäude neue Maßstäbe gesetzt. Diese stolzen Bürgerpalais nahmen ganze Häuserblocks ein und boten mit ihren riesigen Ausmaßen Raum für Innenhöfe und Seitenflügel mit Ausstellungsmöglichkeiten und gewerblichen Nutzflächen. Innerhalb von nur einer Generation veränderten diese Gebäude das ganze Stadtbild. Außerhalb der Stadtmauern wurden aufwendige größere und kleinere Parks mit Gewächshäusern, Orangerien und Pavillons angelegt. Die beiden Lustgärten der Familie Bose (der Klein-Bosische und der Groß-Bosische Garten) waren herausragende Beispiele für Gartengestaltung im französischen Stil. All diese Projekte wandelten das architektonische Profil der Stadt und ihrer Umgebung grundlegend.

Im Zuge eines wachsenden Interesses an höherer Kultur betätigten reiche Bürger sich gerne als Kunstsammler und legten umfangreiche museale Kollektionen von Gemälden, Zeichnungen, Radierungen und Skulpturen an. Die größte dieser Sammlungen, das Kunstkabinett von Johann Christoph Richter in dessen stattlichem Haus am Thomaskirchhof (mit 400 Gemälden u. a. von Tizian, Raffael, Lucas van Leyden und Rubens), und die Sammlung von Gottfried Winckler am Markt (mit Gemälden u. a. von Leonardo da Vinci, Giorgione, Veronese, Tintoretto, Rubens, Hals, Brueghel und Rembrandt) waren der Öffentlichkeit zugänglich. Winckler gewährte mittwochs nachmittags von 14 bis 16 Uhr Eintritt in seine Ausstellung. Elegante Kaffeehäuser förderten die Pflege bürgerlicher Galanterie und die Kultivierung von erlesenem Geschmack, und allgemein wurde Wert auf exzellente Manieren gelegt. Diese Tatsache in Verbindung mit dem international geprägten Flair des gewerblichen Handelsverkehrs, in erster Linie eine Folge der häufigen Messen, trug der Stadt den Beinamen »Klein Paris« ein.

Während der gesamten ersten Hälfte des 18. Jahrhunderts entspann sich in dieser Atmosphäre wirtschaftlicher Expansion im Verein mit der Reaktion auf die kühnen und ambitionierten Maßnahmen von Kursachsens mächtigem Regenten, August I. (dem Starken), eine ausgeprägte Rivalität Leipzigs mit anderen Städten, insbesondere Hamburg und Frankfurt, zunehmend auch mit der nahen Hauptstadt Dresden. Gerade vor dem Hintergrund dieser Rivalität muß auch Bachs Bestallung gesehen werden. Wenn es nach den Vorstellungen der von Lange angeführten Fraktion des Stadtrats ging, dann sollte Leipzig in Zukunft nicht mehr nur die Stadt Apolls und Merkurs, der griechischen Götter des Handels und der Weisheit, sein (sie symbolisieren das Wissenschafts- und Handelszentrum, was auch im Libretto für *Apollo et Mercurius* BWV 216a von 1728–1731 Ausdruck findet), sie sollte auch als Heimstätte der bildenden und darstellenden Kunst anerkannt und gefördert werden. Folgerichtig preisen Picanders Libretto für BWV 36c/9 von 1725 und Bachs zugehörige Musik Leipzig als »unser Helikon« – ein kühner Bezug auf jenen Berg, der in der Mythologie als Sitz der Musen galt. Allerdings verlief nicht alles nach Plan: Die Leipziger Oper scheiterte 1720, und ihr Gebäude diente danach als Gefängnis bis in die zweite Hälfte des 18. Jahrhunderts, da keinerlei Interesse an der Rettung des bankrotten Unternehmens bestand. Auf der anderen Seite erlebte das weltliche Musikleben durchaus eine allgemeine Blüte, vor allem durch die Aktivitäten zweier örtlicher Musikvereinigungen oder »Collegia Musica«. Das von Georg Philipp Telemann 1701 gegründete Collegium fungierte erfolgreich und dauerhaft auf professionellem Niveau und unterstand bei Bachs Eintreffen wie auch lange Zeit danach der fähigen Leitung Georg Balthasar Schotts, des Organisten und Musikdirektors der Neuen Kirche. Ab 1723 fanden die regelmäßigen wöchentlichen Aufführungen dieses Collegium Musicum in den Räumlichkeiten des unternehmungsfreudigen Cafetiers Gottfried Zimmermann statt, im Sommer als Freiluftkonzerte. Das zweite und offenbar ältere Collegium, das seit 1723 von Johann Gottlieb Görner, dem Organisten der Nicolai- und der Paulinerkirche, geleitet wurde, veranstaltete seine Konzerte in Enoch Richters Kaffeehaus. Doch die prominentesten musikalischen Aufführungen erlebten die Leipziger jeden Sonn- und Festtag in den Gottesdiensten der beiden Hauptkirchen, St. Thomae und St. Nicolai, unter der Leitung des Thomaskantors. Für diesen Zweck standen ihm die erste Kantorei der Schule und eine kleine von der Stadt unterhaltene Kompagnie von besoldeten Stadtpfeifern und Kunstgeigern zur Verfügung; und wenn anspruchsvollere geistliche Musik auf dem Programm stand, war die Zusammenarbeit mit Mitgliedern des Collegium Musicum unerläßlich. Unter dem rechtschaffenen Kantor Kuhnau war der Kontakt zu den Collegia eingeschlafen, und man erwartete nun von Bach, dem berühmten Kapellmeister, diese Lage zu ändern. Letztendlich war genau das der Grund, warum der Stadtrat in der Endrunde der Wahl von Kuhnaus Nachfolger die städtische Geistlichkeit einfach übergangen hatte, die traditionell die Anforderungen an das Kantorat bestimmt hatte. Ohne sie überhaupt zur Sitzung einzuladen, wurde Bach gewählt, erhielt das Angebot und nahm die Stellung am 5. Mai in der Amtsstube des Bürgermeisters an.

Dennoch waren einige Formalitäten zu berücksichtigen. Am

7. oder 8. Mai mußte sich Bach einer gründlichen, in lateinischer Sprache geführten Prüfung seiner theologischen Kompetenz unterziehen. Der vom kurfürstlichen Konsistorium in Dresden ernannte Prüfer, der dreiundsiebzigjährige D. Johann Schmid, Professor der Theologie an der Leipziger Universität, war dafür bekannt, daß er streng prüfte und Kandidaten fürs Kantorenamt und andere Lehrberufe gern durchfallen ließ. Schmid gab auf lateinisch zu Protokoll: »Herr Jo. Sebastian Bach beantwortete die von mir gestellten Fragen dergestalt, daß ich ihn für geeignet erachte, das Amt des Kantors in der Thomasschule zu übernehmen.« Das Dokument wurde unverzüglich nach Dresden geschickt, nachdem es D. Salomon Deyling gegengezeichnet hatte. Deyling, der als Beigeordneter der Prüfung beiwohnte und seit 1721 in Leipzig als Kirchen-Superintendent und gleichzeitig als Theologieprofessor der Universität wirkte, legte der Aufsichtsbehörde Bachs Kandidatur vor und bat um Bestätigung und Unterzeichnung der Bestallungsurkunde. Die auf den 13. Mai datierte Urkunde, der ein Exemplar der Konkordienformel beilag, wurde ratifiziert und postwendend ans Büro des Superintendenten zurückgesandt. Allerdings empfand Deyling das Vorgehen des Stadtrats als Brüskierung. In seinen Augen hatte dieser das Protokoll verletzt: Der Rat hatte ihn erst konsultiert, nachdem der Bürgermeister das Kantorat Bach angeboten hatte. Zudem hatte der Bürgermeister Bach auch ermöglicht, ein privates, vom Stadtrat genehmigtes Abkommen mit Carl Friedrich Pezold, »Collega tertius« und späterem Konrektor der Thomasschule, zu treffen. Demnach sollte Pezold die fünf Schulstunden übernehmen, die eigentlich zum Deputat des Kantors gehörten: jeweils zwei in lateinischer Etymologie und Syntax für die Tertia sowie eine weitere im Katechismus für Tertia und Quarta. Bach profitierte dabei von einer Absprache zwischen dem Bürgermeister und Telemann, der zufolge der Kantor 50 Taler von seinem Gehalt für die Be-

zahlung einer Unterrichtsvertretung zur Verfügung stellen sollte. Um seine Mißbilligung der selbstherrlichen Handlungsweise des Rates zu demonstrieren, blieb der Superintendent der offiziellen Amtseinführung des Kantors am 1. Juni 1723 fern. Deyling bat den Schulinspektor und Pastor der Thomaskirche, Christian Weiß, ihn bei der Zeremonie zu vertreten. Jetzt konterte wiederum der Stadtrat, und der Ratsherr Gottfried Conrad Lehmann, Vorsteher der Thomasschule, warf dem Superintendenten öffentlich – vor der versammelten Lehrer- und Schülerschaft – seine Abwesenheit vor. Dieser Konflikt ist durch einen kleinen Papierkrieg zwischen Deyling, Weiß und dem Stadtschreiber, der den Stadtrat vertrat, ausführlich dokumentiert. Es dauerte mehr als ein halbes Jahr, bis die Angelegenheit bereinigt war. Als sich schließlich auch noch das Dresdner Konsistorium einmischte, gab Deyling zu Protokoll, er sei überzeugt, nachdem er »mehrere Erkundigung« eingeholt habe, daß das private Abkommen des Kantors mit Pezold zum gewünschten Ergebnis führe und daß Bach »in dem Fall, wenn der Tertius wegen Kranckheit, oder anderer Hinderniße absens sein müßen«, sich sehr verantwortungsbewußt verhalte, nämlich »die Classe besuchet, und denen Knaben ein Exercitium zu elaboriren dictiret«.

Bach mag von diesen kleinlichen Streitereien seiner Vorgesetzten gewußt haben, aber er selbst spielte in dieser Angelegenheit keine aktive Rolle. Später sollte er sich selbst mit Stadt- und Kirchenverwaltung auseinanderzusetzen haben, dazu noch mit einer dritten Behörde: der Universität. Tatsächlich stand Bachs erste offizielle Amtshandlung als Kantor, noch bevor er formell eingeführt war, im Zusammenhang mit der traditionellen Verbindung von Kantorat und Universität. Denn wie Kuhnau und dessen Vorgänger übernahm Bach die Verantwortung für bestimmte musikalische Ereignisse an der Leipziger Universität, insbesondere für den viermal jährlich (am ersten Weihnachts-,

Oster- und Pfingstfeiertag sowie am Reformationsfest) stattfindenden »alten Gottesdienst« in der als Universitätskirche dienenden Paulinerkirche. Und so kam Bach seinen Universitäts-Verpflichtungen erstmals am Pfingstsonntag, dem 16. Mai, nach, gut zwei Wochen vor seiner Bestallung als Kantor. Freilich bleibt unklar, ob die Komposition, die er offenbar für diesen Gottesdienst vorbereitet hatte (die relativ kurze Kantate »Wer mich liebet, der wird mein Wort halten« BWV 59), auch wirklich aufgeführt wurde. Die überlieferten Aufführungsstimmen für BWV 59 stammen von 1724, während die autographe Partitur des Stücks eindeutig im Frühjahr 1723 entstand. Andere Kriterien erhärten jedoch die Vermutung, daß diese Kantate mit anderem Aufführungsmaterial am Pfingstsonntag in der Universitätskirche erklang: das knappe Format, wobei der Erdmann Neumeisters *Geistlichen Poesien* von 1714 entnommene Text von sieben auf vier Sätze gekürzt wurde; das Einleitungsduett, das den Duettsätzen des Köthener Kantatenrepertoires eng verwandt ist; die ungewöhnlich bescheidene Besetzung für Sopran- und Baßsolo (der Chor wird nur im vierstimmigen Choral herangezogen) und ein Instrumentalensemble mit Trompeten und Pauken, aber ohne andere Blasinstrumente. Bach wird die Aufführung in der Paulinerkirche mit dem ersten Präfekten des Thomanerchors, Johann Gabriel Roth, der während der Zeit seit der Erkrankung und dem Tod Kuhnaus für die Musik an der Thomas- und der Nicolaikirche zuständig war, gemeinsam vorbereitet haben. Mit ihm hatte er schon bei seiner Kantoratsprobe im vorausgegangenen Februar zusammengearbeitet. Und nachdem man ihn nun zum Kantor bestimmt hatte, mußte er für einen glatten Übergang in ein neues, geregeltes System sorgen. Daß Leipzig nicht allzu weit von Köthen entfernt lag, erleichterte die Lage beträchtlich und ermöglichte Bach, in dem Monat, der auf seine Wahl am 22. April folgte, mindestens viermal nach Leipzig zu reisen.

*Der Thomaskirchhof in Leipzig (Stich von Gottfried Krügner d. Ä., 1723) mit der Kirche, der Schule (vor Renovierung und Erweiterung) und einer Gruppe von Chorschülern*

Die letzte Reise, am 22. Mai, dem Samstag vor Trinitatis, brachte die ganze Familie nach Leipzig: Johann Sebastian und Anna Magdalena Bach, fünf Kinder (darunter die jüngstgeborene Christiana Sophia Henrietta, Anna Magdalenas erstes Kind) und die Schwägerin Friedelena Bach, die seit fünfzehn Jahren dem Haushalt angehörte. Sie bezogen die renovierte Kantorenwohnung im Südflügel der Thomasschule am Thomaskirchhof, dem Platz auf der Südseite der Thomaskirche. Die Wohnung verteilte sich über drei Stockwerke, war damit offenbar groß genug, die »4. Wagen mit Haus-Raht« aufzunehmen, und bot vermutlich mehr Raum als die Köthener Heimstatt. Zur Wohnung gehörte auch die Amtsstube des Kantors, die sogenannte »Componirstube«, in der sich auch die umfangreiche Musikbibliothek der Schule befand (bis auf die Materialien, die in den Kirchen aufbewahrt wurden). Von dort aus hatte Bach ebenso wie der Rektor, der im Nordflügel des Schulgebäudes residierte, direkten Zugang zur Schule – ein Vorteil, von dem auch seine Kinder profitierten. Die beiden ältesten Söhne fanden gleich Aufnahme als »Externi«, also Tagesschüler, der Thomasschule. Der zwölfjährige Friedemann kam in die Tertia und sein neunjähriger Bruder Carl in die Quinta; nach und nach folgten ihnen auch die jüngeren Brüder. Bach muß von Anbeginn gewußt haben, daß eine so angesehene Lateinschule wie die eng mit der Universität verbundene Thomasschule seinen Söhnen breitere Bildungsmöglichkeiten bot – gewiß einer der Gründe, die für die neue Stellung sprachen. Finanziell ergab sich für ihn keine so deutliche Verbesserung wie beim Wechsel von Mühlhausen nach Weimar oder von Weimar nach Köthen. Der wichtigste Unterschied lag darin, daß sein festes, vierteljährlich ausgezahltes Jahresgehalt wenig mehr als 100 Taler betrug, also ein Viertel dessen, was er in Köthen verdient hatte. Allerdings mußte er für Wohnung, Licht und Heizung nichts bezahlen – ein wichtiger Punkt seines Vertrags. Außerdem standen ihm zusätzliche Einkünfte aus verschiedenen Legaten und Stiftungen zu sowie regelmäßige Einnahmen bei Hochzeiten und Beerdigungen. Anders als seine Vorgänger erhielt er aufgrund seiner Fachkenntnisse im Orgelbau auch jährliche Zahlungen für die Wartung der Kirchencembali. Im Jahre 1730 schätzte Bach sein Jahreseinkommen aus dem Leipziger Kantorat auf 700 Taler – eine Summe, die dem entsprach, was er und seine Frau zusammen in Köthen verdient hatten. Anna Magdalena bezog jedoch kein Gehalt mehr, sollte auch nie mehr eine feste Stellung antreten, aber Bach wußte, daß sich in Leipzig Möglichkeiten bieten würden, sein Gehalt auf weit über 700 Taler zu steigern. Bei den Gesprächen über die Stelle in Leipzig hatte man ihm offenbar in Aussicht gestellt, er könne im Kantorat mit Einkünften von mindestens 1000, vielleicht sogar über 1200 Talern rechnen. Diese Zahlen wurden vermutlich in den mündlichen Verhandlungen mit Bürgermeister Lange genannt, denn auch bei den Gesprächen mit Telemann und Graupner hatten sie eine Rolle gespielt. Offenbar aber mußte Bach im Laufe der Jahre feststellen, daß sein tatsächliches Einkommen aus dem Kantorat der ihm ursprünglich »als dermaßen favorable Station« beschriebenen Stellung nicht entsprach.

Am Trinitatis-Sonntag 1723 mag Bach in der Kirche gesessen und kritisch der unter Leitung des ersten Präfekten Roth aufgeführten Musik zugehört haben. Offiziell trat er sein Amt in der darauffolgenden Woche an, um den Sonntagsgottesdienst vorzubereiten. Für den 30. Mai, den ersten Sonntag nach Trinitatis, schrieb Bach seine erste Leipziger Kantate, »Die Elenden sollen essen« BWV 75, zur Aufführung im Hauptgottesdienst der Nicolaikirche – ein langes, von der Predigt unterbrochenes Werk. Die autographe Partitur erweist, daß Bach diese Kantate noch in Köthen komponierte. Ihr Schwesterwerk, »Die Himmel erzählen die Ehre Gottes« BWV 76, entstand allerdings bereits nach seiner Ankunft in Leipzig. Die beiden Werke sind ähnlich strukturiert und besetzt: 1 Trompete, 2 Oboen, Streicher, Basso continuo; alle vier Concertisten des Chors werden in den Arien und Rezitativen eingesetzt. Zusätzlich verwendet BWV 76 eine Gambe als Soloinstrument, und in beiden Kantaten wechseln Oboen und Oboi d'amore einander ab. Mit letzteren, die man vermutlich erstmals in Bachs Probestück BWV 23 gehört hatte, brachte Bach eine neue Klangfarbe in die Leipziger Kirchen. Beide Kantaten basieren auf Texten eines nicht benannten Autors, der offenbar jedoch auch die Libretti der Probekantaten BWV 22 und BWV 23 geliefert hatte. Vieles spricht dafür, daß Gottfried Lange, Dichter und Bürgermeister, der Verfasser war. Immerhin war er die treibende Kraft hinter den Ereignissen gewesen, die den Kapellmeister-Kantor Bach nach Leipzig führten.

Über das musikalische Ereignis wurde in den Zeitungen und Chroniken entsprechend berichtet. Die offizielle Pressemeldung vom 3. Juni lautete: »Am verwichenen Sonntage hat der, von E. E. und Hochweisen Rath dieser Stadt, an des in vorigem Jahre allhier verstorbenen Directoris Chori Musici Hr. Kuhnaues vacante Stelle, von Köthen anhero vocirte Hochfürstl. Capellmeister Hr. Bach, zum Antrit seine Music vor und nach der Predigt gemachet.« Und *Acta Lipsiensium Academica*, die Chronik der Universität, fügt hinzu, daß dies »mit guten applausu« gewürdigt wurde – Bachs Musik stieß also auf allgemeine Anerkennung.

*E. T. A. Hoffmann*

# Als Kapellmeister nach Leipzig

Brief an Friedrich Speyer

*Dresden, den 13. Juli 1813* Eine größere Antipolarität in wissenschaftlicher und künstlerischer Hinsicht als Bamberg und Leipzig kann es wohl in der Welt nicht geben. Ja, ich möchte sagen: ist es in Bamberg des Guten zuwenig, so ist es in Leipzig beinahe des Guten zuviel. Aber soviel ist doch gewiß, daß man sich wie ein Fisch im Wasser, im rechten Elemente, froh und frei bewegen kann. Mein Empfang war überall über alle Maßen herzlich und gemütlich; Rochlitz und Haertel begrüßten mich wie den alten Freund, und die Herrn des Orchesters behandelten mich mit einer Artigkeit, ja mit einer Art von Submission, die mich in gewisser Art verlegen machte. Ich sah wohl ein, daß das kleine Samenkorn, was ich gestreuet (ich meine die »Musikalische Zeitung«), hier aufgeschossen und geblüht habe. – Die ganz eigene Empfindung hierbei kann ich nicht beschreiben, da mir alle Eseleien in Bamberg einfielen. Wir verstanden uns gleich, und der weise Hr. Dittmaier mag herkommen, um sich zu überzeugen, ob es möglich ist, am Flügel zu dirigieren, und ob ich das Dirigieren verstehe oder nicht. – Das Leben in Leipzig ist sehr angenehm und gar nicht so teuer, wie man es ausgeschrien. Man würde noch wohlfeiler leben, wenn nicht eine ganz fatale Einrichtung stattfände, die manchen Gulden kostet. Auf dem Markte und in der Petersstraße gibt es nämlich sogenannte italienische Keller: Marinoni, Treiber, Rossi u. a. m. Geht man nun vorüber, so ist die Straße vor der Türe so abschüssig, daß man ganz unversehens die Treppe hinunterstolpert; ist man unten, so befindet man sich zwar in einem sehr artig möblierten Zimmer, aber die verdammte Kellerluft – gegen diese muß man ein Glas Bischof oder Burgunder trinken und einen Sardellensalat mit Muscheln, Zervelatwurst, Oliven, Kapern, Luccheseröl usw. essen – ja, diese Einrichtung kostet manchen Gulden! –

*Richard Wagner*

# Kindheit und Jugend in Leipzig

Ich heiße Wilhelm Richard Wagner und bin am 22. Mai 1813 in Leipzig geboren. Mein Vater war Polizei-Aktuarius und starb ein halbes Jahr nach meiner Geburt. Mein Stiefvater, Ludwig Geyer, war Schauspieler und Maler; er hat auch einige Lustspiele geschrieben, worunter das eine, *Der bethlehemitische Kindermord*, Glück machte: Mit ihm zog meine Familie nach Dresden. Er wollte, ich sollte Maler werden; ich war aber sehr ungeschickt im Zeichnen. Auch mein Stiefvater starb zeitig – ich war erst sieben Jahre. Kurz vor seinem Tod hatte ich »Üb immer Treu und Redlichkeit« und den damals ganz neuen »Jungfernkranz« auf dem Klavier spielen gelernt: Einen Tag eh' er starb, mußte ich ihm beides im Nebenzimmer vorspielen; ich hörte ihn da mit schwacher Stimme zu meiner Mutter sagen: »Sollte er vielleicht Talent zur Musik haben?« Am frühen Morgen, als er gestorben war, trat die Mutter in die Kinderstube, sagte jedem der Kinder etwas, und mir sagte sie: »Aus dir hat er etwas machen wollen.« Ich entsinne mich, daß ich mir lange Zeit eingebildet habe, es würde etwas aus mir werden. – Ich kam mit meinem neunten Jahre auf die Dresdner Kreuzschule: Ich wollte studieren, an Musik wurde nicht gedacht; zwei meiner Schwestern lernten gut Klavier spielen, ich hörte ihnen zu, ohne selbst Klavierunterricht zu erhalten. Nichts gefiel mir so wie der *Freischütz*: Ich sah Weber oft vor unserm Hause vorbeigehen, wenn er aus den Proben kam; stets betrachtete ich ihn mit heiliger Scheu. Ein Hauslehrer, der mir den Cornelius Nepos explizierte, mußte mir endlich auch Klavierstunden geben; kaum war ich über die ersten Fingerübungen hinaus, so studierte ich mir heimlich, zuerst ohne Noten, die Ouvertüre zum *Freischütz* ein; mein Lehrer hörte das einmal und sagte: aus mir würde nichts. Er hatte recht, ich habe in meinem Leben nicht Klavier spielen gelernt. Nun spielte ich nur noch für mich, nichts wie Ouvertüren, und mit dem greulichsten Fingersatze. Es war mir unmöglich, eine Passage rein zu spielen, und ich bekam deshalb einen großen Abscheu vor allen Läufen. Von Mozart liebte ich nur die Ouvertüre zur *Zauberflöte; Don Juan* war mir zuwider, weil da italienischer Text darunterstand; er kam mir so läppisch vor. – Diese Beschäftigung mit Musik war aber nur große Nebensache: Griechisch, Latein, Mythologie und alte Geschichte waren die Hauptsache. Ich machte auch Gedichte. Einmal starb einer unsrer Mitschüler, und von den Lehrern wurde an uns die Aufgabe gestellt, auf seinen Tod ein Gedicht zu machen; das beste sollte gedruckt werden: – Das meine wurde gedruckt, jedoch erst, nachdem ich vielen Schwulst daraus entfernt hatte. Ich war damals elf Jahre alt. Nun wollte ich Dichter werden; ich entwarf Trauerspiele nach dem Vorbild der Griechen …; dabei galt ich in der Schule für einen guten Kopf *in litteris*: Schon in Tertia hatte ich die ersten zwölf Bücher der *Odyssee* übersetzt. Einmal lernte ich auch Englisch, und zwar bloß um Shakespeare ganz genau kennenzulernen: Ich übersetzte Romeos Monolog metrisch. Das Englische ließ ich bald wieder liegen, Shakespeare aber blieb mein Vorbild; ich entwarf ein großes Trauerspiel, welches ungefähr aus *Hamlet* und *Lear* zusammengesetzt war; der Plan war äußerst großartig; zweiundvierzig Menschen starben im Verlaufe des Stückes, und ich sah mich bei der Ausführung genötigt, die meisten als Geister wiederkommen zu lassen, weil mir sonst in den letzten Akten die Personen ausgegangen wären.

Dieses Stück beschäftigte mich zwei Jahre lang. Ich verließ darüber Dresden und die Kreuzschule und kam nach Leipzig. Auf der dortigen Nikolaischule setzte man mich nach Tertia, nachdem ich auf der Dresdner Kreuzschule schon in Sekunda gesessen; dieser Umstand erbitterte mich so sehr, daß ich von da an alle Liebe zu den philologischen Studien fahrenließ. Ich ward faul und lüderlich, bloß mein großes Trauerspiel lag mir noch am Herzen. Während ich dieses vollendete, lernte ich in den Leipziger Gewandhauskonzerten zuerst Beethovensche Musik kennen; ihr Eindruck auf mich war allgewaltig. Auch mit Mozart befreundete ich mich, zumal durch sein Requiem. Beethovens Musik zu *Egmont* begeisterte mich so, daß ich um alles in der Welt mein fertig gewordenes Trauerspiel nicht anders vom Stapel laufen lassen wollte, als mit einer ähnlichen Musik versehen. Ich traute mir ohne alles Bedenken zu, diese so nötige Musik selbst schreiben zu können, hielt es aber doch für gut, mich zuvor über einige Hauptregeln des Generalbasses aufzuklären. Um dies im Fluge zu tun, lieh ich mir auf acht Tage Logiers Methode des Generalbasses und studierte mit Eifer darin. Das Studium trug aber nicht so schnelle Früchte, als ich glaubte; die Schwierigkeiten desselben reizten und fesselten mich; ich beschloß, Musiker zu werden. – Während dem war mein großes Trauerspiel von meiner Familie entdeckt worden: Sie geriet in große Betrübnis, weil am Tage lag, daß ich darüber meine Schulstudien auf das Gründlichste vernachlässigt hatte, und ich ward somit zu fleißiger Fortsetzung derselben streng gehalten. Die heimliche Erkenntnis meines Berufes zur Musik verschwieg ich unter solchen Umständen, komponierte nichtsdestoweniger aber in aller Stille eine Sonate, ein Quartett und eine Arie. Als ich mich in meinem musikalischen Privatstudium hinlänglich herangereift fühlte, trat ich endlich mit der Entdeckung desselben hervor. Natürlich hatte ich nun harte Kämpfe zu bestehen, da die Meinigen auch meine Neigung zur Musik nur für eine flüchtige Leidenschaft halten mußten, um so mehr, da sie durch keine Vorstudien, besonders durch etwa bereits erlangte Fertigkeit auf einem Instrument, gerechtfertigt war. Ich war damals in meinem sechzehnten Jahre, und zumal durch die Lektüre Hoffmanns zum tollsten Mystizismus aufgeregt: Am Tage, im Halbschlafe, hatte ich Visionen, in denen mir Grundton, Terz und Quinte leibhaft erschienen und mir ihre wichtige Bedeutung offenbarten: Was ich aufschrieb, starrte von Unsinn. Endlich wurde mir der Unterricht eines tüchtigen Musikers zugeteilt; der arme Mann hatte große Not mit mir; er mußte mir erklären, daß, was ich für seltsame Gestalten und Gewalten hielt, Intervalle und Akkorde seien. Was konnte für die Meinigen betrübender sein, als zu erfahren, daß ich auch in diesem Studium mich nachlässig und unordentlich erwies? Mein Lehrer schüttelte den Kopf, und es kam so heraus, als ob auch hier nichts Gescheites aus mir werden würde. Meine Lust zum Studium erlahmte immer mehr, und ich zog vor, Ouvertüren für großes Orchester zu schreiben, von denen eine einmal im Leipziger Theater aufgeführt wurde. Diese Ouvertüre war der Kulminationspunkt meiner Unsinnigkeiten; ich hatte sie eigentlich, zum näheren Verständnis desjenigen, der die Partitur etwa studieren wollte, mit drei verschiedenen Tinten schreiben wollen, die Streichinstrumente rot, die Holzblasinstrumente grün und die Blechinstrumente schwarz. Beethovens Neunte Symphonie sollte eine Pleyelsche Sonate gegen diese wunderbar kombinierte Ouvertüre sein. Bei der Aufführung schadete mir besonders ein durch die ganze Ouvertüre regelmäßig alle drei Takte wiederkehrender Paukenschlag im Fortissimo: Das Publikum ging aus anfänglicher Verwunderung über die Hartnäckigkeit des Paukenschlägers in unverhohlenen Unwillen, dann aber in eine mich tief betrübende Heiterkeit über. Diese erste Aufführung eines von mir komponierten Stückes hinterließ auf mich einen großen Eindruck.

Nun kam aber die Julirevolution; mit einem Schlage wurde ich Revolutionär und gelangte zu der Überzeugung, jeder halbwegs strebsame Mensch dürfte sich ausschließlich nur mit Politik beschäftigen. Mir war nur noch im Umgang mit politischen Literaten wohl: Ich begann auch eine Ouvertüre, die ein politisches Thema behandelte. So verließ ich die Schule und bezog die Universität, zwar nicht mehr, um mich einem Fakultätsstudium zu widmen – denn zur Musik war ich nun dennoch bestimmt –, sondern um Philosophie und Ästhetik zu hören. Von dieser Gelegenheit, mich zu bilden, profitierte ich so gut als gar nicht; wohl aber überließ ich mich allen Studentenausschweifungen, und zwar mit so großem Leichtsinn und solcher Hingebung, daß sie mich bald anwiderten. Die Meinigen hatten um diese Zeit große Not mit mir: Meine Musik hatte ich fast gänzlich liegenlassen. Bald kam ich aber zur Besinnung; ich fühlte die Notwendigkeit eines neu zu beginnenden, streng geregelten Studiums der Musik, und die Vorsehung ließ mich den rechten Mann finden, der mir neue Liebe zur Sache einflößen und sie durch den gründlichsten Unterricht läutern sollte. Dieser Mann war Theodor Weinlig, Kantor an der Thomasschule zu Leipzig. Nachdem ich mich wohl schon zuvor in der Fuge versucht hatte, begann ich jedoch erst bei ihm das gründliche Studium des Kontrapunkts, welches er die glückliche Eigenschaft besaß, den Schüler spielend erlernen zu lassen. In dieser Zeit lernte ich erst Mozart innig erkennen und lieben. Ich komponierte eine Sonate, in welcher ich mich von allem Schwulste losmachte und einem natürlichen, ungezwungeneren Satze überließ. Diese höchst einfache und bescheidene Arbeit erschien im Druck bei Breitkopf und Härtel. Mein Studium bei Weinlig war in weniger als einem halben Jahre beendet, er selbst entließ mich aus der Lehre, nachdem er mich so weit gebracht, daß ich die schwierigsten Aufgaben des Kontrapunkts mit Leichtigkeit zu lösen imstande war. »Das, was Sie sich durch dieses trockene Studium angeeignet haben, heißt: *Selbständigkeit*«, sagte er mir. In demselben Jahre komponierte ich auch eine Ouvertüre nach dem jetzt etwas besser von mir verstandenen Vorbilde Beethovens, welche in einem der Leipziger Gewandhauskonzerte mit aufmunterndem Beifall gespielt wurde. Nach mehreren anderen Arbeiten machte ich mich dann auch an eine Symphonie: An mein Hauptvorbild, Beethoven, schloß sich Mozart, zumal seine große C-Dur-Symphonie. Klarheit und Kraft, bei manchen sonderbaren Abirrungen, war mein Bestreben …

*Felix Mendelssohn Bartholdy*

# Vorgestern abend fing also meine Leipziger Musikdirektorschaft an

Brief an seine Familie

*Leipzig, den 6. Oktober 1835* Seit einer Woche suche ich nach einer freien Stunde, um die lieben Briefe, die ich von Euch empfangen habe, zu beantworten und mich dafür zu bedanken, aber die Londoner Tage mit ihren Zerstreuungen waren nicht schlimmer als die Zeit bis zu Fannys Abreise, bis nun endlich jetzt nach glücklichem Ablaufen des ersten Konzerts sich die Ruhe wiederfinden läßt. – Nämlich den Tag, nachdem ich Hensels nach Delitzsch begleitet hatte, war Chopin da; er wollte nur einen Tag bleiben, und so waren wir diesen auch ganz zusammen und machten Musik. Ich kann Dir nicht leugnen, liebe Fanny, daß ich neuerdings gefunden habe, daß Du ihm in Deinem Urteile nicht genug Gerechtigkeit widerfahren lässest; vielleicht war er auch nicht recht bei Spiellaune, als Du ihn hörtest, was ihm wohl oft begegnen mag; aber mich hat sein Spiel wieder von neuem entzückt, und ich bin überzeugt, wenn Du und auch Vater einige seiner besseren Sachen so gehört hätten, wie er sie mir vorspielte, Ihr würdet dasselbe sagen. Es ist etwas Grundeigentümliches in seinem Klavierspiel und zugleich so sehr Meisterliches, daß man ihn einen recht vollkommenen Virtuosen nennen kann; und da mir alle Art von Vollkommenheit lieb und erfreulich ist, so war mir dieser Tag ein höchst angenehmer, obwohl so ganz verschieden von den vorigen mit Euch, Hensels. – Es war mir lieb, mal wieder mit einem ordentlichen Musiker zu sein, nicht mit solchen halben Virtuosen und halben

Klassikern, die gern les honneurs de la vertu et les plaisirs du vice in der Musik vereinigen möchten, sondern mit einem, der seine vollkommen ausgeprägte Richtung hat. Und wenn sie auch noch so himmelweit von der meinigen verschieden sein mag, so kann ich mich prächtig damit vertragen; nur mit jenen halben Leuten nicht. – Der Abend des Sonntags war wirklich kurios, wo ich ihm mein Oratorium vorspielen mußte, während neugierige Leipziger sich verstohlen hereindrückten, um Chopin gesehen zu haben, und wie er zwischen dem ersten und zweiten Teile seine neuen Etüden und ein neues Konzert den erstaunten Leipzigern vorraste und ich dann wieder in meinem »Paulus« fortfuhr, als ob ein Irokese und ein Kaffer zusammenkämen und konversierten. – Auch ein gar zu niedliches neues Notturno hat er, von dem ich manches auswendig behalten habe, um es Paul zu seinem Vergnügen vorzuspielen. So lebten wir lustig miteinander, und er versprach in allem Ernste, im Laufe des Winters wiederzukommen, wenn ich eine neue Symphonie komponieren und ihm zu Ehren aufführen wollte; wir beschworen es beide vor drei Zeugen und wollen nun einmal sehen, ob wir beide Wort halten werden. – Noch vor seiner Abreise kamen meine Händelschen Werke an, über die Chopin eine wahre kindische Freude hatte; aber sie sind auch wirklich so schön, daß ich mich nicht genug darüber freuen kann; 23 große Folianten, auf die bekannte englisch elegante Manier in dickes grünes Leder gebunden, auf jedem Rücken mit gewaltigen goldenen Buchstaben der Titel des Ganzen und der Inhalt des Bandes, auf dem ersten Bande außerdem folgende Worte: »Dem Director F. M. B. Das Musikfest-Comité 1835 in Cöln«, dabei ein sehr freundlicher Brief des gesamten Comité mit all ihren Unterschriften; und nun, wie ich aufs Geratewohl »Samson« herausziehe und gleich zu Anfang eine große Arie des Samson finde, die kein Mensch kennt, weil sie Herr v. Mosel gestrichen hat, und die an Schönheit keiner Händelschen weicht, und so das Vergnügen, das mir an allen 32 Bänden bevorsteht – da könnt Ihr Euch meine Freude denken. Ehe er abreiste, kam Moscheles, und gleich in der ersten halben Stunde spielte er mir ein zweites Heft Lieder ohne Worte zu meinem größten Vergnügen vor; er ist unverändert derselbe, nur in seinem Äußeren etwas älter, sonst frisch und lustig wie sonst und spielt ganz prächtig; wieder eine andere Art von vollkommenem Virtuosen und Meister dazu. Nun kamen aber die Proben zum ersten Abonnementkonzert nach und nach, und vorgestern abend fing also meine Leipziger Musikdirektorschaft an. Ich kann Euch gar nicht sagen, wie zufrieden ich mit diesem Anfang bin und mit der ganzen Art, wie sich meine Stellung hier anläßt. Es ist eine ruhig ordentliche Geschäftsstellung; man merkt, daß das Institut seit 56 Jahren besteht, und dabei scheinen die Leute mir und meiner Musik recht zugetan und freundlich. Das Orchester ist sehr gut, tüchtig musikalisch, und ich denke, in einem halben Jahre soll es noch besser werden, denn mit welcher Liebe und Aufmerksamkeit diese Leute meine Bemerkungen aufnehmen und augenblicklich befolgen, das war mir in den beiden Proben, die wir bis jetzt hatten, ordentlich rührend; es war immer ein Unterschied, als ob ein anderes Orchester spielte. Einige Mängel sind noch im Personal, aber sie werden wohl nach und nach abgestellt werden, und ich glaube einer Reihe sehr angenehmer Abende und guter Aufführungen entgegensehen zu können. Ich wollte, Ihr hättet die Einleitung meiner »Meeresstille« gehört (denn damit fing das Konzert an); es war im Saal und auf dem Orchester eine Ruhe, daß man das feinste Tönchen hören konnte, und sie spielten das Adagio geradezu meisterhaft; weniger das Allegro, wo sie, an ein langsames Tempo gewöhnt, immer schleppen wollten; das Ende dagegen wieder, wo der langsame 4/4 Takt ff anfängt, war prächtig gelungen, die Geigen fuhren mit einer Wut zu, daß ich mich ordentlich erschreckte, und Publicus freute sich. – Die folgenden Stücke,

Arie aus E-Dur von Weber, Violinkonzert von Spohr und Introduction aus »Ali Baba«, gingen weniger gut; die eine Probe war nicht zureichend, und es wackelte manchmal; dagegen klappte die B-Dur-Symphonie von Beethoven, die den zweiten Teil ausmachte, ganz herrlich, und die Leipziger jubelten nach jedem Satz. – Es war aber auch eine Aufmerksamkeit und Spannung im ganzen Orchester, wie ich sie nie größer gesehen; sie paßten auf wie – Schießvögel, hätte Zelter gesagt.

Nach dem Konzert empfing und machte ich auf dem Orchester eine Masse Gratulationen; erst das Orchester, dann die Thomaner (welche Prachtjungen sind und so pünktlich eintreten und loslegen, daß ich ihnen einen Orden versprochen habe), dann kam Moscheles mit einem Hofstaat von Dilettanten, dann die beiden musikalischen Zeitungen und so weiter. Freitag ist Moscheles' Konzert, ich muß darin mit ihm sein zweiklavieriges Stück spielen, ferner spielt er mein neues Klavierkonzert; meine »Hebriden« kommen auch darin angeschwommen. Heute nachmittag spielt Moscheles, Clara Wieck und ich Seb. Bachs Tripel-Konzert aus d-Moll. Wie liebenswürdig Moscheles wieder gegen mich ist, wie herzlichen Anteil er an meiner Stellung hier nimmt, wie sehr mich's freut, daß er so ganz damit zufrieden ist, wie er mein Es-Dur-Rondo zu meiner Bewunderung spielt, besser als ich's mir gedacht habe, wie wir mittags in seinem Hotel essen und abends im meinigen Tee mit Musik trinken – davon könnt Ihr Euch die Beschreibung denken, denn Ihr kennt ihn, namentlich Du, lieber Vater. Das sind vergnügte Tage, und wenn ich auch wenig zum Arbeiten dabei komme, so bring ich's schon wieder ein, wenn ich so viel Genuß davon habe wie jetzt.

Agitationen hat mir das erste Konzert nicht gemacht, liebste Mutter, aber zu meiner Schande gestehe ich, daß ich noch niemals so befangen beim Herauskommen war als diesmal; ich glaube, es machte, weil so lange darüber korrespondiert und verhandelt war und ich noch kein Konzert derart gesehen hatte. Die Lokalität und die Lichter machten mich irre.

Und nun lebt alle wohl und glücklich, und bitte, schreibt mir sehr oft.

Euer Felix

*Hector Berlioz*

# Bei Mendelssohn Bartholdy in Leipzig

Brief an Stephen Heller

Die musikalische Stadt, die ich nach Weimar am leichtesten besuchen konnte, war Leipzig. Ich zauderte jedoch, mich dahin zu begeben, trotz des Einflusses, den Mendelssohn dort ausübte, und der freundschaftlichen Beziehungen, die wir im Jahre 1831 in Rom angeknüpft hatten. Seitdem haben wir in der Kunst zwei so weit auseinandergehende Richtungen verfolgt, daß ich fürchtete, das gebe ich zu, bei ihm keine sehr lebhafte Sympathie zu finden. Chélard, der ihn kennt, brachte mich über meine Zweifel zum Erröten, und ich schrieb an ihn. Seine Antwort ließ nicht auf sich warten; hier ist sie:

»Mein lieber Berlioz, ich danke Ihnen von Herzen für Ihren gütigen Brief und auch dafür, daß Sie sich unserer römischen Freundschaft noch entsinnen! Ich werde sie im Leben nicht vergessen und freue mich, es Ihnen bald persönlich sagen zu können. Alles, was ich tun kann, um Ihnen den Aufenthalt in Leipzig glücklich und angenehm zu machen, werde ich als ein Vergnügen und eine Pflicht betrachten. Ich glaube, Ihnen die Versicherung geben zu können, daß Sie mit der Stadt, das heißt mit Musikern und Publikum, zufrieden sein werden. Ich wollte Ihnen nicht schreiben, ehe ich mich mit mehreren Personen beraten hatte, die Leipzig besser kennen als ich, und alle haben meine Ansicht bestätigt, daß Sie hier ein ausgezeichnetes Konzert veranstalten werden. Die Kosten für Orchester, Saal, Inserate usw.

betragen hundertzehn Taler: die Einnahme kann auf sechs- bis achthundert Taler steigen. Sie werden mindestens zehn Tage vorher hier sein müssen, um das Programm und alles, was nötig ist, zu bestimmen. Außerdem haben mich die Direktoren der Gesellschaft für Abonnementkonzerte beauftragt, Sie zu fragen, ob Sie in einem Konzert, das am 22. Februar zugunsten der Stadtarmen stattfinden soll, eines Ihrer Werke aufführen lassen wollen. Ich hoffe, daß Sie nach Ihrem eigenen Konzert diesen Vorschlag annehmen werden. Ich rate Ihnen also, hierherzukommen, sobald Sie Weimar verlassen können. Ich freue mich darauf, Ihnen die Hand drücken und ›Willkommen in Deutschland!‹ zurufen zu können. Lachen Sie nicht über mein schlechtes Französisch, wie Sie in Rom zu tun pflegten, sondern bleiben Sie mein Freund, wie Sie es damals waren und wie ich immer sein werde. Ihr ergebener Felix Mendelssohn Bartholdy«

Konnte ich einer in solchen Ausdrücken verfaßten Einladung widerstehen? Ich reiste also nach Leipzig, nicht ohne Bedauern, Weimar und die neuen Freunde, die ich dort zurückließ, zu verlassen. Meine Beziehungen zu Mendelssohn hatten in Rom auf ziemlich eigentümliche Art angefangen. Bei unserer ersten Zusammenkunft sprach er mit mir über meine vom Institut in Paris preisgekrönte Kantate »Sardanapal«, aus der mein Kollege Montfort ihm einige Stellen vorgespielt hatte. Als ich selbst gegen das Allegro dieser Kantate einen wirklichen Widerwillen bekundete, rief er freudig aus: »Das lasse ich mir gefallen! Ich gratuliere Ihnen ... zu Ihrem Geschmack! Ich fürchtete, Sie könnten mit diesem Allegro zufrieden sein; offen gestanden, es ist recht erbärmlich!« ...

Nach einem Monat eines solchen Verkehrs, der für mich so interessant geworden war, verschwand Mendelssohn, ohne mir Lebewohl zu sagen, und ich sah ihn nicht mehr. Sein Brief, den ich Ihnen eben zitiert habe, mußte mir daher eine sehr angenehme Überraschung verursachen und tat es auch wirklich. Er schien eine Seelengüte, ein liebenswürdiges Wesen zu verraten, die ich an ihm nicht gekannt hatte; bald sollte ich bei meiner Ankunft in Leipzig erkennen, daß diese ausgezeichneten Züge ihm in der Tat eigen geworden waren. Er hat indessen nichts von der unbeugsamen Strenge seiner Kunstprinzipien verloren, aber er sucht sie nicht in heftiger Weise aufzudrängen und begnügt sich damit, in seiner Stellung als Kapellmeister das, was er für schön hält, ans Licht zu stellen und das im Dunkel zu lassen, was ihm schlecht oder als ein verderbliches Beispiel erscheint. Nur liebt er die Toten noch zu sehr.

Die Gesellschaft für Abonnementkonzerte, von der er mir gesprochen hatte, ist sehr zahlreich und aufs beste zusammengesetzt; sie hat einen hervorragenden Gesangverein, ein ausgezeichnetes Orchester und einen Saal mit vollkommener Akustik, das Gewandhaus. In diesem geräumigen, schönen Lokal sollte ich mein Konzert geben. Ich besichtigte es, als ich in Leipzig ausstieg, und traf gerade mitten in der Generalprobe zu Mendelssohns neuestem Werke (»Walpurgisnacht«) ein. Ich fühlte mich wirklich im ersten Augenblick wie von einem Wunder umfangen, durch die schöne Klangfarbe der Stimmen, die Intelligenz der Sänger, die Präzision und Verve des Orchesters und vor allen Dingen durch die herrliche Komposition.

Ich neige sehr dazu, dieses Werk (eine Art Oratorium) als das vollendetste zu betrachten, was Mendelssohn bis zu diesem Tage geschaffen hat. Das Gedicht ist von Goethe und hat mit der Walpurgisnacht im »Faust« nichts gemein. Es handelt sich darin um die nächtlichen Zusammenkünfte, die in der ersten Zeit des Christentums eine den alten Gebräuchen getreue religiöse Sekte selbst dann noch auf den Bergen hielt, als ihr das Opfern auf den Höhen verboten worden war. Während der Nächte, die zum heiligen Werke bestimmt waren, pflegte sie an den Zugängen zu dem Gebirge eine große Anzahl von bewaffneten, eigentümlichen vermummten Schildwachen aufzustellen. Auf ein verabredetes Zeichen und im Augenblick, wo der Priester, zum Altar tretend, den heiligen Gesang anstimmte, machte diese dämonisch aussehende Truppe, ihre Gabeln und Fackeln furchtbar schwingend, allerlei schreckenerregendes Getöse und Geschrei, um die Stimmen des religiösen Chores zu übertönen und die Profanen zu verscheuchen, die versucht hätten, die Zeremonie zu stören. Daher ist ohne Zweifel der französische Sprachgebrauch entstanden, mit dem Worte Sabbat auch einen großen nächtlichen Lärm zu bezeichnen. Man muß Mendelssohns Musik hören, um einen Begriff von dem reichen Stoff zu bekommen, den diese Dichtung einem geschickten Komponisten bot. Er hat sie auf bewunderungswürdige Art verwertet. Trotz ihrer Kompliziertheit ist seine Partitur vollkommen klar; die Wirkungen der Stimmen und Instrumente kreuzen sich darin nach allen Richtungen, widerstreiten, stoßen einander in einer scheinbaren Unordnung, die der Gipfel der Kunst ist. Zwei Teile daraus möchte ich als Prachtstücke von ganz verschiedener Art besonders hervorheben: den geheimnisvollen Satz bei der Aufstellung der Schildwachen und den Schlußchor, in dem die Stimme des Priesters sich von Zeit zu Zeit ruhig und fromm über den Höllenlärm der vermeintlichen Dämonen und Zauberer erhebt. Man weiß nicht, was man an diesem Finale am höchsten loben soll, das Orchester, den Chor oder die wirbelnde Bewegung des Ganzen!

In dem Augenblick, wo Mendelssohn, hocherfreut, der Schöpfer dieses Werkes zu sein, vom Dirigentenpult herabstieg, näherte ich mich, ganz entzückt, es gehört zu haben. Der Moment hätte für eine derartige Begegnung nicht besser gewählt werden können, und doch befiel uns beide nach den ersten Worten der gleiche traurige Gedanke: »Wie, es ist zwölf Jahre her, zwölf Jahre, seit wir zusammen in der römischen Ebene geträumt haben!«

»Ja, und auch in den Thermen von Caracalla!«

»Ach, immer noch spöttisch, immer noch bereit, über mich zu lachen!«

»Nein, nein, ich spotte nicht mehr; ich wollte nur Ihr Gedächtnis prüfen, ob Sie mir meine Lästerungen verziehen haben. Ich spotte so wenig, daß ich Sie gleich bei unserem ersten Wiedersehen um ein Geschenk bitten will, worauf ich den größten Wert lege.«

»Was ist es denn?«

»Geben Sie mir den Taktstock, mit dem Sie soeben die Probe Ihres neuen Werkes dirigiert haben.«

»Oh, sehr gern, unter der Bedingung, daß Sie mir den Ihrigen schicken werden.«

»Ich werde Ihnen auf diese Weise Kupfer für Gold geben; doch immerhin; ich willige ein.«

Und Mendelssohns musikalisches Zepter wurde mir sofort gebracht.

Tags darauf schickte ich ihm mein schweres Stück Eichenholz mit folgendem Briefe, den der letzte der Mohikaner, wie ich hoffe, nicht verleugnen würde:

»Dem großen Führer Mendelssohn!

Großer Führer, wir haben einander versprochen, unsere Tomahawks zu tauschen; anbei den meinigen. Er ist rauh, der Deinige einfach; nur die Squaws und die Bleichgesichter lieben geschmückte Waffen. Sei mein Bruder! Und wenn uns der große Geist ins Land der Seelen zur Jagd schicken wird, so mögen unsere Krieger unsere Tomahawks an die Tür des hohen Rats zusammenhängen.«

Dies ist in seiner ganzen Einfachheit die Tatsache, die eine recht harmlose Bosheit ins Lächerlich-Dramatische hat ziehen wollen. Als es sich einige Tage später darum handelte, mein Konzert zu organisieren, hat sich Mendelssohn mir gegenüber in der Tat wie ein Bruder benommen. Der erste Künstler, den er mir als seinen Fidus Achates vorstellte, war der Konzertmeister David, ein hervorragender Musiker, verdienstvoller Komponist und ausgezeichneter Geiger. Herr David, der übrigens sehr gut französisch spricht, war mir von sehr großem Nutzen …

Die Aufstellung des Orchesters in diesem schönen Saal ist so ausgezeichnet, die Fühlung zwischen dem Dirigenten und jedem der Mitwirkenden so erfreulich, und die Künstler – im übrigen vollkommene Musiker – sind von Mendelssohn und David gewöhnt worden, dem Einstudieren eine solche Aufmerksamkeit entgegenzubringen, daß zwei Proben genügten, um ein langes Programm zusammenzustellen, das unter anderen schwierigen Kompositionen die Ouvertüre zu »König Lear« und zu »Die Femrichter« und die »Phantastische Symphonie« aufwies. David hatte außerdem eingewilligt, das Violinsolo (»Träumerei« und »Capriccio«) zu spielen, das ich vor zwei Jahren für Artôt schrieb und dessen Orchesterbegleitung ziemlich kompliziert ist. Er führte es in hervorragender Weise aus, unter großem Beifall des Publikums.

Wenn ich von dem Orchester sage, daß es nach zwei Proben die eben erwähnten Stücke tadellos ausführte, so ist das ein großes Lob. Alle Pariser Musiker und noch viele andere werden, glaube ich, dieser Meinung sein.

Dieser Abend brachte das musikalische Gewissen der Einwohner Leipzigs in Aufruhr und ließ Auseinandersetzungen entstehen, die, soviel ich nach der Polemik der Zeitungen habe beurteilen können, zum mindesten ebenso heftig waren wie die, welche vor ungefähr zehn Jahren die Aufführung der gleichen Werke in Paris hervorbrachte. Während man so über mein musikalisches Tun und Treiben und dessen Moralität herumstritt, indem die einen es als gute Tat, die anderen als wohlüberlegtes Verbrechen hinstellten, unternahm ich die Reise nach Dresden, die ich bald zu erzählen haben werde. Um aber den Bericht meiner Leipziger Erfahrungen nicht zu zerreißen, will ich Ihnen, lieber Heller, sagen, wie bei meiner Rückkehr das Wohltätigkeitskonzert ausfiel, von dem mir Mendelssohn in seinem Brief geschrieben und an dem teilzunehmen ich versprochen hatte.

Da dieser Abend von der ganzen Konzertgesellschaft veranstaltet wurde, stand mir der reiche und gewaltige Gesangverein zur Verfügung, dessen wohlverdientes Lob ich Ihnen schon ausgesprochen habe. Ich hütete mich, wie Sie sich denken können, wohl, diese schöne Masse von guten Stimmen unbenutzt zu lassen, und bot den Direktoren der Gesellschaft das Finale mit drei Chören aus »Romeo und Julia« an, dessen Text von Professor Duesberg in Paris ins Deutsche übertragen worden war. Diese Übersetzung mußte nur noch unter die Noten der Singstimmen gesetzt werden. Dies war eine langwierige, mühsame Arbeit; und da die Kopisten bei der Verteilung der langen und kurzen Silben die deutsche Betonung nicht berücksichtigt hatten, entstanden daraus für die Sänger solche Schwierigkeiten, daß Mendelssohn seine Zeit damit verlieren mußte, den Text durchzusehen und die störendsten Fehler zu korrigieren. Er hatte außerdem während beinahe acht Tagen die Chöre einzustudieren. Acht Proben eines so zahlreichen Chors würden in Paris viertausendachthundert Francs kosten, und man fragt mich manchmal, warum ich in meinen Konzerten nicht »Romeo und Julia« aufführe! Die Mitglieder dieses Vereins, zu dem allerdings einige Theatersänger und Thomasschüler gehören, sind fast alle aus den besseren Gesellschaftskreisen Leipzigs. Deshalb ist es leichter, sobald es sich um die Einstudierung eines ernsten Werkes handelt, eine große Anzahl von Proben zu veranstalten. Als ich von Dresden zurückkam, war man jedoch mit den Proben bei weitem nicht zu Ende, der Männerchor besonders ließ viel zu wünschen übrig. Ich litt darunter, einen großen Meister und großen Virtuosen wie Mendelssohn die untergeordnete Tätigkeit eines Chordirektors ausüben zu sehen, eine Aufgabe, die er, man muß es sagen, mit unerschütterlicher Geduld erfüllte. Jede seiner Bemerkungen wurde mit einer Sanftmut und einer vollkommenen Höflichkeit gemacht, für die man ihm dankbarer wäre, wußte man, wie selten diese Eigenschaften in solchem Falle sind. Ich bin ja oft der Ungalanterie gegen die Damen unserer Oper beschuldigt worden; in dieser Beziehung steht mein Ruf fest. Ich verdiene ihn, ich muß es zugeben; sobald es sich um die Einstudierung eines großen Chores handelt, und bevor ich nur begonnen habe, schnürt mir eine Art von voremfundener Wut die Kehle zu, meine schlechte Laune gibt sich kund, obgleich noch nichts sie hat veranlassen können, und mein Blick macht allen Choristen den Gedanken jenes Gascogners klar, der einem kleinen Jungen, der harmlos an ihm vorbeiging, einen Fußtritt gab und auf dessen Bemerkung, er habe ihm ja gar nichts getan, antwortete: »Nun stelle dir erst vor, wenn du mir wirklich etwas getan hättest!«

Nach zwei weiteren Sitzungen indessen waren die drei Chöre gelernt, und das Finale wäre mit der Unterstützung des Orchesters sehr gut vonstatten gegangen, wenn nicht ein Theatersänger, der schon seit mehreren Tagen über die Schwierigkeiten der ihm anvertrauten Partie des Pater Lorenzo ein Geschrei erhob, unser ganzes, so mühsam errichtetes harmonisches Gebäude zerstört hätte.

Ich hatte schon bei den Klavierproben bemerkt, daß dieser Herr (ich habe seinen Namen vergessen) der zahlreichen Klasse von Musikern angehörte, die keine Musik verstehen, er zählte schlecht seine Pausen, er setzte nicht rechtzeitig ein, er intonierte falsch, usw.; allein ich sagte mir: Vielleicht hat er nicht Zeit gehabt, seine Partie zu studieren; er lernt für die Bühne sehr schwierige Rollen ein, warum sollte er mit dieser nicht fertig werden? Ich dachte jedoch recht oft an Alizard, der diese Szene immer so gut wiedergegeben hat, und bedauerte sehr, daß er in Brüssel sei und kein Deutsch könne. Als aber bei der Generalprobe, am Vorabend des Konzerts, dieser Herr noch nicht weiter war und noch dazu jedesmal ich weiß nicht was für deutsche Flüche zwischen den Zähnen murmelte, wenn das Orchester seinetwegen anhalten mußte oder wenn Mendelssohn oder ich ihm seine Sätze vorsangen, ging mir schließlich die Geduld aus; ich dankte der Kapelle und bat sie, sich nicht mehr um mein Werk zu bemühen, da diese Baßpartie offenbar die Aufführung unmöglich machte.

Als ich nach Hause ging, kam mir folgender traurige Gedanke: Zwei Komponisten, die lange Jahre hindurch die ihnen von der Natur geschenkte Intelligenz und Phantasie dem Studium ihrer Kunst gewidmet haben, zweihundert aufmerksame, tüchtige Musiker, sowohl Sänger wie Instrumentalisten, haben sich acht Tage lang umsonst angestrengt und sehen sich durch die Unzulänglichkeit eines einzigen Menschen dazu gezwungen, das vorgenommene Werk aufzugeben! Oh, ihr Sänger, die ihr nicht singt, ihr seid also auch Götter! ...

Die Gesellschaft war in großer Verlegenheit, wie sie dieses Finale, das eine halbe Stunde dauert, auf dem Programm ersetzen sollte; mit einer eingeschobenen Probe, die das Orchester und der Chor freundlicherweise noch am Morgen des Konzerttages mitmachten, brachten wir es zustande. Die Ouvertüre zu »König Lear«, die das Orchester gut beherrschte, und das Offertorium meines Requiems, in dem der Chor nur einige Noten zu singen hat, wurden an Stelle des Bruchstückes aus »Romeo« gesetzt und am Abend auf das befriedigendste ausgeführt. Ich muß sogar hinzufügen, daß der Satz meines Requiems eine Wirkung hervorbrachte, die ich nicht erwartet hatte und mir das unschätzbare Lob Robert Schumanns eintrug, eines der mit Recht berühmtesten Komponisten und Kritiker Deutschlands!

Einige Tage später erntete ich mit dem gleichen Offertorium ein Lob, auf das ich noch viel weniger hatte rechnen können. Das kam so: Ich war in Leipzig wieder krank geworden, und als ich bei meiner Abreise den Arzt fragte, was ich ihm für seine Behandlung schuldig sei, antwortete er mir: »Schreiben Sie mir auf dieses Blatt Papier das Thema Ihres Offertoriums mit Ihrer Unterschrift, und ich werde noch Ihr Schuldner bleiben; nie hat mir ein Musikfest solchen Eindruck gemacht!«

Ich zögerte ein wenig, die Bemühungen des Doktors auf solche Art zu bezahlen, allein er bestand darauf; der Zufall gab mir Gelegenheit, sein Kompliment durch ein anderes, besser verdientes zu erwidern, und – werden Sie es glauben können – ich war einfältig genug, sie nicht auszunutzen. Ich schrieb oben auf die Seite: »Herrn Clarus«. »Carus«, sagte er, »Sie schreiben meinen Namen mit einem überflüssigen L.« Sofort dachte ich: Patientibus Carus sed Clarus inter doctos und wagte nicht, es zu schreiben ... Es gibt Augenblicke, in denen ich von seltener Dummheit bin.

# »Ich hatte den Kopf voll Lektüre …«

## *Buchhandels- und Verlagsstadt*

# Der Leipziger Buchdruckereid von 1589

*Buchdrucker Eydt.* Nachdem der Churfürst zu Sachßen etc. Vnser gnedigster Herr an die löbliche Vniuersitet, vnd einen Erbaren Rathe alhier gnedigst beuhelich ergehen laßen, Das Inhalts der Vniuersitet Statuten hinfuro ohne vorwißen vnd bewilligung des Rectoris, vnd der Vier Faculteten Decanen, Auch der ganzen Facultet, darein die geschriebene materia gehörigk durchaus nichts gedruckt werden, vnd derwegen die Buchdrukker alhier des *druckens* halben, nicht allein dem Rathe, Sondern auch der Vniuersitet mit Pflichten zugethan und vorwandt sein sollen, Alß schwere ich hiermit, Das ich in meiner Druckerey ohne itzgedachter Hern der Vniuersitet, *auch des Raths außdruckliche nachlaßung*, vnd derselben bescheinung nichts auflegen, noch drucken laßen, auch tüchtige Correctores so der Sprachen, in welcher die materia geschrieben, vnd zudrucken gesucht, kundigk vnd erfahren, bey meiner Druckerey vorordnen vnd halten will. Als mir Gott helfe.

*Friedrich Nicolai*

# Die Welt der Bücher

Sebaldus hatte seine Mobilien größtenteils verkauft und das daraus gelösete wenige Geld Marianen zur nötigen Einrichtung mitgegeben. Er hatte sich in den Zustand jenes Philosophen versetzt, daß er alles das Seinige bei sich tragen konnte. Nunmehr bestand er darauf, auf irgendeine Art und wo möglich außer der Stadt, in der seine Feinde wohnten, selbst seinen Unterhalt zu verdienen.

Nach einiger Überlegung nahm ihn Hieronymus mit sich, als er nach Leipzig zur Messe reisete, wo er ihm bald bei einigen großen Buchdruckereien die Stelle eines Korrektors verschaffte. Sebaldus mietete eine kleine Dachstube im sechsten Stockwerke und war, obwohl bei dürftigem Auskommen, überaus vergnügt mit seinem Zustande, weil er nur ein Drittel des Tages mit Korrekturen zu tun hatte und die übrige Zeit auf seine apokalyptische Erklärung wenden konnte, die ihm wie ein alter Freund in seinen Widerwärtigkeiten nur noch lieber geworden war. [...]

Neben der Dachstube des Sebaldus wohnte ein alter Magister, mit dem er bald bekannt und in kurzem vertraut wurde, weil es sich äußerte, daß derselbe, so wie er, an der Ewigkeit der Höllenstrafen zweifelte. Dieser Mann besaß gründliche Kenntnisse der alten Sprachen und alles dessen, was zur Philologie gehört. Er hatte die alten griechischen Philosophen fleißig gelesen und sie mit den Schriften neuerer Philosophen verglichen, wodurch er sich gute Einsichten in die Philosophie erwarb. Aber weil seinen Kenntnissen der Zuschnitt nach der Mode fehlte und weil er überaus schüchtern und ängstlich war, sobald er mit Menschen reden sollte, so hatte er sich nie getrauet, um ein Amt, selbst nicht um ein Schulamt anzuhalten; man würde es ihm vielleicht auch nicht gegeben haben. Er war daher als Korrektor bei verschiedenen Buchdruckereien grau geworden. Er kannte alle Vorfälle des Verleger- und Autorgewerbes. Denn gleichwie ein Lichtputzer in der Komödie zuweilen einen stummen Staatsminister oder einen Lakaien, der ein paar Worte redet, vorstellen muß, so war auch er, obgleich eigentlich nur ein Korrektor, dennoch von seinem Verleger oft zum Übersetzer, ja wohl gar zum Schreiber einer zuverlässigen Nachricht oder schrift- und vernunftmäßiger Gedanken gebraucht worden.

Einige Tage nach Sebaldus' Ankunft besuchte ihn der Magister, um den Abend bei einer sehr frugalen Abendmahlzeit zu verplaudern. Der Magister fragte, wie ihm Leipzig gefiele. Sebaldus, der nichts für merkwürdig hielt, was nicht einem Buche ähnlich sah, hatte auch in Leipzig nichts als die vielen Buchdruckereien und Buchläden bemerkt. Ihm war gar nicht in die Augen gefallen, ob die Einwohner den Rang oder die Bequemlichkeit liebten, ob sie gesellig oder steif wären, ob die Damen lieber geputzt als schön zu sein suchten, ob die Studenten ein soldatisches oder ein gelehrtes, ein liederliches oder ein galantes Ansehen affektierten, ob die Jungemägde Niedlichkeit und Artigkeit für den ersten Zweck ihres Daseins hielten oder nicht. Ihm war nie in den Sinn gekommen, zu untersuchen, wie etwa die Bauart der Häuser den Zweck der Eigentümer, bei wenigem Platze ihre Wohnungen bequem zu machen, verraten möchte, welchen Beweis des ehemaligen Wohlstandes der Einwohner die vielen schönen Gärten und Gartenhäuser in den Vorstädten darböten und ob daselbst Reichtum und Kenntnis des Schönen mit gleichen Schritten fortgegangen sei. Er hatte sich auf den Straßen nie umgesehen, und es war ihm nie eingefallen zu erörtern, ob das Homannische Haus oder die Waage schöner gebauet sei, ob am Erker des Romanusschen Hauses mit Rechte zwei übereinanderstehende Säulenordnungen auf einem Kragsteine ruhen oder ob im Großbosischen Garten die fleißige Kunst die schönsten Anlagen der Natur verderbt habe. Den Richterschen, damals den schönsten Garten in den Leipziger Vorstädten, hatte er ebensowenig als die reizende Aussicht aus demselben nach dem Zschocherschen Hölzchen gesehen. Er hatte nie daran gedacht, ins Rosenthal zu gehen, die schöne Gegend hinter Raschwitz war ihm nicht zu Gesichte gekommen, und von den Linkischen, Winklerischen und Richterischen Kabinetten hatte er nicht einmal reden hören. Weil die Ratsbibliothek und die Universitätsbibliothek, die einzigen Gegenstände seiner Neugierde, in der Messe nicht offen waren, so hatte er alle Tage seines Aufenthalts in Leipzig damit zugebracht, von Buchdruckerei zu Buchdruckerei und von Buchhandlung zu Buchhandlung zu wandern. Noch ganz voll von diesen Gegenständen, rief er aus:

»Wie sollte mir Leipzig nicht gefallen, der echte Sitz der Gelehrsamkeit, die wahre Stapelstadt gelehrter Kenntnisse, welche aus Deutschland hier eingesammelt und von hier aus allen anderen deutschen Provinzen wieder mitgeteilet werden! Hier sieht man die unzählbaren Früchte der Nachtwachen einer großen Anzahl gelehrter Männer, welche, nachdem sie jahrelang ihren Geist durch Lektur mit allen nützlichen Kenntnissen bereichert und durch unermüdetes Nachdenken vervollkommnet haben, nun ihre Schriften der Welt mitteilen und sie dadurch zu erleuchten suchen. Wenn ich die hiesigen unermeßlichen Bücherniederlagen betrachte, wird mir die unausgesetzte Geschäftigkeit der Gelehrten recht ehrwürdig. Ich hätte nie gedacht, daß so viele Bücher in der Welt wären, als ich hier beisammen finde, noch weniger, daß jährlich einige hundert oder tausend hinzukommen.«

Magister: Und darüber freuen Sie sich? Ich nicht. Sie kommen mir vor wie ein hungriger Ankömmling an einer reichbesetzten Tafel, der den großen Vorrat von Speisen sieht und schon überschlägt, wie gut er sich mit diesen herrlich aussehenden Nahrungsmitteln füttern wolle. Ich bin einer von den Gästen, die schon oft an dieser Tafel saßen und schon oft hungrig aufstanden. Einige Speisen hatten einen sehr widrigen Hautgout, andere schmeckten angenehm, aber waren äußerst unverdaulich, andere waren nicht gar gekocht, andere verräuchert und andere bloße Schauessen. Endlich blieb ich zu Hause, aß mein Stück Käse und Brot und verwünschte alle Köche.

Sebaldus: Aber ist es nicht ein herrliches Schauspiel, eine so große Menge gelehrter Werke zusammen zu sehen, wodurch doch, durch jedes in seiner Art, die Menschen klüger, gelehrter, weiser, tugendhafter, kurz, besser werden?

Magister: Ein Schauspiel wie manches andere, von dem uns die Einbildungskraft, ehe wir es sehen, die angenehmsten Vorstellungen macht. Wer wie Sie vom Lande, aus der Einsamkeit kommt, ist sehr geneigt, sich durch jeden ersten Glanz blenden zu lassen und alles für schöner anzusehen, als es ist. Mein lieber Freund, wenn die Gelehrten durch ihre Bücher sonst nichts zu erlangen suchten, als was Sie da sagen, so würden neun Zehnteile der Bücher nie geschrieben werden. Wie die Menschen klüger, weiser und besser werden sollen? Ich wette, daran haben vierzehn Fünfzehnteile der Schriftsteller, deren Werke die Messe zur Messe machen, gar nicht gedacht. Sie haben ganz andere Absichten zu erlangen und ganz andere Bedürfnisse zu befriedigen!

Sebaldus: Welche könnten die sein? Ein Gelehrter hat freilich viele Absichten und Bedürfnisse als Mensch mit anderen Menschen gemein. Was könnte er aber als Gelehrter für ein anderes Bedürfnis haben, als seinen Geist durch alle nützliche Kenntnisse aufzuklären, und, wenn er erleuchteter ist als andere, was folget natürlicher drauf als die Absicht, anderen seine Kenntnisse mitzuteilen, das heißt ein Schriftsteller zu werden?

Magister: Die Folge scheint so natürlich! Gleichwohl muß sie nicht notwendig sein, denn gewiß sehr viele Schriftsteller haben nicht untersucht, ob ihr Geist aufgeklärt genug sei, noch weniger, ob er aufgeklärter sei als der Geist anderer Leute, und gleichwohl sind sie Schriftsteller in bester Form und, wenn Zeitungslob und Eigenlob etwas gilt, große berühmte Schriftsteller. Hingegen haben wir beide, Sie, mein Freund, und ich, von Jugend auf gearbeitet, unsere Kenntnisse zu erweitern und vollkommner zu machen, und ich darf sagen, wir wissen auch, daß wir manche Sachen besser einsehen als manche andere Leute, und gleichwohl dürften wir beide vielleicht nie Schriftsteller werden.

Sebaldus: Ich weiß nicht, was Sie zu tun willens sind. Ich aber, ich muß es mit einiger Schüchternheit gestehen – ich arbeite schon seit vielen Jahren an einem Kommentare über die Apokalypse.

Magister: Über die Apokalypse? Da sind Sie bei mir mehr als jemand im Verdachte, daß nicht allein die von Ihnen vorher angeführten schönen Absichten, sondern einige kleine Nebenabsichten Sie zum Schriftsteller machen?

Sebaldus: Ich bin mir keiner Nebenabsichten bewußt. Welche könnte ich auch haben?

Magister: Ich weiß nicht. Vielleicht ein wenig Ruhmsucht. Sie wollen der Welt gern etwas Neues und Scharfsinniges sagen, denn etwas dem menschlichen Geschlechte Nützliches werden Sie doch schwerlich sagen können. Die Apokalypse ist eine dickschalige Zitrone, woraus so viele hundert Kommentatoren den wenigen Saft schon längst ausgepreßt haben.

Sebaldus: Wenn sie keinen Saft in sich hat, so könnte sie doch vielleicht noch Öl enthalten. Glauben Sie nicht, es würde dem menschlichen Geschlechte wichtig sein, wenn ich zeigte, daß alles, was man bisher über dies seit vielen Jahrhunderten vielen Menschen so wichtig scheinende Buch geschrieben hat, alberne Fratzen sind, voller Unsinn, auf Kosten des gesunden Menschenverstandes, der Religion und der Geschichte gesagt? Wäre es nicht ein Verdienst, soviel Lügen um ihr Ansehen zu bringen, wenn ich auch nur wenig Wahrheit an die Stelle setzen könnte? Und gleichwohl, ohne ruhmredig zu sein, versichere ich, die erfüllten historischen Weissagungen aus der Geschichte anzuzeigen und von einigen wenigen noch unerfüllten solche Mutmaßungen an die Hand zu geben, die selbst Königen und Fürsten nicht gleichgültig sein dürften. Dennoch schätze ich diese meine historischen Entdeckungen sehr gering gegen diejenigen, die etwas beitragen können, den moralischen Zustand des Menschen zu verbessern. Wie, wenn ich nun aus diesem Buche von dem künftigen Zustande der Auserwählten die sichersten Schlüsse ziehen, wenn ich – hier funkelten dem ehrlichen Sebaldus die Augen – aus demselben die Lehre, die Sie wie ich verabscheuen, die Ewigkeit der Höllenstrafen, gänzlich widerlegen und deutlich zeigen könnte, wie in Gottes Haushaltung alle Bestrafung auf Besserung abzielen muß und wird – könnte dies dem menschlichen Geschlechte gleichgültig sein?

Magister: Mein Freund, Sie haben wirklich eine gute Anlage zum Schriftsteller. Sie kommen in Feuer, wenn Sie von Ihrem Buche reden. Doch es scheint mir, indem Sie beweisen wollen, daß die Ruhmsucht nicht der Bewegungsgrund Ihres Schreibens ist, so rühmen Sie sich so sehr, als man sich rühmen kann.

Sebaldus: Den Ruhm, der aus einer wohlgelungenen Ausführung eines nützlichen Unternehmens entspringt, verachte ich gar nicht. Er ist jedem rechtschaffenen Manne angenehm und kann mit der Begierde, der Welt zu nützen, sehr wohl bestehen; und so wird es vermutlich auch wohl mit den Nebenabsichten sein, die Sie andern Schriftstellern schuld geben.

Magister: Nicht völlig ebenso. Die meisten Schriftsteller

schreiben, um bekannt zu werden, ein Amt zu erschreiben, einem Patron ein Buch zu dedizieren, einen Freund zu erheben oder einen Feind zu erniedrigen. Ob die Welt von ihren Büchern Nutzen oder Schaden habe, kümmert sie wenig, wenn sie nur ihren Privatendzweck erreichen.

Sebaldus: Den können sie aber nicht erreichen, wenn sie nicht zugleich etwas Nützliches schreiben. Denn es kann doch niemand so unverschämt sein, ein Buch herauszugeben, um etwas Bekanntes oder Langweiliges oder Nichtsbedeutendes zu sagen.

Magister: Das sollte freilich nicht sein! Wie will es aber ein armer Schriftsteller machen, wenn er nichts Neues, Interessantes und Wichtiges zu sagen hat und doch ein Buch schreiben soll. Meinen Sie nicht, daß ein wichtiges und nützliches Buch viel Geschicklichkeit erfordere, daß man sehr viel mehr wissen müsse, als was man sagt, daß man vorher alles nachlesen müsse, was andere bekannte Schriftsteller über diese Materie geschrieben haben, daß man sich aber doch nicht müsse merken lassen, wieviel man gelesen habe, daß man seine ganze Materie wohl überlegen und anordnen müsse und daß zu allem diesem sehr viel Zeit und Arbeit gehöre?

Sebaldus: Allerdings!

Magister: Meinen Sie aber, daß derjenige, der bekannt werden, ein Amt erschreiben, seinem Patron ein Buch dedizieren, seinen Freund erheben oder seinen Feind erniedrigen will, allemal Geschicklichkeit haben werde oder viel Zeit und Arbeit werde anwenden können?

Sebaldus: Nein! Wenn aber dies nicht ist, so muß er auch gar kein Buch schreiben, denn den wahren Hauptzweck des Schriftstellens unwichtigen Nebenzwecken aufzuopfern ist eines wahren Gelehrten ganz unwürdig.

Magister: Ja freilich, eines Gelehrten! Aber ein Schriftsteller kann es im Laufe seines Gewerbes nicht so genau nehmen.

Sebaldus: Ich weiß nicht, wie Sie sprechen. Ein Buchdrucker oder ein Buchhändler mag ein Gewerbe mit Büchern haben, aber ein Schriftsteller ist ein Gelehrter. Der will der Welt nützliche Kenntnisse mitteilen, der will Wahrheit und Weisheit befördern.

Magister: Ihre Einbildungskraft, mein liebster Freund, fliegt noch ziemlich hoch; lassen Sie sich herunter und kommen Sie der Erde näher. Der größte Haufen der Schriftsteller von Profession treibt ein Gewerbe so wie die Tapetenmaler oder die Kunstpfeifer und sieht die wenigen wahren Gelehrten fast ebenso für zudringliche, unzünftige Pfuscher an als jene Handwerker einen Mengs oder Bach. Durch solches Gewerbe und nicht aus Begierde, das menschliche Geschlecht zu erleuchten, entsteht die unsägliche Menge von Büchern, welche Sie so bewundern; denn Leipzig ist freilich seit mehr als hundert Jahren die Stapelstadt der Waren der gelehrten Handwerker.

Sebaldus: Sie haben ein sonderbares Vergnügen daran, Wörter zusammenzusetzen, deren Begriffe offenbar miteinander streiten. Gelehrsamkeit ein Handwerk? Bücherschreiben ein Gewerbe?

Magister: Allerdings, und zwar ein solches Gewerbe, worin jeder den Nutzen so sehr auf seine Seite zu ziehen sucht, als nur möglich ist. Der Autor will gern dem Verleger sowenig Bogen Manuskript als möglich für soviel Geld, als möglich ist, überliefern. Der Verleger will gern so viele Alphabete als möglich so wohlfeil als möglich einhandeln und so teuer als möglich verkaufen. Der Autor will gern sowenig Zeit, Mühe, Überlegung und Geschicklichkeit an sein Buch wenden und doch soviel Ruhm, Belohnung, Beförderung von der Welt einernten als möglich. Zu dem letzten sind leider nur allzuviel Mittel vorhanden!

Sebaldus: Sie sagen mir da so unerhörte Sachen, daß ich vor großem Erstaunen mich fast nicht getraue, ein Wort dagegen einzuwenden, und doch ist mir alles unbegreiflich. Was für Mittel können vorhanden sein, Ruhm und Belohnung durch ein Buch zu erlangen, worin man keine Talente zeigt und worauf man wenig Zeit gewendet hat?

Magister: Ei, sehr viele! Zum Beispiel ein Professor muß Amts wegen ein Kollegium lesen, dazu schreibt er ein besonderes Kompendium der ganzen Wissenschaft. Dies kostet wenig Zeit und Mühe, erfordert auch wenig Talente, und doch gibt's bei den Studenten das Ansehen, als hätte man die Sachen ergründet, und bei der Welt das Ansehen, als könne man ein Buch schreiben.

Sebaldus: Aber die Welt kann doch unmöglich ein bloßes Kompendium einer bekannten Wissenschaft für ein Buch ansehen?

Magister: Die deutsche Welt ist gutwillig, sie hat sich schon sehr viele Kompendienschreiber für Schriftsteller aufdringen lassen. Und es weiß mancher Lehrer noch wirtschaftlicher mit seinem Pfunde zu wuchern! Will das Kompendium nicht Ruhm genug bringen, so läßt man einen Teil des Diskurses oder der Amplifikation des Kompendiums unter einem Modetitel drukken, und dann ist man ein Schriftsteller in bester Form.

Sebaldus: Ja, aber doch sind, meines Erachtens, Studenten und Leser sehr unterschieden.

Magister: Ja freilich, darum werden auch die Stadthistörchen, die Anspielungen auf die Herren Kollegen, die Schwänke, womit die Benevolenz der Herren Kommilitonen kaptiviert werden soll, weggelassen, wenigstens von denen, die Kenntnis der Welt und Lebensart im Munde führen.

Sebaldus: Das ist ganz gut! Aber ich dächte doch, der ganze Ton müßte verändert werden. Ein Lehrer kann voraussetzen, daß er mehr Einsichten habe als seine Zuhörer; deswegen kann er ihnen manches sagen, was er nicht füglich den Lesern sagen darf, weil er vermuten muß, daß darunter viele sein möchten, die ebensoviel und mehr Einsichten haben als er.

Magister: Sehr wenige Professoren denken so fein wie Sie! Ich kenne mehr als einen, der in seinen Schriften seine Leser völlig ebenso im Lehrertone anredet, als ob sie lauter junge Studenten wären.

Sebaldus: Das befremdet mich sehr. Ich wenigstens, wenn ich in dem Falle wäre, würde mir immer vorstellen, daß die erleuchtetsten Leute meiner Zeit meine Leser sein könnten und welche armselige Figur ich gegen sie machen müßte, wenn ich ihnen ganz bekannte Sachen vordozieren wollte, die sie viel besser wüßten! Überhaupt, dächte ich, ein Lehrer in einem Kollegium für junge Leute müsse sich nach dem Verständnisse des Geringsten unter seinen Zuhörern bequemen, hingegen ein Schriftsteller suche hauptsächlich den Verständigsten unter seinen Lesern zu gefallen, daher könne das beste Kollegium nicht leicht ein gutes Buch werden.

Magister: Ei, Sie machen sich die rechten Schwierigkeiten! Wissen Sie hiemit: Was gedruckt werden kann, kann ein Buch werden. Eine Dissertation, eine Prolusion, eine Oration, ein Programma, ein Oster- oder Pfingstanschlag, den ein Schulmann oder Professor amtshalber schreiben muß, ist ja wohl noch weniger ein Buch.

Sebaldus: Ich wenigstens halte die Verfertigung solcher Aufsätze für ein Opus operatum, wobei gewöhnlicherweise mehr die Hand als der Kopf in Bewegung gesetzt wird.

Magister: Oh, man kann ein Schriftsteller von vielen Bänden werden, ohne den Kopf sonderlich anzustrengen! Was denken Sie wohl zum Beispiel von einem Prediger, der seine gehaltene Predigten drucken läßt?

Sebaldus: Wenn meine Gemeinde die meinigen verlangte, würde ich sie sehr gern zu ihrem Gebrauche drucken lassen; denn warum sollte ich ihr nicht schriftlich sagen, was ich ihr mündlich sagte? Aber auch nur bloß für sie sollten meine Predigten gedruckt werden. Ich habe mich in meinen Vorträgen immer besonders nach den Umständen meiner gewöhnlichen Zuhörer gerichtet. Nun würde ich immer denken, die Welt möchte sowenig nutzen können, was ich bloß meiner Gemeinde zu sagen hatte, als das, was ich als Vater meinen Kindern zu ihrem bessern Verhalten einschärfe.

Magister: Vielleicht würde doch die Welt das, was Sie so bescheiden ankündigen, mit mehrerm Nutzen lesen als die Predigten der Herren, welche die ganze Welt für ihre Diözese halten.

Sebaldus: Es kann sein, daß auch etwas Gemeinnütziges darin wäre, aber doch würde das Bändchen, das ich mir der Welt vorzulegen getraute, immer sehr klein sein.

Magister: Das Bändchen? Weder Johann Melchior Goeze noch Johann Andreas Cramer haben mit dem vierzehnten Bande aufgehört.

Sebaldus: Wie? Vierzehn Bände Predigten? Dazu gehört mehr Herz, als ich habe!

Magister: Freilich, Sie haben viel Bedenklichkeiten. Wenn Sie eine Dedikation an einen Patron zu machen hätten und Sie könnten kein Buch schreiben, so dächten Sie auch wohl nicht daran, das erste beste alte Buch wieder drucken zu lassen und es Ihrem Gönner zuzueignen?

Sebaldus: Ich dächte, der Patron würde mir wenig danken, wenn ich ihm anstatt etwas Neues nur etwas Aufgewärmtes vorsetzte.

Magister: Als wenn der Patron nicht zufrieden sein müßte, daß sein Namen vor dem Buche stehet, und als wenn er es auch noch würde lesen wollen! Genug, mancher Journalist wird Ihnen danken, daß Sie durch die neue Herausgabe unserer Literatur einen so großen Dienst geleistet haben! Und Sie können als ein noch wichtigerer Mann erscheinen, wenn Sie dem Buche eine Vorrede vorsetzen, um es durch Ihren Namen der Welt anzupreisen.

Sebaldus: Wenn man aber nicht wirklich sehr berühmt ist, so

gehört viel Scharlatanerie dazu, so eine vornehme Miene zu affektieren.

Magister: Ja, wenn Sie Ihren Namen selbst nicht für berühmt halten, so sind Sie auf gutem Wege, ihn nie berühmt zu machen. Ich merke wohl, Sie wollen inkognito arbeiten; damit ist Ihnen auch zu dienen. Da ist mehr als ein Buchhändler, der seinen Autoren aufträgt, was er für verkäuflich hält: Geschichte, Romane, Mordgeschichten, zuverlässige Nachrichten von Dingen, die man nicht gesehen hat, Beweise von Dingen, die man nicht glaubt, Gedanken von Sachen, die man nicht versteht. Zu solchen Büchern bedarf der Verleger keine Autoren, die einen Namen haben, sondern solche, die nach der Elle arbeiten. Ich kenne einen, der in seinem Hause an einem langen Tische zehn bis zwölf Autoren sitzen hat und jedem sein Pensum für Tagelohn abzuarbeiten gibt. Ich leugne es nicht – denn warum sollte ich Armut für Schande halten? –, ich habe auch an diesem langen Tische gesessen. Aber ich merkte bald, daß ich zu diesem Gewerbe nichts taugte, denn ich kann zwar ohne Gedanken eine Korrektur lesen, aber nicht ohne Gedanken Bücher schreiben; und bei solchen Büchern ist immer der am angenehmsten, der am geschwindesten schreibt, auch wenn er am schlechtesten schriebe.

Sebaldus: Am schlechtesten? Da handelt ja der Verleger wider seinen eigenen Vorteil; denn was kann die Welt mit den schlechten Büchern machen!

Magister: Was geht den Verleger die Welt an? Er bringt sein Buch auf die Messe.

Sebaldus: Nun – und durch die Messe kommen die Bücher in die Welt.

Magister: Freilich, nur mit dem Unterschiede, daß sie vorher vertauscht werden und daß also der Verleger am besten daran ist, der die schlechtesten Bücher hat, weil er leicht etwas Bessers bekommt.

Sebaldus: Aber denn müssen doch einigen Buchhändlern die schlechtesten Bücher bleiben, und die bedaure ich.

Magister: Weswegen? Es ist ihnen ja unbenommen, Narren zu suchen, die aus dem schlechtesten Buche klug zu werden denken oder die es um Gottes willen lesen, wie mein alter Konrektor wollte, daß ich die schlechten Prediger hören sollte.

Sebaldus: Nun fängt mir an ein Licht aufzugehen! So könnte es ja wohl der Vorteil der Buchhändler erfordern, zuweilen schlechte Bücher zu verlegen?

Magister: Dies mag wohl sein; wenigstens scheint es nicht, als hätten sie nötig, sich sonderlich darum zu bekümmern, ob die Bücher gut sind oder nicht.

Sebaldus: Ja, wenn wahr ist, was Sie sagen, so würde ich freilich von der Menge der nützlichen Bücher, über deren Dasein ich mich gefreuet habe, alle abziehen müssen, welche die Konvenienz der Schriftsteller und die Laune der Buchhändler zur Welt bringt.

Magister: Und rechnen Sie immer auch den größten Teil der ungeheuer großen Anzahl von Büchern ab, womit Deutschland vermittelst unserer Übersetzungsmanufakturen überschwemmt wird.

Sebaldus: Habe ich recht gehört? Übersetzungsmanufakturen? Was soll denn das bedeuten?

Magister: Manufakturen, in welchen Übersetzungen gemacht werden, das ist ja deutlich.

Sebaldus: Aber Übersetzungen sind ja keine Leinwand oder keine Strümpfe, daß sie auf einem Stuhle gewebt werden könnten.

Magister: Und doch werden sie beinahe ebenso verfertigt, nur daß man wie bei Strümpfen bloß die Hände dazu nötig hat und nicht wie bei der Leinwand auch die Füße. Auch versichere ich Sie, daß keine Lieferung von Hemden und Strümpfen für die Armee genauer bedungen wird und richtiger auf den Tag muß abgeliefert werden als eine Übersetzung aus dem Französischen, denn dies wird in diesen Manufakturen für die gemeinste, aber auch für die gangbarste Ware geachtet.

Sebaldus: Alles, was Sie sagen, scheint mir unerhört. Also gibt es unter den Übersetzungen und unter den Übersetzern auch wohl einen Rang oder Unterschied?

Magister: Allerdings! Ein Übersetzer aus dem Engländischen ist vornehmer als ein Übersetzer aus dem Französischen, weil er seltner ist. Ein Übersetzer aus dem Italienischen läßt sich schon bitten, ehe er zu arbeiten anfängt, und läßt sich nicht allemal den Tag vorschreiben, an dem er abliefern soll. Einen Übersetzer aus dem Spanischen findet man fast gar nicht, daher kömmt es, daß zuweilen Leute aus dieser Sprache übersetzen, die gar nichts davon verstehen. Übersetzer aus dem Lateinischen und Griechischen sind häufig, werden aber gar nicht gesucht, bieten sich daher mehrenteils selbst an. Außerdem gibt's auch Übersetzer, die zeitlebens gar nichts anders tun als übersetzen; Übersetzer, die ihre Übersetzungen in Nebenstunden zur Erholung machen wie Frauenzimmer die Knötchenarbeiten Marly und Filet. Vornehme Übersetzer, diese begleiten ihre Übersetzungen mit einer Vorrede und versichern die Welt, daß das Original sehr gut sei; gelehrte Übersetzer, diese verändern es, begleiten es mit Anmerkungen und versichern, daß es sehr schlecht gewesen, daß sie es aber mit deutschem Fleiße erst vortrefflich gemacht hätten. Es gibt sogar Übersetzer, welche durch Übersetzungen Originalschriftsteller werden. Diese nehmen ein französisches oder engländisches Buch, lassen Anfang und Ende weg, ändern und verbessern das übrige nach Gutdünken, setzen ihren Namen keck auf den Titel und geben das Buch für eigene Arbeit aus. Endlich gibt es solche, die ihre Übersetzungen selbst machen, und solche, die sie von andern machen lassen.

Sebaldus: Sie vergessen, dünkt mich, noch einen wichtigen Unterschied: unter Übersetzern, welche der Sachen und beider

Sprachen kundig, und solchen, welche beider unkundig sind. Ich wenigstens glaube einen großen Unterschied dieser Art bei den Übersetzern der Apokalypse bemerkt zu haben.

Magister: Vielleicht mag die Kenntnis der Sachen und Sprachen bei der Apokalypse einen merklichen Unterschied machen, aber bei unsern gewöhnlichen Übersetzungen aus dem Französischen und Engländischen wird so genau darauf nicht geachtet.

Sebaldus: Und doch, dächte ich, müßte besonders der Verleger seines eigenen Nutzens wegen acht darauf haben.

Magister: Keineswegs! Hieran denkt er gemeiniglich gar nicht oder sehr wenig. Hat er etwa drei Alphabete in Großoktav oder in Großquart zu Komplettierung seiner Messe noch nötig, so sucht er unter allen neuen, noch unübersetzten Büchern von drei Alphabeten dasjenige aus, dessen Titel ihm am besten gefällt. Ist sodann ein Arbeiter gefunden (welches eben nicht schwer ist), der noch drei Alphabete bis zur nächsten Messe übernehmen kann, so handeln sie über den armen Franzosen oder Engländer wie zwei Schlächter über einen Ochsen oder Hammel nach dem Ansehen oder auch nach dem Gewichte. Wer am teuersten verkauft oder am wohlfeilsten eingekauft hat, glaubt, er habe den besten Handel gemacht. Nun schleppt der Übersetzer das Schlachtopfer nach Hause und tötet es entweder selbst oder läßt es durch den zweiten oder dritten Mann töten.

Sebaldus: Durch den zweiten oder dritten Mann? Wie ist das zu verstehen?

Magister: Das ist eben das Manufakturmäßige bei der Sache. Sie müssen wissen, es gibt berühmte Leute, welche die Übersetzungen im großen entreprenieren, wie ein irländischer Lieferant das Pökelfleisch für ein Geschwader, und sie hernach wieder an ihre Unterübersetzer austeilen. Diese Leute erhalten von allen neuen übersetzbaren Büchern in Frankreich, Italien und England die erste Nachricht, wie ein Makler in Amsterdam Nachricht von Ankunft der ostindischen Schiffe in Texel hat. Alle übersetzungsbedürftigen Buchhändler wenden sich an sie, und sie kennen wieder jeden ihrer Arbeiter, wozu er zu gebrauchen ist und wie hoch er im Preise stehet. Sie wenden den Fleißigen Arbeit zu, bestrafen die Säumigen mit Entziehung ihrer Protektion, merzen die Fehler der Übersetzungen aus oder bemänteln sie mit ihrem vornehmen Namen, denn mehrenteils sind Unternehmer dieser Art stark im Vorredenschreiben. Sie wissen auch genau, wieviel Fleiß an jede Art der Übersetzung zu wenden nötig ist und welche Mittel anzuwenden sind, damit ihre Übersetzungen allenthalben angepriesen und dem berühmten Manne öffentlich gedanket werde, der die deutsche gelehrte Welt damit hat beglücken wollen.

Sebaldus: Sie wissen, wieviel Fleiß an eine jede Art der Übersetzung zu wenden nötig ist? Gehört denn nicht einerlei Grad von Fleiß zu jeder Übersetzung, wenn sie in ihrer Art gut sein soll?

Magister: Keinesweges! Dies kann nach den Umständen sehr verschieden sein. Zum Beispiel zu theologischen Büchern tut gemeiniglich ein hochwürdiger Herr einem Buchhändler den Vorschlag, sie unter seinem Namen und mit seiner Vorrede übersetzen zu lassen; es versteht sich aber, daß er das Buch nicht selbst übersetzt, sondern er gibt es gegen zwei Dritteile der mit dem Verleger abgeredeten Bezahlung an einen seiner Arbeiter ab.

Dieser verdingt es gemeiniglich gegen drei Vierteile dessen, was ihm der hochwürdige Herr gönnen will, an einen dritten, der es zuweilen, wenn die Manufaktur stark gehet, an einen vierten gegen fünfzehn Sechzehnteile dessen, was er bekommt, abläßt. Dieser übersetzt es wirklich, so gut oder schlecht er kann. Bei dicken Beweisen, daß der Messias schon gekommen ist, bei biblischen Geschichten in zwölf Bänden, bei voluminösen Dogmatiken, bei Predigten, aus dem Französischen oder

Engländischen übersetzt, kann dies ohne Bedenken gewagt werden; denn die Leser solcher Bücher merken nicht, ob irgendwo etwas falsch übersetzt sei; und die theologischen Kunstrichter sind nicht so schlimm, daß sie durch den Namen eines berühmten Vorredners oder durch ein höfliches Schreiben eines Bruders im Herrn nicht sollten zur Duldung und Schonung einer schlechten Übersetzung bewegt werden können. Die Ausgaben der Übersetzungen historischer Werke, Reisebeschreibungen und dergleichen sind meistens das Werk der Buchhändler, die sich dazu einen wohlgebornen oder hochedelgebornen Herrn aussuchen, weil in diesem Fache die Übersetzungsunternehmer nicht so häufig sind als im theologischen Fache. Doch werden solche Übersetzungen gemeiniglich auch an Unterarbeiter ausgeteilt. Diese müssen sich aber schon mehr in acht nehmen, daß sie wenigstens die eigenen Namen richtig übersetzen und die Jahrzahlen recht abschreiben, denn auf solche Sachen lauern unsere historischen Rezensenten wie Falken. Dagegen ist auch nicht soviel daran gelegen, ob etwa die Vorstellungen der Begebenheiten und die eingestreuten Reflexionen etwas flüchtig und schielend übertragen wären; auf die Art werden sie der Schreibart einiger deutscher Geschichtschreiber desto ähnlicher, die in ihrer Freunde gelehrten Zeitungen und Journalen gewohnt sind, am lautesten gelobt zu werden! Aber neue Komödien und neue Romane muß meistens der selbst übersetzen, der als Übersetzer bekannt sein will, weil diese Bücher allzu vielen Lesern in die Hände kommen; und hier sind die Kunstrichter gleich bei der Hand und lassen sich selten durch einen berühmten Namen vom Tadel abschrecken.

Sebaldus: Ich erstaune immer mehr über das, was Sie da sagen. Es ist mir, als ob Sie von einer andern Welt redeten. Sie können auch unmöglich Deutschland im Sinne haben!

Magister: Sie vielmehr kommen aus einer andern Welt, aus der schönen Welt der Imagination, wo jeder berühmte Mann viel Verdienste hat, wo jeder Schriftsteller zu Untersuchung der Wahrheit schreibt, wo die Vorreden wahre Nachrichten vom Buche enthalten, wo niemals ein Journalist den Verfasser anschwärzt, dem er nicht wohlwill, wo kein beleidigter Schriftsteller Kabalen macht, wo ein Lehrer der Tugend auch allemal tugendhaft und ein Lehrer der Weisheit weise ist. Mein lieber Freund, träumen Sie nicht ferner, so angenehm Sie auch träumen mögen; sehen Sie um sich herum, was in Deutschland vorgeht, und Sie werden finden, was ich Ihnen sage, ist keine Erdichtung.

Sebaldus: Nun, wenn auch jemand einmal so etwas unternähme, so kann doch das Publikum nicht lange in der Verblendung bleiben; und dann wird es mit der Manufaktur bald zu Ende gehen.

Magister: Unser Publikum ist sehr nachsehend, zumal bei dicken Büchern, das heißt bei denjenigen, welche die Übersetzer von Profession am liebsten wählen. Ich versichere Sie, daß wenigstens der dritte Teil der deutschen Bücher auf diese Art fabriziert wird. Denn ich sage nicht zuviel, wenn ich behaupte, daß beinahe die Hälfte der neuen deutschen Bücher Übersetzungen sind, und ich sage gewiß zuwenig, wenn ich nur zwei Drittel der Übersetzungen als Manufakturarbeit ansehe.

Sebaldus: Gott behüte! Die Hälfte unserer neuen Bücher sind Übersetzungen! Was wird denn alles übersetzt?

Magister: Was? Bogen und Alphabete! Um den Inhalt bekümmert sich weder Verleger noch Übersetzer, zum höchsten der Leser, wenn er will und kann.

Sebaldus: Allein da wird denn auch der Leser gemeiniglich sehr unzufrieden sein.

Magister: Ach nicht doch! Die Leser der Übersetzungen sind gutwillige Seelen. Sie haben gegen alles, was schwarz auf weiß gedruckt ist, eine große Ehrerbietung. Und wenn sie auch etwas nicht recht verstehen, so nehmen sie die Schuld selbst auf sich und zählen Übersetzer und Verfasser los. Kein deutscher Leser wird das Unglück einer neuen Übersetzung machen, sowenig als noch ein deutsches Parterre jemals eine neue übersetzte Komödie ausgepfiffen hat.

Sebaldus: Aber wenn auch niemand es merket, so ist's doch einem Gelehrten unanständig, die Gelehrsamkeit bloß zu einem schimpflichen Gewerbe zu machen und die Fortpflanzung der Wahrheit und Tugend ganz aus den Augen zu setzen.

Magister: Seien Sie aus allzu großer Gerechtigkeit nicht ungerecht. Unser Vaterland kann von den Gelehrten nicht mehr fordern, als es um sie verdient. Wo ist das deutsche Land, wo ein deutscher Gelehrter als Gelehrter leben kann? Wo ist es möglich, ohne besonders glückliche Umstände die Muße zu finden, die ein Schriftsteller braucht, wenn er in seiner Kunst groß werden will? Unser bestes, wünschenswürdigstes Schicksal ist ein Amt, in dessen Erwartung wir verhungern müssen, wenn wir kein Erbteil zuzusetzen haben, und wobei wir, wenn wir es erhalten, vor vieler Amtsarbeit alle Gelehrsamkeit vergessen müssen. Die besten deutschen Schriftsteller haben zuweilen die Muße, die sie zu ihren vortrefflichsten eigenen Werken nötig hatten, durch Übersetzungen kümmerlich verdienen müssen. Es ist leider fast gar kein anderes Mittel da, um einen Gelehrten, der kein Amt hat und kein Amt bekommen kann, vor dem Hunger zu verwahren. – Verlangen Sie nicht mehr, als wir leisten können.

Sebaldus: Dies Bild der deutschen Literatur ist sehr traurig. Aber ich bleibe dennoch dabei: Entwickelung und Verbreitung der Wahrheit ist die Hauptpflicht eines Autors. Ich würde nie daran gedacht haben, einen Kommentar über die Apokalypse zu schreiben, wenn ich nicht geglaubt hätte, unbekannte, nützliche Wahrheiten entdeckt zu haben.

Magister: Die auch trotz Ihrem Kommentar unbekannt bleiben werden. Denn glauben Sie mir, Bengel ist im Besitze des apokalyptischen Reichs, woraus Sie ihn nicht vertreiben werden! Wir haben in Deutschland noch kein Beispiel, daß ein abgesetzter Dorfpfarrer gegen einen Prälaten recht behalten hätte.

Sebaldus: Ich kann über das Schicksal meines Kommentars ruhig sein. Genug, wenn ich die Wahrheit sage, so wie ich sie erkenne und weil es Wahrheit ist, nicht aber deswegen, weil ich mit einem Buchhändler einen Kontrakt gemacht habe, ihm fünfzig Bogen zu liefern. Wohin soll es mit der deutschen Gelehrsamkeit kommen, wenn der größte Teil der Schriftsteller nicht die Beförderung der Gelehrsamkeit, sondern die Beförderung seines Ruhms und Nutzens sucht?

Magister: Und wohin soll es mit der deutschen Gelehrsamkeit kommen, wenn deutsche Gelehrsamkeit in unserm eigenen Vaterlande für schimpflich gehalten wird? Ist's nicht das sicherste Mittel zu darben, wenn man sich auf Kenntnisse legt, welche unsere Mitbürger erleuchten, aber nicht ihren Wollüsten dienen oder ihren Beutel füllen können? Bleibt ein einziges Mittel übrig, dem Gelehrten, der weder Kuppler noch Plusmacher sein will, in der Welt sein Auskommen zu geben? Wenn man uns recht belohnen will, schickt man uns auf eine Universität, wo wir unsere nötigen Einkünfte von dem Wohlwollen einer unwissenden und ungezähmten Jugend suchen müssen; oder man verstößt uns in ein Amt, wozu uns alles, was wir gelernt haben, unnütz ist und wo uns wegen der edlen Empfindsamkeit, welche durch die Wissenschaften in unsern Seelen entwickelt worden, die Ausübung unserer Pflicht oft weit beschwerlicher wird als einem fühllosen Diener der Absichten jedes Gewaltigen im Lande.

Sebaldus: Ich bin ganz außer mir über alles, was ich hören muß! So schlecht sieht es mit der Gelehrsamkeit in Deutschland aus? Wie soll es dann um Wahrheit und Tugend gut stehen, wenn die Herolde derselben, die Gelehrten, nur Eigennutz und Eigenlob suchen? Wie soll unser Vaterland durch die Wissenschaften erleuchtet werden, wenn man sie zu einem niedrigen Gewerbe mißbraucht? Nein, dies ist mir ein unerträglicher Gedanke!

Magister: Geben Sie sich zufrieden! Was ist der deutschen Gelehrsamkeit damit geholfen, wenn ein paar arme Korrektoren eine unruhige Nacht haben! Wir wollen uns die Fehler unserer Literatur nicht verhehlen, aber wir wollen uns auch über das nicht abhärmen, was, ohne die Schuld unserer Gelehrten, nicht anders sein kann; es müßte sich denn in Deutschland mehr ändern, als sich so leicht ändern wird.

Hiermit gab der Magister dem Sebaldus die Hand und wünschte ihm, wohl zu schlafen.

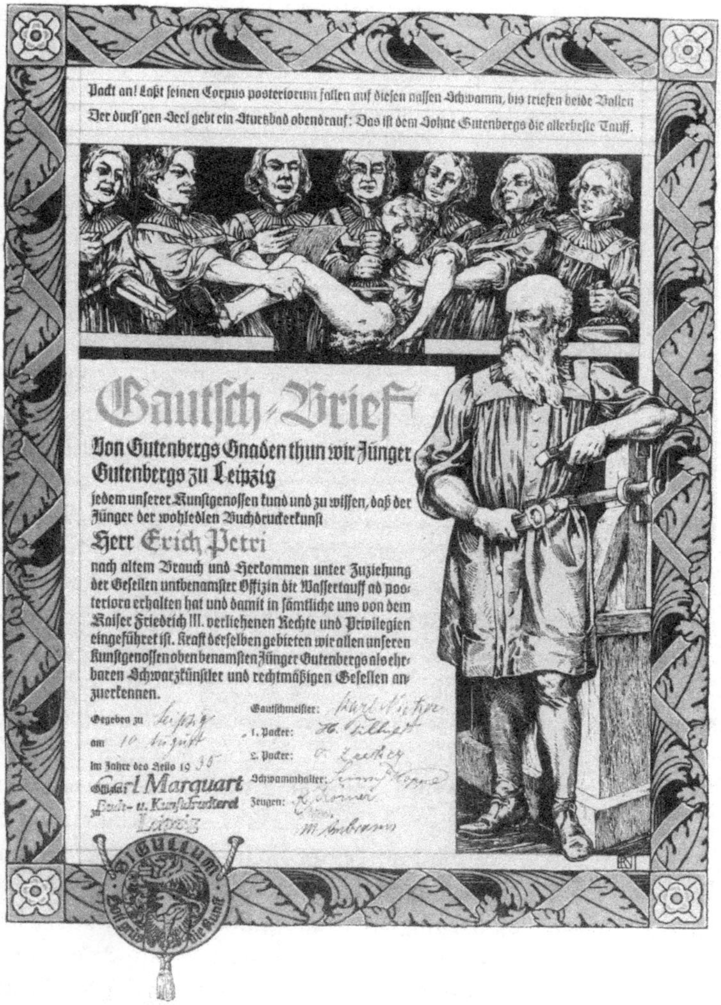

Packt an! Laßt seinen Corpus posteriorum fallen auf diesen nassen Schwamm, bis triefen beide Ballen
Der durst'gen Seel gebt ein Sturtzbad obendrauf: Das ist dem Sohne Gutenbergs die allerbeste Tauff.

Gautsch-Brief

Von Gutenbergs Gnaden thun wir Jünger Gutenbergs zu Leipzig

jedem unserer Kunstgenossen kund und zu wissen, daß der Jünger der wohledlen Buchdruckerkunst

Herr Erich Petri

nach altem Brauch und Herkommen unter Zuziehung der Gesellen untbenamster Offizin die Wassertauff ad posteriora erhalten hat und damit in sämtliche uns von dem Kaiser Friedrich III. verliehenen Rechte und Privilegien eingeführet ist. Kraft derselben gebieten wir allen unseren Kunstgenossen obenbenamsten Jünger Gutenbergs als ehrbaren Schwarzkünstler und rechtmäßigen Gesellen anzuerkennen.

Gegeben zu Leipzig

am 10. August

im Jahre des Heils 1935

Offizin Carl Marquart zu Buch- u. Kunstdruckerei Leipzig

Gautschmeister:

1. Packer:

2. Packer:

Schwammhalter:

Zeugen:

M. Anbrann

Sigillum

Gott grüß die Kunst

*Traditioneller Gautschbrief eines Buchdruckergesellen*

*Alfred Meißner*

# Der Irrtum des Verlegers

Leipzig, das jetzt einen kalten und vornehmen Eindruck auf mich macht, erschien mir, als ich im September 1846 dort eintraf, äußerst interessant, sogar romantisch. Der Charakter Leipzigs war damals noch der einer alten deutschen Stadt. Die herannahende Michaelimesse hatte eine Bretterstadt innerhalb der großen Plätze hervorgezaubert, es wogte von Menschen in den Gassen. An allen Schaubuden wurde geblasen und getrommelt. Man fand sich in diesem Wirrsal kaum zurecht. Nun hatte ich auch Moritz Hartmann lange nicht mehr gesehen, und wenn zwei Freunde einander wieder begegnen, die sich lange nicht getroffen, was gibt es da nicht alles zu erzählen! Es war eine Zeit, wo man der Idee lebte und derselben eine weltbewegende Kraft zutraute. Jeder dachte, es muß doch anders werden, und hielt es für seine Pflicht, dazuzutun, daß es also werde.

Ich hatte den Kopf voll Lektüre und wollte alle historischen Gebäude sehen. Zuerst das Haus in Gohlis, in welchem Schiller 1785 sein Lied »An die Freude« gedichtet: tiefbewegt besichtigte ich die jämmerlichen Räume, in denen ein hochgewachsener Mann wie Schiller nur barhaupt einhergehen konnte. Nun wollte ich wissen, wo Gottsched und seine Gattin Adelgunde, die Ahnfrau aller schreibenden Frauen, und wo der Studiosus Wolfgang Goethe logierte. Sogar das Wohnhaus des frommen Christian Fürchtegott Gellert und der Quandtsche Hof, dem mein Onkel entstammte, durch Zachariaes »Renommisten«

unter dem Namen des Zotischen Hofes bekannt, waren mir nicht gleichgültig.

Wir gingen ins Rosental; die Bäume dort waren noch nicht vom Herbste gestreift, das Wetter noch außerordentlich schön; ich wünschte zu erfahren, wo der Ort sei, an welchem Schrepfer von den Geistern geholt worden war. Aber niemand wußte davon.

Ich machte viele Bekanntschaften. Ich lernte Heinrich Laube kennen, der unlängst unter die Dramatiker gegangen war; er hatte die Freundlichkeit, uns beiden jungen Leuten seine eben beendeten »Karlsschüler« vorzulesen. Ich sah Gerstäcker, den schon damals vielgereisten, der in seinem Zimmer in einer Hängematte zu liegen pflegte, den sanften und boshaften Maria Oettinger, der damals für den deutschen Paul de Kock galt, aber dabei gar sentimentale, tränenfeuchte Lieder dichtete; ich lernte den biederen Ernst Willkomm, den vornehmen Gustav Kühne und den längsten aller deutschen Schriftsteller, Friedrich Saß, kennen, dem es, wenn er ins Theater ging, wiederholt passierte, daß ihm zugerufen wurde, er möge sich doch setzen, während er längst saß. Ich machte auch die Bekanntschaft Herloßsohns, des talentvollen Romanschriftstellers und vortrefflichen Menschen, dem man schon nach fünf Minuten herzlich gut sein mußte, des Mannes, den der Wein, den er so liebte, immer trauriger stimmte, bis er endlich ganz in Wehmut zerfloß, und der, wenn die Stunde, nach Hause zu gehen, endlich heranrückte, gar so schwer in seine Galoschen hineinkam. Endlich wäre noch Dr. Haltaus zu nennen, der Verfasser einer Weltgeschichte, die im Stile der nach kerniger und gedrängter Kürze strebenden Römer geschrieben war. Es wurden damals aus derselben im Kreise der Freunde viel komische Stellen zitiert. Eine derselben ist mir noch im Gedächtnis, es ist die, wo er vom Sturze des Tarquinius berichtet: »Sie stritten im Lager über die Vorzüge ihrer Frauen. Bei dem nächtlichen Ritte trug Lucretia den Sieg davon.«

Ich wohnte in einem kleinen Gasthaus, »Zur Stadt Wien« genannt, fast am Ende der Hainstraße. Der wackere Johannes Nordmann, der Dichter und Feuilletonist, war mir ein lieber Zimmernachbar. Ich hatte ein schönes, helles Erkerzimmer inne, von welchem man die Straße und die Leute, die sich unten tummelten, nach beiden Seiten übersehen konnte. Da stand ich stundenlang am Fenster.

Nach des Tages literarischen Mühen suchte man das unterirdische Leben auf und traf sich bei Ackerlein oder in Auerbachs Keller. Der Ort der wahren Einkehr ist immer ein unterirdischer. Man suchte damals keine großen, eleganten Lokale, man liebte das trauliche, enge, nachgedunkelte Stübchen. Dort in der rauchgeschwängerten Atmosphäre mundete der Wein und das »Töpfchen« Bayrisch am besten. Da war auch der »Nobiskrug«, in einem gar engen Gäßchen, zu dessen Auffindung man die Führung eines wohlbewanderten Freundes nötig hatte. Schon der Name wirkte anlockend, wenn man erst unlängst Friedrich Daumers »Geheimnisse des christlichen Altertums« gelesen und daraus erfahren hatte, daß das geheimnisvolle Wort »Nobiskrug« keineswegs von nobis abzuleiten sei (locus, ubi potus nobis concessus), sondern jedenfalls von abis, abyssus, gleichbedeutend mit Abgrund, Krypte, Ort des Greuels, Teufelswirtschaft, ein Ort, wo ehedem finstere Mysterien vollzogen worden seien.

Kuranda, der Herausgeber einer Wochenschrift, die besonders in Österreich viel gelesen wurde und alle Kräfte der dortigen liberalen Opposition in sich zu sammeln verstanden hatte, war ein geistreicher Mann und liebenswürdiger Redakteur. Er war mehr der Kapellmeister der »Grenzboten«, der das Zustandekommen eines Programms von schöner Abwechslung, das gute Ensemble und die tadellose Aufführung überwachte, weniger ein exekutierender Künstler; selten griff er selbst zur Geige. Seine Artikel schrieb er mit großer Sorgfalt, und sie waren so elegant wie seine Erscheinung. Er redigierte eigentlich auf Reisen, bald von da, bald von dort aus, und wohnte auch jetzt im Hotel de Bavière, wo der König aller Wirte, der treffliche Redslob, waltete. Kurandas Auge wachte über jeder Nummer mit zärtlicher Sorgfalt, und er sprach am liebsten davon, was das letzte Heft enthalten habe oder das nächste bringen werde. Er war mit ganzer Seele bei der Sache. Man konnte es ihm auf dreißig Schritte ansehen, wenn wieder einmal eine Feder ersten Ranges ihm ein Manuskript eingesandt. Dann trug er sein Haupt mit besonderem Schwunge, die Hand führte noch kekker als sonst das zierliche Stöckchen, die Augen strahlten von siegreichem Feuer. Er hatte damals etwas von einem kleinen provenzalischen Troubadour, und das war er auch, in der Tat. Auf seinem Zimmer, ganz allein, pflegte er die Gitarre zu spielen, er besaß auch eine angenehme Tenorstimme.

Schon in den ersten Tagen meines Aufenthaltes in der großen Buchhändlerstadt sollte ich darüber orientiert werden, was es mit den Buchhändlern auf sich habe.

Ich hatte meinen neuen Verleger geneigt gefunden, zu meinem »Ziska« die »Gedichte« zu erwerben, die vor anderthalb Jahren als dünnes Löschpapierheft erschienen waren. Ich sollte mich erkundigen, wieviel Exemplare davon noch auf Lager seien, dann könne man es vielleicht mit einer neuen, vermehrten Auflage versuchen.

Ich eilte zu meinem früheren Verleger und trug ihm mein Anliegen vor. Er gab sofort einem seiner Leute den Auftrag, die Reste abzuzählen.

Während dies geschah, hielt mir der Buchhändler einen Vortrag, daß »siebenhundertundfünfzig Exemplare« eben die richtige Zahl für das Buch eines jungen Autors sei. Sechs Freiexemplare fielen dem Verfasser zu, mit vierzig Exemplaren seien die Redaktionen zu bedenken, so blieben ungefähr siebenhundert Exemplare übrig, mit welchen der Bedarf der lesenden Welt genügend gedeckt sei. Ich fand dies wenig, aber: es war nun einmal nicht anders im deutschen Vaterlande, selbst bei Büchern, die Aufsehen gemacht hatten.

Da kam der Gehilfe zurück und meldete, daß noch achthundert Exemplare vorrätig seien.

»Das ist entsetzlich!« rief ich. »Nicht nur kein Absatz; die Exemplare haben sich auf Lager noch selbst vermehrt!«

Der Buchhändler wurde verlegen. Er sprach von einem Irrtum, den er persönlich aufklären müsse. Übrigens möge sich mein neuer Verleger zu ihm verfügen, da werde man sich über die Sache leicht einigen.

Und sie einigten sich in der Tat. Schriftsteller wird schwer mit Kaufmann fertig; Kaufmann mit Kaufmann schon weit leichter.

*Rainer Maria Rilke*

# Widmung des Manuskripts »Die Aufzeichnungen des Malte Laurids Brigge« für Katharina Kippenberg

(Goethe über Malte-Laurids:)
»... denn wir ahnen die furchtbaren Bedingungen, unter welchen allein sich selbst das entschiedenste Naturell zum Letzmöglichen des Gelingens erheben kann ...« (Italiänische Reise.)

im Gefühl des gastlich-schönen Thurmzimmers, in dem der M. L. Brigge zum Abschluß kam; dankbar gegen die Ersten, die ihn vernahmen, und gegen die göthevolle Athmosphäre des Hauses, darin er dem Lesenden selbst, so wirklich und zugleich so abgenommen ward. R. M. R.

*Rainer Maria Rilke*

# Auf einmal fehlt mir so deutlich ein »Inselthee« …

Neapel, 4. Januar 1911

Auf einmal heute fehlt mir so deutlich ein »Inselthee«, ich wünsche mir recht aus vollem naivem Wunsch heraus, durch ein Wunder unaufklärbar im Verlagsheiligthum zu sitzen, Ihnen gegenüber und langsam und lange echten Insel-Thee zu trinken, dabei ließe sich (fühl ich) allerhand erzählen, und es käme aus dem Ganzen nach und nach genau das Wohlthun zu Tage, dessen Mangel mich hier im winterlichen unwirtlichen Neapel zu so phantastischen Wünschen hinreißt … Nun bin ich, fast seit dreiviertel Jahren, ganz vom Schreiben abgekommen, wirklich, es ist mir unhandlich geworden auf eine merkwürdige Art; was ich seit dem endgültigen Abschluß des Malte durchmache, sieht nach einer großen Krise aus, in der die alten Gewohnheiten umkommen, neue sind noch nicht gebildet, und ich mag und kann gar keinen Beweis von meinem Dasein geben, das sich eingepuppt hat, weiß Gott aus welcher Gesetzmäßigkeit heraus …

*Das Haus in der Richterstraße war seit 1909 das Privathaus des Verlegers Anton Kippenberg. Hier diktierte Rainer Maria Rilke 1910 im Turmzimmer »Die Aufzeichnungen des Malte Laurids Brigge«.*

*Reinhard Piper*

# Als ich das erstemal in Leipzig war, ging ich voll Ehrfurcht an den großen Verlagshäusern vorbei

Im Sommer 1914 wurde in Leipzig die BUGRA eröffnet. Sie hieß eigentlich »Internationale Ausstellung für Buchgewerbe und Graphik«. Damals fing man an, in Abkürzungen zu sprechen, was sich immer mehr steigerte, bis zur Zeit der Enesdeape dann Hajot, Bedeem, Esde und vor allem Gestapo die meistgebrauchten deutschen Worte wurden.

Die BUGRA war eine großartige einmalige Schau über das gesamte Buchwesen der Erde. Es war eine »Straße der Nationen« errichtet. An ihr hatte jedes Land sein eignes großes Haus: Österreich, Frankreich, England, Italien, Rußland. Japan hatte ein Gebäude für seine Holzschneiderei und einen Garten mit Teehaus. Die Schweiz, die Niederlande, Belgien, Dänemark, Spanien hatten sich zu einer großen »Halle der fremden Staaten« vereinigt. In der »Halle der Kultur« konnte man die Entwicklung der Schrift studieren von den diluvialen Vorstufen, den Hieroglyphen, den altsemitischen, altmexikanischen, chinesischen, romanischen und gotischen Schriften bis zu denen der modernen Buchkünstler. Man hätte sich tagelang darin ergehen können.

Die Decke der Höhle von Altamira mit ihren staunenswerten Malereien war in natürlicher Größe aufgebaut und maß sechs zu vierzehn Meter. Diese Abteilung der Ausstellung lief aus in die sogenannte »Eugen-Diederichs-Kapelle«. Einzig diesem Verlag war ein eigner Raum zugebilligt. Eugen Diederichs, der das Feierliche liebte, hatte ihn kapellenartig ausgestattet. An den Wänden waren Abgüsse der Stifterfiguren aus dem Naumburger Dom aufgestellt. Dazwischen standen in monumentalen Schränken die Verlagswerke, und oben herum liefen als Fries die Bildnisse der Autoren.

Es gab eine besondre Halle des bayrischen Buchhandels. Im Kuppelraum hatten sich fünf miteinander befreundete Münchner Verlage zu einer Gruppe zusammengetan: Georg Müller, Albert Langen, der Delphin-Verlag (Dr. Richard Landauer), Hans von Weber und Piper. Wir fünf hatten einen eignen dicken Katalog von nahezu dreihundert Seiten mit vielen Bildern und Textproben drucken lassen.

Zu meiner gelinden Überraschung – denn so hoch hatten sich meine Erwartungen nicht verstiegen – wurde mein Verlag mit der Goldenen Medaille ausgezeichnet. Sie war von Max Klinger entworfen und zeigte den Genius des Friedens mit dem Füllhorn, vor den der Krieg quer seinen rohen Muskelarm mit dem Schwert streckte. [...]

Als ich das erstemal in Leipzig war, ging ich voll Ehrfurcht an den großen Verlagshäusern vorbei, über deren Toreinfahrten so berühmte Namen standen wie F. A. Brockhaus, Bernhard Tauchnitz, Philipp Reclam jr., Breitkopf & Härtel. Bei B. G. Teubner dachte ich mir: Hier also werden die vielen Schulbücher gemacht, über denen ich so manches Jahr mißmutig gesessen habe. Gut, daß ich das nun nicht mehr muß!

Die Gebäude der großen Druckereien und Bindereien umfaßten riesige Häuserblocks. Diese Firmen waren von fast unerschöpflicher »Kapazität«. Man konnte in sie im Herbst noch immer neue eilige Aufträge hineinwerfen, und sie wurden damit immer doch noch zu Weihnachten fertig. Die Firmen Brandstetter, Spamer, Bibliographisches Institut, Fikentscher, Enders, Hübel & Denck, Haag-Drugulin und viele andre arbeiteten mit idealer Pünktlichkeit und Exaktheit. Nur wunderte ich mich manchmal, daß einige Großbuchbindereien neben ihren Hunderten von Angestellten und Arbeitern sich nicht auch einen geschmackssicheren künstlerischen Berater hielten. Man konnte nur wenigen Firmen die Zusammenstellung der Einbände aus Rückenleinen, Oberzugspapier, Aufdruck, Farbschnitt und Lesezeichen selbständig überlassen. Die Proben, die kamen, waren manchmal sonderbare Mißgeburten. Wir nannten sie »Leipziger Phantasien«. Besonders Emil Rudolf Weiß, einer der ersten Buchkünstler seiner Zeit, geriet jedesmal in Zorn, wenn »die Leipziger« seine wohlabgestimmten Farbangaben verfehlten. [...]

Bei Gelegenheit der BUGRA sah ich mir auch wieder das übrige Leipzig an. Ich habe mich dort nie so ganz wohl gefühlt. Mir war da das Buch zu sehr mit Industrie verquickt. Die vielen Maschinen schrien nach Futter. Der alte Herr Becker vom Verlag Hesse & Becker gestand mir, daß er seine Klassikerausgaben eigentlich nur unternommen habe, um seinen Maschinen auch in den stilleren Monaten Futter geben zu können. »Umsatz! Umsatz!« war die Parole. Man mußte meiner Meinung nach doch aber auch für die vielen stilleren Dinge sorgen, mit deren Umsatz kein großer Staat zu machen war.

Mir gefiel das alte Rathaus mit seinen sechs Renaissancegiebeln, der Johannisfriedhof, einige Bilder im Museum, wie der Schmerzensmann des Meister Francke, der Liebeszauber aus der Schule Jan van Eycks, Cranachs Ruhende Nymphe, der Mulatte von Frans Hals, von den Romantikern Ludwig Richters Schreckenstein bei Aussig, Olivers Kapuzinerkloster in Salzburg, J. A. Kochs Lauterbrunner Tal. In der Musikbibliothek Peters betrachtete ich die Notenhandschriften der großen Meister und die alten nach dem Leben geschaffenen Originalbildnisse von Bach, Händel, Mozart und Beethoven.

Bei Besichtigung des Völkerschlachtdenkmals wurden von dem amtlichen Führer fast ausschließlich die imponierenden

Zahlen betont. So waren die vier Sitzbilder der Tapferkeit, Opferfreudigkeit, Glaubensstärke und Volkskraft je 9 Meter 50 hoch, und oben im Kuppelrund zog in elf Reihen übereinander ein Zug von 324 Reitern. Da konnte man nur staunen!

Die Thomaskirche mit dem Bronzestandbild ihres berühmten Kantors war etwas allzu gründlich erneuert. In ihr hörte ich von den Thomanern gesungene Motetten und war mit ihrem Leiter, dem gemütvollen, feingebildeten Karl Straube in guten Gesprächen zusammen. Ich hatte ihn in München als Begleiter der großen Altistin Emmy Leisner kennengelernt und mich mit ihm angefreundet. Er war vor allem ein Vorkämpfer Regers, und über Reger hatte ich, noch zu Lebzeiten des Meisters, die erste Monographie verlegt.

»Um 4 hub eine Kanonade an ...«

*Völkerschlacht*

*E. T. A. Hoffmann*

# Abends gelungene Darstellung der »Zauberflöte«

11. Montag [Okt. 1813] V. M. zu Hause gearbeitet – Um 4 hub eine Kanonade an. Um 4½ Uhr ging ich mit Hrn. Keller vor den Schlag vor dem Seetor – ein starkes Tirallieren begann, ich sah wie die Franzosen von den Bergen herunter getrieben wurden und ihre Baraken ansteckten welches ein gräßlich schönes Schauspiel gab. Die Fr. retirierten bis in das Dorf Reknitz und wurden von den R. und P. lebhaft verfolgt, bis die einbrechende Finsternis dem Gefecht ein Ende machte –

Man sagt, der Kaiser sei in einer großen Schlacht bei Leipzig geschlagen.

12. Dienstag: Ruhiger Tag – N. M. Gearbeitet an dem Hymnus für die Dreyßigsche Singe-Akademie. Abends Eichelkraut – Krank geworden am Cathar-Fieber

13. Mittwoch: Zu Hause Krankheitshalber – von 7 ½ Uhr bis 6 Uhr Abends ein unaufhörliches starkes Schießen dicht bei Plauen, die Russen rücken in großer Masse an. Kanonade aus den Schanzen.

14. Donnerstag: Ruhiger Tag – eine russische Colonne ist bei Dresden vorbei nach Meißen marschiert (Es war das Bennigsensche Corps)

15. Freitag: *Dito* ruhiger Tag – Visite bei der Harfenspielerin Fräulein Winkel – sich schändlich ennuyiert – Abends bei Eichelkraut gemütliche Stimmung

16. Sonnabend: Morgens bei Seconda, Gage geholt. N. M.

starkes Schießen in der Nähe – höchst zweideutige Nachrichten von Leipzig: die Allirten sollen geschlagen und der Kaiser bereits in Treuenbriezen sein. Verstimmung

17. Sonntag: *Dies fatalis!* – Den V. M. ging eine starke Kanonade dicht vor den Toren an während der Probe von »Zemire und Azor« – ich sah vom Bodenfenster des Baumannschen Hauses, daß die Russen gänzlich zurückgeschlagen und aus ihren Posit. verdrängt wurden – Gefangene wurden eingebracht

18. Montag: V. M. Probe der »Zauberflöte« – Sechs eroberte Kanonen und 15 Pulverwagen nebst der Feldschmiede standen auf dem Neumarkt. Verstimmung – Abends bei Eichelkraut; die Nachricht vom 16 soll nicht wahr sondern der Kaiser von Dessau zurückgedrängt und wieder in Leipzig sein – die Schlacht soll unaufhörlich fortdaund. und Leipzig beinahe ruiniert sein – *quod deus bene vertat.*

19. Dienstag: Probe der »Zauberflöte« – *dies ordin.*

20. Mittwoch: Probe – Aufführung der »Zauberflöte« – Große Ermüdung und Ermattung

21. Donnerstag: Ein dunkles Gerücht von der Schlacht bei Leipzig verbreitet sich – Der Kaiser soll die Hauptschlacht verloren haben, ganz gemütl. St. deshalb – Uebrigens *dies ordin.*

22. Freitag: Der Kaiser ist geschlagen und retiriert nach Erfurt – Der König von Sachsen gefangen –

So habe ich gegründet Hoffnung zum bessern fröhlichen Leben in der Kunst und alle Not wird geendet sein

(Der König von Neapel soll tot, Davoust und der Vicekönig von Italien übergegangen sein)

23. Sonnabend: Die Nachricht bestätigt sich – ganz außerordentlich gemütliche Stimg. deshalb – mit Keller [gebechert] Abends gelungene Darstellung der »Zauberflöte«

24. Sonntag: V. M. zu Hause im Bette geblieben, nachher an dem »Comp. und Dichter« abgeschrieben –

Die Nachrichten von dem entscheidenden Siege bestätigen

sich fortwährend, übrigens gänzliche Stille – Abends gelungene Vorst. der »Zauberflöte«. [...]

Leipzig hat dadurch, daß sich hier das Schicksal Deutschlands durch eine Schlacht, die so glorreich, als Napoleon nie eine erfocht, gewonnen wurde, entschieden, ein so hohes Interesse erhalten, als nie zuvor; die Menschen sind, unerachtet noch so vieles zu tun, heiterer, freundlicher geworden. – In den öffentlichen Häusern kehrt das alte Leben zurück, und man sieht mit freudiger Erwartung einer reichen ergibigen Neujahrs-Messe entgegen. – Die Feier des Alexander-Tages am 24t war wahrhaft herzlich gemeint; im Theater gaben wir Faniska von Cherubini, und als ich vor dem Anfange und in den Zwischenakten fleißig pauken und trompeten ließ, erdröhnte das Haus von dem Vivat der Deutschen und dem Hurrah der Russen.

*Michael Lentz*

# Das Völkerschlachtdenkmal

Fulda, wieder. Leergefegt. Landesstillstand am Sonntag. »In Stuttgart war auch vorher nichts los.« Die so genannte Deutsche Bahn ist eine einzige Entgleisung, immer öfter ab und an, so ein von den Konkreten geklauter Spruch. Und dann, gestern Nacht, deine Nachricht. Am siebzehnten November kurz nach Mitternacht. »Schade, dass du nicht da bist.« Schreibst du. Und vorher: »Liebster, neben mir sitzt Christian: Ich liebe dich, mein Freund! – und ich auch!« Etwas Warmes, etwas Stillendes durchfließt mich, hält an, macht mich glücklich, eine Zauberformel, nicht wahr. Weimar, eine Zauberformel, nicht wahr, und alles muss vorher durch Mannheim, alle Wege führen durch Mannheim, in Mannheim kommt dann Verspätung auf, Deutschland ist zu spät, Deutschland fährt in Mannheim ein, zu spät, und fährt aus Mannheim aus, noch später, in Mannheim erfolgt die Stilllegung Deutschlands, in Weimar die Veredelung der Stilllegung, ich bin ausgerechnet ein Bahnabhängiger geworden, ich fliege durchs Land in einer Art Taumel, hefte meine Augen ans Fenster, schaue deutschfern, »unsere Kanäle sind verstopft«, hast du gesagt, und dann, nachts, diese Nachricht, die ich ersehnte, an die ich nicht mehr geglaubt habe, und wenn das so ist, und wenn du das weißt, und wenn wir das wissen, das müsste doch zu schaffen sein, ich werde für dich sorgen können, denke ich plötzlich, ich könnte für uns sorgen, es ist schön, dieses Gefühl einmal zu haben wieder, »weil er erinnert, und weil er kämpft«, nicht wahr, hinter Weimar dann eine wie ausgestellte Puppenstadt, eine in Dämmerung übergehende Kindheitserinnerung, ein nie betretener Ort namens Bad Sulza, vor Großheringen, man sollte Bad Sulza zum Regierungssitz erklären, Bad Sulza wird Bundespuppenhauptstadt, Berlin sich selbst überlassen, in Bad Sulza siedelt aber gar keine Regierung an, Bad Sulza wird zur Regierung erklärt, Kanzleramt und Ministerien werden abgeschafft, und die Frage, was tut sich dann in Deutschland, kann mit einem Mal beantwortet werden: nichts. Die Lichter gehen an, die Lichter gehen aus. Und gehen die Lichter wieder an, herrscht Heiterkeit. Leipzig. Was war zwischen Bad Sulza und Leipzig? Ich verbringe mein Leben in Gaststätten und Bars, stelle ich fest, in Hamburg könnte ich mir vorstellen zu bleiben, zöge aber wohl nach einer Woche wieder aus, Leipzig könnte passen, man wird sehen, man wird sehen, Berlin immerhin denkbar, ohne an Selbstentgleisung zu denken, Stuttgart unvorstellbar, in der Leipziger Volkszeitung macht der Immobilienteil fast die ganze Wochenendausgabe aus, eine Stadt im Ausverkauf, wolkenreich, aber auch Auflockerungen, eine gut klingende Stadt, die auch wohlgestalt dasteht, nicht so breitbeinig wie das immer geliebte München, einmal eine Stadt komplett mieten, und jeden Tag in dieser Stadt anderswo wohnen, jedes Mal ein anderer Mensch sein, der Unterschiedliches vorhat, völlig widersprüchliche Pläne, Dafürhaltungen, es ist wirklich ein Jammer, dass das so nicht möglich ist, eine Multiexistenz ist unmöglich, eine Polyvalenz, einmal Mann sein, und tags darauf Frau, nicht wahr, und sich beide Male zum Kotzen finden, oder bis zur Langeweile entstellt durchschaut haben, Leipzig ist jetzt umgezogen, Leipzig liegt jetzt in den USA, und das täte denen mal gut, warum. Völkerschlachtdenkmal. Völkerdenkmalschlacht. Denkschlachtvölkermal. Was denn jetzt? Ein auf eine Anhöhe gewuchtetes Monster. Hatte ich mich schon fast entschlossen, in die Naundorfer Straße einzuziehen, spielte ich zumindest mit dem Gedanken, nach Besichtigung einer leer stehenden Wohnung mein Zentrum vielleicht in die Naundorfer Straße zu verlegen, ich werfe einen flüchtigen Blick in die Zimmer dieser Wohnung in der Naundorfer Straße, »die Wände müssen aber alle weiß gestrichen werden«, wende ich ein, »jedes Zimmer hat ja eine andere Farbe, ich gehe aus dem Grün und komme ins Gelb, aus dem Gelb ins Blau, schließlich ins gegenüberliegende Rot, das kann niemand aushalten, wenn da keine Identität ist, da muss man ja ausziehen«, wende ich ein, Ausblick vom Balkon in eine Gartenanlage, der Garten verwahrlost, aber vorhanden, Balkon vorhanden, Platz vorhanden, vom Balkon zurück über Flur und Treppenhaus auf die Straße zurück, überlegenswert, siebenundneunzig Quadratmeter leer, Richtung Straßenbahnhaltestelle »Völkerschlachtdenkmal«, das mich, kaum taucht es auf dieser Anhöhe auf, diesem Hügel, sofort umbringt, dieses Monster ist sofort angstbesetzt, sofort ist Angst da, nicht wahr, ich gehe durch dieses parkähnliche Gelände Richtung Straßenbahn, von der Naundorfer Straße Richtung Völkerschlachtdenkmal, das muss man ja mal gesehen haben, denke ich, hübsche Wohnung, denke ich, da taucht es auf, ein vierschrötiger Riese, »und wenn Se mal keene Lust mer hom, können Se sich da ja mal runterstürzen, machen andere ooch, jetzt habe se da schon Netze drumgespannt«, sagte doch der Taxifahrer, fällt mir ein, wenn man dieses Völkerschlachtdenkmal, diese Völkerschlachtdiktatur auch nur sieht, kann man sich schon hinunterstürzen, das Ding reicht dicke, das setzt mir derart zu, dass ich mich mit einem Schild davor stellen möchte, »Milde Gabe für den Abriss des Völkerschlachtdenkmals erbeten«; mit lieben Grüßen an Günter Bruno Fuchs, der sich diesbezüglich der Siegessäule angenommen hatte, dieser Koloss steht also da, diese Pranke, während ringsherum alles zu bröckeln scheint, die Diktatur der Krisenrhetorik, die Zungenrede der Krisis, die wenig erhellende

Untergangsstimmung, dieser wanklose, unwankbare Koloss, und ich denke sofort an Psychoanalyse, ich würde gerne herausfinden, was dieser Apparat mit mir zu tun hat, ich meine, zunächst ist da nichts, und dann taucht wie selbstverständlich dieser Hammer auf, der ist aber nicht selbstverständlich, das soll er sich mal merken, in diesem Land ist nichts und gar nichts selbstverständlich, und dieses fesselnde Völkerschlachtdenkmal schon gar nicht, dem ich mich aber nur bis auf fünfzig Meter nähern kann, ich kann es nur umkreisen, umgehen, komme ich zu nahe, saugt es mich ein, nicht wahr, dann werde ich eine Figur seiner Außenfassade, dann bin ich unwiederbringlich ins Völkerschlachtdenkmal eingegangen, hinunterstürzen, ganz klar, man kommt dem Monster zu nahe, wird eingesaugt, Figur auf dem Grund, oder man muss sich augenblicklich hinunterstürzen, was klar ist, kommt man zu nahe. Zeitlebens werde ich da wieder hinmüssen, einmal Völkerschlachtdenkmal sehen und sterben, sozusagen, ich komme über diesen Kasten, diese Unbehausung nicht hinweg, der Gedanke an einen Einzug in die Naundorfer Straße wie weggeblasen, ich zöge dann ja nicht in die Naundorfer Straße ein, ich wohnte ja im Völkerschlachtdenkmal, ein solches Monument, und es wäre mal ein Monument der Liebe, stell man sich mal vor, es ist aber ein Monument des Untergangs, es ist ein Mahnekel, davor der Caran d'Ache komplett versagt, so ein kleiner Kugelstift, so ein Riese, nicht wahr, so ein Völkerschlachtdenkmal ist keinem zu wünschen, die Erfindung Freuds geht auf das Völkerschlachtdenkmal zurück, wenn ich dir sagen würde, ich widme dir das Völkerschlachtdenkmal als Ausdruck meiner Liebe, da muss man ja erschrecken, zurückweichen, zusammenbrechen, wie unerträglich muss alles sein, dass, wenn es vorbei ist, vorbei zu sein scheint, ein solches Monster aus dem Boden wächst, aus der Taufe gehoben wird, da wird das Unerträgliche mit Unerträglichem totgeschlagen, und mir fällt sofort Psychoanalyse ein, jetzt reicht es aber, endgültig reicht es jetzt, sage ich mir, in den Zügen fallen die Heizungen aus, obwohl es Winter wird, es wird Winter, sehe ich, ein langsam durch Frankreich rollender Zug, in dem es immer kälter wird, das Völkerschlachtdenkmal ist an der Verspätung der Züge schuld, es fährt in den Zügen mit, es wiegt schwer, es sorgt für eine pünktliche Abenddämmerung, draußen fallen die Lichter aus, in den Zügen wird es kälter, die Heizung ist ausgefallen, man sollte, den Pullover aus dem Koffer holen, ich finde meinen Koffer aber nicht, ich könnte alles hergeben und auf Neustart gehen, Kälte zieht die Beine hinauf, das Völkerschlachtdenkmal hüpft durch Frankreich, Schattenrisse einer Stadt, spärliches, ungleichmäßig verteiltes Licht, könnte ich mich jetzt damit abfinden, nicht mehr mit dir zusammen zu sein, könnte ich das, könnte ich kommen, auf Wiedersehen zu sagen?, kommen, um zu gehen, sozusagen, wäre es besser, übereinander herzufallen, auf der Flucht, Sie befinden sich auf der Flucht, das Völkerschlachtdenkmal befindet sich nicht auf der Flucht, es ist das elterliche Schlafzimmer, der massiv zu Boden gestürzte Name, das Völkerschlachtdenkmal macht jetzt mal eine Welttournee, so kalt, im Zug, bin ich der Kübelreiter?, das Völkerschlachtdenkmal heiratet die Loreley, beide beschließen, an die Elbe zu ziehen, »Sie müssen abwarten, nichts überstürzen«, verlassenes Haus scheint tief zu sitzen, wer stets ein verlassenes Haus mit sich schleppt, geht leer aus, in einem verlassenen Haus in einer Schlange sitzen, Trier übrigens fünfzig Jahre zu spät, Völkerschlachtdenkmal und Porta Nigra schließen sich aus, Porta Nigra lässt Trier fünfzig Jahre zu spät sein, so etwas in der Stadt zu haben, ist nicht ungefährlich: Die Porta Nigra wird's schon richten, denkt man in Trier vielleicht. Dauernd aber muss man die Porta Nigra richten, die schon allerorten bröckelt, das Altertum fällt ab, und das abgefallene Altertum wird Stück für Stück, Zentimeter für Zentimeter, durch Neuzeit ersetzt, nichts zu essen, und immer kälter wird es im

Zug, ist eine Art Ruhe eingekehrt, zwischen uns?, wir sprechen offen wieder über Kinder, halten wir es nur miteinander aus, wenn wir getrennt sind?, und kaum kommen wir zusammen, herrscht Stockfluss, Stachelhaut, Argwohn aber nimmt ab, was meinst du, hat der Argwohn abgenommen?, Frankreich in Dunkelheit, orange Straßenbeleuchtung, Schlachtvölker, jetzt setzt das Frieren ein, es herrscht Durchzug im Land, etwas durchzieht das Land, und was das ist, einen Platz in der Kälte reserviert, und draußen Zeitlupe, kommt also ein Brief von der Meldebehörde, haben mitgeteilt bekommen, Sie seien weg, wenn dem tatsächlich so ist, schreiben Sie bitte in das Formular, dass Sie weg sind, wenn Sie aber nicht weg sind, teilen Sie uns bitte schriftlich mit, dass Sie nicht weg sind, denn so oder so bin ich im Hiersein ja eher fürs Wegsein, und ob ich hier bin oder da, ist von da aus nach hier, und von hier aus nach da gleich weit weg, Post also komplett zurück nach da, wo ich nicht hier bin, damit ich da nicht ganz weg bin, obwohl ich selber gar nicht weiß, ob ich nicht weg bin, auch wenn ich da bin, servus, eigentlich braucht man Post gar nicht, Post ist Umweltzerstörung, stapelweise Formexistenzielles. Liebesbriefe gibt es ja kaum noch. So ein Liebesbrieferlebnis ist ja eine den Tag beschäftigende Aufwühlung, die sich unter Umständen in den nächsten Tag, ins nächste Kalenderjahr hineinzieht. Man sollte also zur Post gehen und sagen, bitte schicken Sie mir nur noch Liebesbriefe, sollten welche da sein, stellen Sie mir also bitte nur noch die Liebesbriefe zu, Rechnungen und alles Sonstige bitte in den posteigenen Recyclingcontainer, man wird Jahre warten, man könnte ja einfach zu Hause sitzen, und niemand hat eine Ahnung davon, wo das ist, zu Hause, und täglich wartet man auf einen Liebesbrief, man verlässt das Haus nie, und niemand weiß, wo das ist, das Haus, und täglich wartet man vergebens, täglich wundert man sich, dass keiner kommt, dass kein Liebesbrief kommt, ich bin die letzten Male nicht mehr in dir gekommen, unentschiedene Kinderfrage, Unentschiedenheit allgemein vorherrschend, aber auch nachlassender Elan, Völkerdenkmalhaftigkeit, möchten Sie lieber das Völkerdenkmal oder die Loreley sein?, kommen Sie gerade an, oder gehen Sie bereits wieder?, bei unserer ersten Begegnung habe ich dich gesiezt, du hast mich geduzt, sofort war alles andere ausgeblendet, wir haben uns in die Augen geschaut, und standgehalten, und jetzt, nach Monaten erst, erst nach Monaten, werden wir da standhalten?, Hamburg ist erst eine Woche her, es sind Jahre, was möchtest du am liebsten tun?, ich verstehe die Frage nicht, früher habe ich mal getestet, ob ich dauernd an Sex denke, kam aber auf keinen grünen Zweig, indem ich mich nämlich fragte, ›denkst du gerade an Sex‹, dachte ich natürlich gerade an Sex, weil ich mich ja fragte, ob ich gerade an Sex denke, das Nicht-an-Sex-Denken wurde also nach links und rechts durch die Frage, ›denkst du gerade an Sex‹, unterbrochen, ich weiß auch gar nicht, was das ist, Sex, man sollte da aber nicht zu differenziert drüber nachdenken, zu viel Nachdenken hat mit Sex nichts zu tun, ich denke manchmal, dir das kommende Alter anzusehen, wie du langsam alt wirst, anzusehen, könnte hier in diesem Zug jemand mal das Licht ausmachen, und mir ein Bier bringen, wenn es schon nichts zu essen gibt, meine Hände altern ohne Dazutun, mein tagtäglich mühsam in Bewegung gehaltener Körper, nicht wahr, das Wegaltern, man schaut sich im Spiegel das Altern an, immer ist es zu hell, selbst wenn es dunkel ist, ist es zu hell, Licht kann das Allerschlimmste sein, sehet den Nacktmull, er ist blind, zeugt aber trotzdem Kinder, immer ist es zu hell, selbst wenn es stockfinster ist, ist immer noch etwas zu sehen, und dann, hinter Mulhouse, Vollmond, ich dachte, ich hätte es hinter mich gebracht für heute, Nebelschwaden zittern vorbei, da prangt Vollmond durchs Fenster, ich möchte Vollmond beschreiben wie noch niemand zuvor, komme aber immer nur bis ›Vollmond‹, es ist dermaßen Vollmond, dass ich schon die Wölfe heulen höre, das Völkerschlachtdenkmal bei Vollmond, dieses in Vollmond getauchte Monster, der Völkerschlachtdenkmalhund, ich würde in die Knie gehen, das wäre ein Lebensschrecken, ein Vollmondvölkerschlachtdenkmal, ein Vollschlachtmondvölkerdenkmal, ein Schlachtmondvölkervolldenkmal, ein Triebstau, ein Vollmondvölkerschlachtdenkmalhund, meine Füße zwei Klumpen Eis, Vollmond ist keine Frage der Altersvorsorge, »und mit diesem unverhofften Mondschein sieht man fast wie am hellen Tag«, lese ich beim alten Franzosen, und dann, hinter Mulhouse, durchs Fenster greifbare Stirn, ein Vollmond ist nicht einfach nur ein Mond, nicht einfach nur ein anderer Mondzustand, ein Vollmond ist der ganz andere Mond, eine eigenständige Mondfassung, und dann, hinter Mulhouse, letzte Ausfahrt Heimat, nicht wahr, mit der Luft der alten so genannten Heimat, durch diese alte so genannte Heimat hindurch in eine neue so genannte Heimat hinein, und wo ein so genanntes Heimatgefühl geblieben ist. [...]

Körper, gelobtes Land. Wenn aber der Körper sich meldet. Dass du nicht da bist, und dass das nicht kleinzukriegen ist, das Fehlen. Du fehlst. Und die plötzlich gleichmäßige Ruhe, nie bin ich in Magdeburg ausgestiegen, man fährt hinein und kommt nicht hindurch, man bekommt von Magdeburg immer nur einen Anfahreindruck, Magdeburg wird immer nur angefahren, ich möchte aber durch Magdeburg mal ganz hindurchfahren, immer kommt man da aber nur seitlich an, verlässt Magdeburg rückwärts, ein stark in Richtung Magdeburg ziehender Magnet, der mit seitlicher Erreichung der Stadt sofort seine Anziehungskraft zu verlieren scheint, schon entweicht man der Stadt rückwärts, Magdeburg ist verriegelt, was ich vorwärts sehe, zieht sich auch wieder rückwärts entlang, ein Doppelturm, eine Doppelspitze, links, hinten, rückwärts, wenn aber eine Anziehung so groß ist, wenn aber du nicht du bist ohne mich, wenn aber ich nicht ich bin ohne dich, wenn aber ich nicht ich bin undsoweiter, und du bist in Deutschland und ich bin in Berlin und die Entfernung ist beileibe nicht groß genug, wir sind weit genug voneinander entfernt, ich jage dir zu, ich höre dich mir zu, deine Lippen, dass sie nicht da sind, du bist so unzuverlässig, du wolltest dich doch noch mal melden, was treibst du?, kann dich nirgends erreichen. Melde dich doch mal, vermisse dich sehr, ich, im bitterkalten Berlin, ich küsse dich, und sehne mich nach dir, eine Entfernungsliebe, Sehnsucht ist eine Krankheit, weiß ich jetzt, dass ich dich umfassend vermisse, sage ich dir, Telefon, wir leben von Mund zu Ohr, ich frage dich, »Liebst du mich eigentlich«, und du sagst, »Ja«, ich meine, was soll da noch schief gehen, Berlinunsicherheit, habe ich verschiedene Wohnungen angeschaut, klaffende Häuserfronten, Mitte verstopft, Ausstellungsware, Berlin ist gar keine Stadt, das ist nur eine charmelose Masse, eine schamlose, ein Stadtteil jagt den anderen, wenn es uns gelingt, einander ganz zu vertrauen, einander in die Hand zu geben, Charlottenburg kommt nicht in Frage, Spandau kommt nicht in Frage, Tempelhof kommt nicht in Frage, Steglitz kommt nicht in Frage, Stuttgart kommt nicht in Frage, Schöneberg kommt nicht in Frage, Pankow kommt fast nicht in Frage, Hohen-, Nieder- und Amhöchstenhohenschönhausen kommt nicht in Frage, das wiedereröffnete Mies-van-der-Rohe-Haus, da will ich einziehen, ich will jetzt auf der Stelle ins wiedereröffnete Mies-van-der-Rohe-Haus einziehen, über Leipzig wird jetzt immer besser gesprochen, auch ich spreche über Leipzig immer besser, Leipzig ist eine vorstellbare Stadt, wäre nicht, wie gesagt, das alles verschluckende, wie gesagt, das Völkerschlachtdenkmal, eine durch die Abteilfenster zitternde, eine an den Fensterstreben des Zugabteils entlang ratternde Wintersonne, zehn Grad minus, die aber als zwanzig Grad minus empfunden werden, steht in der Zeitung, eines Tages gehe ich da hinein, ins Völkerschlachtdenkmal, eines Tages reiße ich es ab, das Völkerschlachtdenkmal, ich meine, das Völkerschlachtdenkmal ist nichts durch die Geschichte, diese Geschichte ist fast alles durch das Völkerschlachtdenkmal, ich kann mich nicht beruhigen, fahre ich durch Deutschland, dieses am Faden hängende Deutschland, dieses selbst ernannte Schlusslicht, diese feiste Masse Jammertal, und ich selbst ein Jammertalist, ich denke immer nur ans Völkerschlachtdenkmal, mein Kopf hat schon Völkerschlachtdenkmalform angenommen, träume ich, hat nur das Völkerschlachtdenkmal darin Platz, im Kopf, es soll in ein Museum verbracht werden, in Stücke gehauen, weltweit in die Museen verteilt, hier, Stück vom Völkerschlachtdenkmal, ehemals Leipzig, Brocken, Klotz, Ziegelstück [...]

*Völkerschlachtmargarine*

# »Wir sind das Volk«

*Herbst 1989*

*Polizeikette vor der Nikolaikirche,*
*Leipzig, 18. September 1989*

# Resolution der Leipziger Theater/Schauspiel vom 11. Oktober 1989

Wir treten aus unseren Räumen heraus. Die Situation in unserem Lande zwingt uns dazu.

Ein Land, das seine Jugend nicht mehr halten kann, gefährdet seine Zukunft. Eine Staatsführung, die mit ihrem Volk nicht mehr spricht, ist unglaubwürdig. Eine Parteiführung, die ihre Prinzipien nicht mehr fortwährend auf Brauchbarkeit untersucht, ist zum Untergang verurteilt. Ein Volk, das zur Sprachlosigkeit gezwungen wurde, fängt an, gewalttätig zu werden.

Unsere Arbeit steckt in diesem Land. Wir lassen uns das Land nicht kaputtmachen.

Wir nutzen unsere Tribüne, um zu fordern:

- Wir haben ein Recht auf Information.
- Wir haben ein Recht auf Dialog.
- Wir haben ein Recht auf selbständiges Denken und Kreativität.
- Wir haben ein Recht auf Widerspruch.
- Wir haben ein Recht auf Reisefreiheit.
- Wir haben ein Recht, unsere staatlichen Leitungen zu überprüfen.
- Wir haben ein Recht, neu zu denken.
- Wir haben ein Recht, uns einzumischen.

Wir nutzen unsere Tribüne, um unsere Pflichten zu benennen:

- Wir haben die Pflicht, zu verlangen, daß Lüge und Schönfärberei aus unseren Medien verschwinden.
- Wir haben die Pflicht, den Dialog zwischen Volk und Partei- und Staatsführung zu erzwingen.
- Wir haben die Pflicht, von unserem Staatsapparat und von uns zu verlangen, den Dialog gewaltlos zu führen.
- Wir haben die Pflicht, das Wort Sozialismus so zu definieren, daß dieser Begriff wieder ein annehmbares Lebensideal für unser Volk wird.
- Wir haben die Pflicht, von unserer Partei- und Staatsführung zu verlangen, das Vertrauen zur Bevölkerung wiederherzustellen.

*Clemens Meyer*

# Versammlungen

Wir machten Versammlung, jeden Montag. Wir besprachen und planten die neue Woche. Wir trafen uns im Piratenschiff oder im alten Haus im Mühlenviertel. Es war das letzte alte Haus, die anderen hatten sie weggerissen und bauten jetzt neue. Der Abschnittsbevollmächtigte hatte uns verboten, in alten Häusern zu spielen, er war bei uns in der Klasse gewesen und hatte uns jede Menge Gefahren erklärt, auch Frau Seidel hatte uns immer wieder gewarnt, aber wir trafen uns trotzdem. Walter kam nicht mehr zu unseren Versammlungen, er ging jetzt mit seiner Mutter in die Kirche. Er ging auch manchmal am Sonntag in die Kirche, und wir lachten ihn aus deswegen.

»Nein«, sagte er, »Montag ist nicht richtig Kirche, das ist anders, da gehen wir dann marschieren.«

»Um die Kirche rum, oder was?«

»Nein, durch die ganze Stadt.«

Jetzt war wieder Montag, und er war wieder nicht da und marschierte mit seiner Mutter durch die Kirche und die ganze Stadt, und wir planten die Woche ohne ihn. Wir waren im alten Haus, Mark, Paul, Rico und ich, oben im vierten Stock, denn das Piratenschiff war nicht mehr sicher, die Typen von der Spielzeugfabrik trieben sich dort rum, und vor kurzem hatte Mark das Auto vom Abschnittsbevollmächtigten auf dem Hof gesehen.

»Das kann Ärger geben«, sagte ich.

»Der Typ ist mir egal«, sagte Rico und schlug mit der Faust in seine Hand, »ich hab keine Angst vor dem!«

»Dir ist doch alles egal.«

Paul stand auf und ging zum Fenster.

»Mensch, halt deine Fresse!« Rico wurde schnell wütend, seit er wieder da war, aber darüber redeten wir nicht. Sie wollten ihn sogar wieder von der Schule nehmen, aber Rico hatte keine Angst davor, er boxte ziemlich gut, und er sagte, dass sie ihn brauchten, für die Stadtmeisterschaften.

»Sag mal, stimmt das, was sie …« Mark blickte Rico an.

»Na jetzt sag's schon, Mensch. Scheiß dir nicht ein!«

»Na ja, dass du ihn gebissen hast, den Dettleff, meine ich.«

»Ach so, und das erzählen sie wohl überall?«

»Klar«, sagte ich, »in der ganzen Schule! Sogar meine Mutter weiß Bescheid … im ganzen Viertel!«

Rico lächelte. »Echt?«

»Stimmt wirklich«, Paul setzte sich wieder zu uns auf den Boden, »der hat ja sogar ein Pflaster auf der Nase gehabt.«

»Kann eigentlich nicht sein«, sagte Rico, »ich hab ihn doch gar nicht erwischt …«, er lächelte immer noch, »na ja, 'n kleines bisschen vielleicht. Seine Nase hat er weggezogen, Schiss hat er gehabt, und dann hat er mich in Ruhe gelassen.«

»Und dein Heft«, sagte ich, obwohl ich die Geschichte kannte, er hatte sie mir schon ein paar Mal erzählt, und auch das Comic-Heft hatte er mir mal geliehen, »war das echt Captain America? Wo hast 'n das her?« »Weißte doch, meine Oma. Die darf doch rüber.« Rico nahm eine Packung Streichhölzer und zündete die Kerze an, die auf einem kleinen Teller in unserer Mitte stand. Es war Nachmittag, und durchs Fenster kam nicht viel Licht. Auf der Kerze waren kleine goldne Sterne, es war Walters Kerze, er hatte sie mal in seiner Kirche gebastelt, und die Sterne hatte er selbst draufgemacht.

»Aber ’n Beißer bin ich nicht«, sagte Rico, »Stefan is ’n Beißer, ich hab’s mit den Fäusten!«

Stefan hatte dreimal gebissen, und sie drohten ihm schon mit der Tollwutspritze, aber er biss weiter, wenn ihn jemand ärgerte oder er sich prügelte, es gab auch noch andere Beißer an unserer Schule, und sie drohten allen Beißern mit der Tollwutspritze, aber gekriegt hatte sie noch keiner.

»Hört mal«, sagte ich, »wie sieht’s denn jetzt aus?« Ich holte das Hausaufgabenheft raus, in das wir alles eintrugen, was wir planten. Meistens wurde aus den Plänen dann nichts, und alles kam anders, aber das war egal.

»Ist bald wieder Messe«, sagte ich, »können wir ja wieder hin. Ich glaub, nächste Woche.« Ich nahm meinen Füller und machte ein Kreuz beim nächsten Montag und schrieb »Messe« dahinter.

»Da komm ich nicht mit«, sagte Paul, »da kann ich nicht.«

»Hast doch bloß Schiss«, sagte Rico.

»Genau«, sagte Mark, »wegen Mutti!«

»Hab keinen Schiss, kann bloß nicht.«

»Lasst ihn doch, wenn er nicht kann.«

»Rico und Mark«, schrieb ich in mein Heft, »Paul wahrscheinlich nicht«.

»Außerdem ist es besser, wenn wir nur zu dritt sind, sonst fällt’s nur auf.«

»Und wenn Walter noch mitkommen will?«

»Nee, nee«, sagte Rico, »Montag kann er eh nicht, da isser doch in seiner Kirche, da geht er doch marschieren.«

»Wir können ja auch Dienstag gehen«, sagte Mark, »da kann er doch mitkommen, machen wir zwei Gruppen, ich und Rico, du und Walter, da schleichen wir uns jeder extra ein, verstehste, eine Gruppe übern Bahndamm, eine unterm Zaun durch.«

»Mal sehen«, sagte Rico, »ich überleg mir noch den besten Weg.« Er kannte sich aus auf der Messe, im Frühling war er fast jeden Tag dort gewesen, und er hatte haufenweise Plastiktüten mitgebracht, in manchen waren sogar Aufkleber und Kulis und kleine Modellautos drin gewesen. Er hatte uns dann mal mitgenommen, und auch wir hatten Aufkleber und Plastikbeutel und Kulis an den Ständen bekommen, aber das meiste hatten uns die Lehrer in der Schule wieder weggenommen, weil wir es überall rumgezeigt hatten, und der Direktor schloss alles in den Tresor im Sekretariat, in dem auch viele Comics lagen und mein Fan-Schal von Chemie (der Direktor war ein Lok-Schwein).

»Was ist mit Fußball?«, fragte ich, »Sonnabend ist Chemie.«

»Du gehst doch mit deinem Vater«, sagte Paul, und Rico schlug ihm gegens Bein. »Messe vielleicht Dienstag«, schrieb ich in mein Heft, dann blätterte ich zurück zum Sonnabend.

»Mein Vater geht nicht mehr«, sagte ich.

»Ich komm mit«, sagte Rico, »weißt du doch.«

»Sonnabend ist schlecht«, sagte Mark, »da fahrn wir weg.«

»Hast wohl Schiss«, sagte Paul, »ist dir wohl zu laut bei Chemie.«

Pauls Mutter musste am Sonnabend meistens arbeiten, da hatte er bis abends Zeit.

»Mit Rico und Paul zu Chemie«, schrieb ich in die Spalte vom Sonnabend, »12.30 treffen.«

»Sonst komm ich immer«, sagte Mark, »du kennst mich doch, Danie, ich bin doch auch 'n Chemiker.«

»Klar«, sagte ich, »geht halt nicht immer.«

»Ich hab aber nicht viel Geld ...«, sagte Paul.

»Machen wir schon«, sagte ich. »Mittwoch Flaschen sammeln«, schrieb ich ins Hausaufgabenheft.

»Ich muss mal.« Mark stand auf und ging ins Nachbarzimmer.

»Geh eins weiter«, rief ich, »'s stinkt sonst!«

»Zu spät«, sagte Mark, und wir hörten es plätschern. Rico holte eine Zigarre raus. »Von meiner Oma«, sagte er. Er beugte sich vor und zündete sie an der Kerze an. Er stieß den Rauch aus und hustete, dann reichte er sie weiter. Mark stand am Fenster.

»Kommt doch mal her, die ganze Polizei, die Bullen fahren in die Stadt!« Wir standen auf und gingen zu ihm rüber, Paul gab ihm die Zigarre. Die Scheiben waren schmutzig, jemand hatte eine nackte Frau in den Schmutz gemalt. Rico machte das Fenster auf. Ich schob Paul zur Seite und lehnte mich raus. »Pass doch auf, Danie«, sagte Mark hinter mir, »wenn die dich sehen!« Die ganze Leninstraße war voller Polizeiautos und LKWs, die langsam und mit eingeschaltetem Blaulicht, aber ohne Sirenen, Richtung Stadtzentrum fuhren.

»Siehste das«, sagte Rico, »die haben die Straße gesperrt, keine anderen Autos.«

»Von Südost«, sagte Mark und drängte sich zwischen uns, »die kommen vom Revier Südost, Witzgallstraße!«

»Nicht alle«, sagte Rico, »kann nicht sein, sind zu viele, da müssen welche von außerhalb dabei sein.«

»Kasernierte«, sagte ich, »hab ich mal gehört, sind draußen vor der Stadt, das ist wie Armee. Bullen in Kaserne, versteht ihr.«

»Haste das gesehen, da gucken Hunde raus.«

Die Autos fuhren die Leninstraße entlang, an den alten Gärten und am Friedenspark vorbei, dann bogen sie ab. Ich konnte das Messehochhaus im Zentrum erkennen, das große doppelte M auf dem Dach leuchtete rot und blau und drehte sich wie ein Karussell.

»Das gibt Ärger«, sagte Rico und machte das Fenster zu, »da kracht's bestimmt.«

»Wo is'n die Zigarre?« Sie lag noch draußen auf dem Fensterbrett, und Rico machte das Fenster nochmal auf. »Lass offen«, sagte ich, »is stickig hier.« Die Zigarre war ausgegangen, wir zündeten sie wieder an und setzten uns in unsere Ecke.

»Und Walter?«, sagte Paul. Er zog an der Zigarre, legte den Kopf zurück und blies Ringe in die Luft. Mark griff nach ihnen, und sie gingen kaputt. »Er ist doch jetzt dort«, sagte Paul. »Seine Mutter ist doch dabei, dem passiert schon nichts.« Ich nahm die Zigarre aus Pauls Hand. Die Asche fiel ab, und ich wischte sie von meiner Hose. »Da isses voll, hab ich gehört«, sagte Mark, »richtig voll, mehr als beim Fußball.« »Meinste echt, mehr als bei Chemie?« Ich gab ihm die Zigarre. »He, jetzt qualmt nicht alles weg!« Rico nahm sie Mark aus dem Mund, sie fiel runter, und er wischte sie mit dem Daumen ab.

»Meine Mutter«, sagte Paul, »die war auch mal dort, letzte Woche.«

»Echt? Deine Mutter?«

»Klar, gleich nach der Arbeit.«

»Ach so, deswegen konntste da so lange, weil Mutti nicht da war.«

»Na und, dafür war meine Mutter marschieren. Eure Eltern bestimmt nicht!«

»Meine Oma«, sagte Rico, »die ist zu alt, für die ist das nichts.«

»Meine Mutter muss lange arbeiten«, sagte ich, »außerdem isses dort gefährlich.«

»Eigentlich kann's da nicht gefährlich sein«, sagte Rico, »wenn sogar Walter hingeht …«

»Und meine Mutter!«

»Wenn der kleine Walter dort ist«, sagte Mark, »da müssen wir doch … wenigstens mal gucken.«

»Was, jetzt gleich?« Rico stand auf.

»Nee, Montag, mein ich, nächsten Montag, jetzt is zu spät, da müssen wir von Anfang an, verstehste …«

»Aber die vielen Bullen«, sagte ich.

»Gerade deswegen, Danie«, sagte Rico, »da is was los, verstehste, da ist richtig was los.«

»Aber das ist doch Kirche, das ist doch von den Kirchenspinnern.«

»Kann schon sein, Danie. Aber wenn die marschieren, da ist mächtig was los.«

»Klar«, sagte Mark, »ich hab's im Fernsehen gesehen, viele Weiber dort, da ist Gedränge, da kannst du denen an die Titten und so.«

»Glaub ich nicht«, sagte Paul.

»Musst du auch nicht. Bist noch nicht so weit!«

»Klar! Letztens hat mich Sandra … im Sport …«

Mark lehnte sich an die Wand und lachte.

»Brauchst du gar nicht zu lachen, frag doch Danie!«

Ich blätterte vor auf Montag und strich den Messeeintrag durch. »Mit Mark, Rice und Paul in Stadt gehen«, schrieb ich ins Hausaufgabenheft, »Messe Dienstag oder Mittwoch«, und dann malte ich einen Pfeil runter zu Dienstag und Mittwoch.

»Hört mal«, Mark stand auf und lief zum Fenster, »hört doch mal!«

Irgendwo läuteten Glocken. Rico legte die Zigarre auf den kleinen Teller neben der Kerze. Wir standen auf. »Die Kirchen«, sagte Rico, »das sind die Kirchen.« Wir liefen zum Fenster und blickten auf die Kirchtürme und Hochhäuser drüben im Zentrum. Das Läuten wurde leiser, dann wieder ein bisschen lauter, manche Glocken klangen hoch und hell, andere läuteten viel tiefer, und ein paar Mal schien es mir, als hätten die Glocken einer anderen Kirche mit eingestimmt, es gab jede Menge Kirchen in Leipzig, nicht nur im Zentrum. Draußen war es jetzt fast dunkel, und dort, wo die Leninstraße einen Knick machte, konnten wir Blaulicht sehen.

»Klingt unheimlich«, sagte Paul.

»Das bisschen Geläute«, sagte Mark, »was ist da schon dran.«

»Und Walter, der ist da jetzt mittendrin.« Rico lehnte sich aufs Fensterbrett. »Hätt ich ihm nicht zugetraut, bei den vielen Bullen.«

»Letztens habt ihr ihn noch ausgelacht«, sagte Paul und trat ein paar Schritte vom Fenster zurück in den Raum, »da habt ihr gelacht, weil er jetzt montags in die Kirche geht.«

»Hör mal, Kleiner«, Rico drehte sich nicht um und blickte weiter aus dem Fenster, »erzähl nicht so 'n Käse. Erzähl hier kein' Scheiß!«

»Aber das stimmt doch, dass ...«

Ich stieß ihn an, und er war wieder still.

»Danie, hast du's aufgeschrieben, wegen nächstem Montag, mein ich.«

»Klar, Rico, hab ich.«

»Ist wichtig, Danie, bist doch Schriftführer.«

»Klar, ist alles hier drin.« Ich klopfte aufs Hausaufgabenheft. Rico machte das Fenster zu. »Also machen wir das, nächste Woche!« Er hielt uns seine Hand hin, und wir legten unsere Hände drauf. »Abgemacht«, sagte er, »abgemacht«, sagten wir.

»Marschieren«, schrieb ich ins Hausaufgabenheft. Dann machten wir die Kerze aus und liefen die Treppe runter.

»Ich hab noch 'ne Fahne zu Hause«, sagte Mark, »vom Ersten Mai, 'ne Pionierfahne ...«

»Nee, ich glaub, das passt nicht.«

»Wieso, im Fernsehen, da haben die auch alle Fahnen.«

»Für den Frieden«, sagte Paul, »da geht's für den Frieden, hat meine Mutter ...«

»Na und, beim Ersten Mai geht's auch für den Frieden!«

Im Erdgeschoss gingen wir aufs Außenklo und kletterten durch das kleine Klofenster nach draußen. »Bald pass ich da nicht mehr durch«, sagte Paul. »Klar«, sagte ich, »bei deinen Muskeln.« Wir lachten. Wir blickten uns um, die Straße war immer noch leer, dann liefen wir nach Hause.

»... auf dem Hof neben dem ›Volkseigenen Betrieb Duroplastspielwaren und Stempelsortimente‹. Und wir wissen, wer dazugehört!«

Frau Seidel schwieg jetzt, sie stand auf der Bühne der Aula und blickte zu uns runter. Neben ihr stand Frau Minkusch, die Klassenlehrerin der b, und hinter ihnen, in einer Reihe, saßen der Direktor, Herr Singer, Herr Dettleff, der Pionierleiter, Frau Lorenz, die Klassenlehrerin der c, und der Abschnittsbevollmächtigte. Sein Wartburg stand unten auf dem Hof, neben den Autos der Lehrer, er hatte schon am Morgen dort gestanden, und wir wussten, dass es Ärger geben würde. Rico hatte einen großen Nagel geholt, er wollte die Reifen zerstechen, aber er kriegte den Nagel einfach nicht in den Gummi rein. Dann wollte er den Lack zerkratzen, aber die Pausenaufsicht hatte schon komisch geguckt, und wir hatten ihm den Nagel weggenommen. Er saß zwei Reihen hinter mir, sie hatten ihn extra geholt, denn er war jetzt eine Klasse unter uns, das hatten sie so angeordnet, als er nach fast zwei Jahren zurückgekommen war, obwohl er dort auch Schule gehabt hatte, jeden Tag.

»Ich kann es nur wiederholen«, sagte Frau Minkusch mit ihrer quäkenden Stimme, »es wird Konsequenzen geben. Der Herr Lansky, unser Abschnittsbevollmächtigter, möchte noch ein paar Worte sagen.« Herr Lansky stand auf, setzte seine Mütze ab und legte sie auf den Stuhl, er strich die Hosen seiner grünen Uniform glatt und stellte sich zwischen Frau Seidel und Frau Minkusch. »Liebe Thälmannpioniere der Klasse sieben a und sieben b und sieben c. Ich habe mit euch schon über die Gefahren gesprochen, wenn ihr in alten Häusern spielt und euch dort aufhaltet, wo es verboten ist. Gerade jetzt ist es wichtig, dass ihr euch an diese Regeln haltet, und ich weiß, dass die meisten von euch das vorbildlich tun.« Er holte tief Luft, ein paar Stühle knarrten, ich drehte mich um zu Rico, zu Paul und Walter, ganz hinten saß Mark. Sie blickten auf den Boden, nur Rico zwinkerte mir zu. Er saß direkt neben dem großen Fenster, durch das man den Sportplatz sehen konnte. Unten lief eine Klasse die große Runde, ich konnte ihre bunten Sportsachen erkennen, drei liefen vorneweg, der Rest ein ganzes Stück dahinter, und der Sportlehrer stand allein in der Mitte. »... dass es leider einige gibt, die ... einige Unbelehrbare gibt, und deshalb müssen wir ... und deshalb wird es Konsequenzen geben müssen.« Er holte wieder tief Luft, er hatte sich schon wieder versprochen, nein, das war kein guter Vortrag, ich hatte ein paar Mal dort vorne gestanden, bei den Talentwettbewerben, und hatte Gedichte oder Geschichten aufgesagt, ich konnte das gut, weil ich so laut und deutlich sprach und weil ich ein gutes Gedächtnis hatte, das kam vom Skatspielen, und ich war viel besser als Herr Lansky. Jetzt war er fertig und lief zurück zu seinem Stuhl, er nahm die Mütze und legte sie auf seine Knie, ich hatte gehofft, er würde sich draufsetzen. Frau Seidel trat einen Schritt vor. Sie hielt eine aufgeklappte Mappe in beiden Händen und tat so, als würde sie drin lesen. »Die folgenden Schüler stehen bitte auf: Walter Richter.« Hinter mir knarrte ein Stuhl. »Daniel Lenz.« Sie blickte über ihre Brille hinweg an mir vorbei. Ich stand auf. »Mark Bormann. Rico Grundmann.« Ich dachte an Katja, meine Gruppenratsvorsitzende, sie hätte so schön mit mir geschimpft, aber sie war ja nicht mehr da. »Paul Jendroschek.« Stefan, Stefan hatte uns verraten, dabei hatten wir ihn zweimal aufs Piratenschiff mitgenommen. »Stefan Schulte.« Nein, er konnte es doch nicht gewesen sein, sonst hätte er ein Geschäft mit ihnen gemacht.

»Rico Grundmann, komm nach vorn.« Der Direktor war aufgestanden und hatte sich neben Frau Seidel gestellt. Alle Lehrer waren ebenfalls aufgestanden, auch der Abschnittsbevollmächtigte, und Rico lief langsam zu ihnen vor. Er bekam einen schriftlichen Direktorentadel, alle blickten sehr ernst und kniffen ihre Münder zu, als der Direktor sprach. Es war die höchste Strafe der Schule, danach kam nur noch der Rauswurf, aber Rico grinste trotzdem, als er von der Bühne stieg und an uns vorbeilief, und er hielt das kleine Blatt Papier hoch, das seine Eltern unterschreiben mussten, aber seine Eltern waren ja weg, und er wohnte bei seiner Oma, die unterschrieb alles, hatte er mir mal erzählt, ohne es zu lesen, denn sie hatte es mit den Augen.

»Daniel Lenz, komm bitte vor.« Ich hörte, wie sich Rico hinter mir wieder setzte, und ging nach vorn. Ich stellte mich vor Frau Seidel und legte die Hände an die Hosennaht. Sie blickte auf ihre Mappe. »Daniel«, sagte sie, »hiermit verleihe ich dir die Urkunde des Ministerrates für hervorragende schulische Leistungen.« Ich verbeugte mich, und sie reichte mir die rotlederne Mappe mit dem goldenen DDR-Staatswappen und den Schnörkeln vorne drauf, in der die Urkunde lag. »Danke«, sagte ich, »danke, Frau Seidel.« Ich lief zurück zu meinem Platz, keiner blickte mich an, denn ich hatte gerade einen schriftlichen Klassenleitertadel bekommen, das war zwar nicht ganz so schlimm wie Ricos schriftlicher Direktorentadel, aber es reichte. Ich hielt das Blatt Papier in meiner Hand, ich wollte ein Flugzeug draus falten und es durch die Aula fliegen lassen. »Walter Richter, komm bitte nach vorn.« Ich setzte mich hin, und Walter lief an mir vorbei. Ich lächelte und zwinkerte ihm zu, aber nur sein Mundwinkel zuckte. Walter stand oben auf der Bühne, er sah ganz klein aus, und Frau Seidel erzählte ihm dasselbe, was sie mir erzählt hatte. Woher wussten sie, wo wir uns trafen, woher kannten sie das Piratenschiff? Sie wussten immer alles, und ich konnte das nicht verstehen. Dann ging Paul nach vorn, dann Mark und zum Schluss Stefan. Ich blickte zum Fenster. Die Klasse draußen auf dem Sportplatz lief nicht mehr die große Runde, sie hatten sich vor die Mauer auf die Wiese gesetzt, der Sportlehrer stand vor ihnen und fuchtelte mit den Armen.

Stefan lief zu seinem Platz, und nur noch die Lehrer standen vorne auf der Bühne. »Pioniere!« Das war Herr Dettleff, Herr Singer stand direkt hinter ihm, und es sah aus, als würde er ihm was ins Ohr flüstern. »Liebe Thälmannpioniere der Klasse sieben a, der Klasse sieben b und der Klasse sieben c, sicher wisst ihr, dass es zurzeit in unserer Stadt Versammlungen gibt, Aufmärsche von Personen, die unsere sozialistische Ordnung und Sicherheit gefährden. Und sicher wisst ihr auch, dass die Teilnahme an diesen Aufmärschen und Versammlungen verboten ist. Pioniere! Ich rufe euch auf, wachsam zu sein und diese Personen, die unsere sozialistische Ordnung und Sicherheit auf unverantwortliche Art und Weise gefährden, nicht zu unterstützen. Diese Aufmärsche und Versammlungen reden die sozialistischen Errungenschaften schlecht, auf unverantwortliche Art und Weise wird die sozialistische Ordnung und Sicherheit … Pioniere!« Er stockte, er war rot im Gesicht, und sein Mund stand offen. Herr Singer legte seine große Hand auf Herrn Dettleffs Schulter. »Ihr kennt doch die Fußgängerbrücke an der Blechbüchse«, sagte er ganz ruhig mit seiner tiefen Stimme. Ein paar Idioten neben mir sagten »Ja« oder nickten. »Diese Brücke wird während der Versammlungen und Aufmärsche aufgesucht und überquert. Das sind Hunderte Menschen, von verantwortungslosen Personen aufgehetzt, vielleicht sogar Tausende. Diese Brücke«, er machte eine Pause und hielt den Zeigefinger neben sein Gesicht, »diese Brücke aber ist nicht gebaut für so viele Menschen, und die Personen, die sie aufhetzen, wissen das. Die Brücke kann einstürzen, und wenn sie weiterhin auf der Brücke wippen und springen und damit unsere Volkspolizisten provozieren wollen und ihre unverschämten Parolen schreien, wird sie einstürzen! Und ihr könnt euch denken«, er machte wieder eine Pause und hielt den Zeigefinger neben sein Gesicht, »und ihr könnt euch denken, dass es dann viele Verletzte und sicher auch Tote geben wird. Und das ist nur ein Beispiel für das verantwortungslose Handeln dieser Ruhestörer und Krawallmacher.« Er drehte sich um zu den anderen Lehrern, und sie nickten und kniffen ihre Münder zusammen und sahen sehr ernst aus. Herr Singer legte seine Hand wieder auf die Schulter von Herrn Dettleff, und wieder sah es so aus, als würde er ihm was zuflüstern. »Thälmannpioniere«, sagte Herr Dettleff, »steht bitte auf!« Wir standen auf. »Wir beenden die Versammlung mit dem Gruß der Jung- und Thälmannpioniere: Für Frieden und Sozialismus: Seid bereit!« »Immer bereit«, sagten wir im Chor und legten unsere Hände an unsere Köpfe zum Pioniergruß. Auch die Lehrer machten den Pioniergruß, und sogar der Abschnittsbevollmächtigte, der seine Mütze wieder aufgesetzt hatte. Dann liefen wir langsam zur Tür.

Wir trafen uns nicht mehr am Piratenschiff, wir trafen uns im Park, neben dem kleinen Sandkasten, wie früher. Es war Montag, aber wir machten keine Versammlung und planten auch nicht die neue Woche, das war vorbei. Walter war mit seiner Mutter in der Stadt, und auch wir wollten dorthin, obwohl sie in der Schule gesagt hatten, dass es verboten war, aber wir hatten es ja abgemacht. Ich saß mit Rico auf der Bank, oben auf der Lehne, wir warteten auf die anderen.

»Vielleicht kommen die nicht«, sagte ich, »bei Mark gab's Riesenärger wegen dem Klassenleitertadel.«

»Und bei dir, Danie?«

»Ach, ging so.«

»Sind ganz schöne Schweine, was?«

»Sind sie.«

»Was meinst du, Danie, wer hat's denen gesteckt?«

»Weiß nicht, ich dachte erst Stefan, aber den hat's ja auch erwischt, obwohl er nur zweimal mit war.«

»Nee, nee, Danie, Stefan war's garantiert nicht, der würde nie quatschen!«

»Der will Mittwoch mit auf die Messe kommen, was meinst'n, Rico, darf er mit?«

»Weiß noch nicht. Irgend 'ne Mutprobe muss er noch machen, da fällt mir schon was ein, Danie.«

Jemand kam über die Wiese auf uns zu. Es war Stefan. Er hielt einen kleinen Beutel in der Hand.

»Und«, sagte er, »wie geht's?«

»Geht so.«

»Ihr wollt in die Stadt, stimmt's?«

»Vielleicht.«

Stefan legte den Beutel auf die Bank.

»Was hast'n da drin?« Rico tippte mit dem Fuß an den roten Stoff.

»Nicht treten, bitte. Is mein Fotoapparat, der is doch empfindlich, geht doch sonst kaputt.«

»Was willst'n damit?«

»Wenn ihr in die Stadt geht ...«

»Wer hatt'n dir erzählt, dass wir in die Stadt gehen?«

»Mark, das hab ich von Mark. Der kann heut nicht. Sein Vater, verstehste ... Da kann ich doch vielleicht mitkommen ...«

»Zeig doch mal deinen Apparat«, sagte ich.

Er griff vorsichtig in den Beutel und holte ihn raus. »Von der Foto AG, ich bin doch in der Foto AG.«

Der Fotoapparat war groß und schwarz mit kleinen silbernen Knöpfen, und oben war ein riesiges Blitzlicht draufgesteckt.

»Die wählen doch immer das Foto des Monats, ich hab da noch nie gewonnen. Aber wenn ihr in die Stadt ...«

»Ich hab nicht gewusst«, sagte Rico, »dass 'n Beißer in die Foto AG darf.«

Ich stieß Rico an.

»Nee, nee«, sagte Rico, »ich mein das nicht so, ich find das gut ...«

»Bin kein Beißer mehr«, sagte Stefan, »bin doch schon lange kein Beißer mehr, da war ich doch noch ganz klein.«

»Is schon gut«, sagte ich, »wir müssen gleich los, pack mal deine Kamera wieder ein.«

Ich stand auf.

»Und Paul?«, sagte Rico.

»Der kommt nicht mehr«, sagte ich, »kannst du vergessen, der war ja schon beim Fußball nicht mit.«

»Hosenscheißer, alles Hosenscheißer, nur wegen so ’nem blöden Klassenleitertadel!«

»Ich bin kein Hosenscheißer«, sagte Stefan.

»Nee, nee, du nicht.« Rico lief über die Wiese vor zur Haltestelle. »Na los, kommt schon!«

Stefan nahm seinen Beutel, und wir liefen Rico hinterher.

Vorne an der Straße stand Mark. Er stützte sich auf seine Fahnenstange, die eigentlich ein Besenstiel war, den Wimpel hatte er eingerollt, er grinste und winkte uns zu.

»Bist ja doch da!« Rico klopfte ihm auf die Schulter.

»Klar, war doch abgemacht. Hab mich rausgeschlichen, verstehste, mein Alter ...«

»Und sogar die Fahne haste mit!«

»Klar, hab ich doch gesagt, da sind wir die Größten!«

Stefan stand hinter uns auf der Bordsteinkante. »Kann ich jetzt trotzdem mit?«

»Na klar«, sagte Rico, »du musst doch den Preis gewinnen.«

»Bleibt mal so stehen, ja, so ist gut!« Wir standen vor der Nikolaikirche, der Vorplatz war voller Menschen, und wir konnten uns kaum bewegen, aber Stefan wollte trotzdem ein paar Fotos von uns machen. Er hatte sich auf einen kleinen Mauervorsprung gestellt, wir winken ihm zu, und Mark schwenkte seinen Besenstiel, die Fahne hatte er noch nicht ausgerollt, er hatte sie mit zwei Gummis festgemacht, »nicht zu früh aufrollen«, hatte er gesagt, »erst wenn’s losgeht, erst wenn die Glocken läuten, sonst ist die Überraschung weg!« Es blitzte, Stefan fummelte an seiner Kamera rum, dann kam er wieder runter. »Ganz schön voll, was?«

»Klar«, sagte ich, »viel mehr als beim Fußball.«

»Du gehst wohl auch zu Lok«, sagte Stefan, steckte den Beutel in die Jackentasche und hängte sich seine Kamera um.

»Sag mal, willst du mich verarschen, wir sind Chemiker!«

»Ach so, wusst ich nicht.«

»Weiß doch jeder, Mensch!«

Die Glocken begannen zu läuten, und aus der Tür der Kirche kamen die Leute raus, es war ein Riesengedränge, und wir bewegten uns mit der Menge Richtung Oper. Es wurde langsam dunkel, und in den Seitenstraßen blinkte das Blaulicht der Bullen. »Danie!« Mark war schon ein paar Meter weiter und winkte uns mit seiner Fahne zu. Jetzt hatte er sie endlich aufgerollt, es war ein großer dreieckiger Pionierwimpel, auf beiden Seiten war das Pionieremblem drauf, und drunter stand in großen roten Druckbuchstaben: »Wir marschieren mit, für den Frieden und die Solidarität zwischen den Völkern«.

Ich drängte mich zwischen den Leuten durch, Stefan und Rico waren dicht hinter mir. »Da müssen wir bisschen aufpassen«, sagte Rico, »nicht verlieren!« »Siehst du«, sagte Mark, »mit Fahne is besser, die haben auch eine.« Vor uns rollten zwei Männer ein Transparent aus, sie steckten es auf zwei Besenstiele, wahrscheinlich gab es keine richtigen Fahnenstangen mehr in der ganzen Stadt, und hielten es hoch. »Wir sind das Volk«, stand auf dem Transparent, und ich lachte. »Guck mal, Rico, haste das gesehen. Wir sind das Volk.« Auch Rico lachte jetzt, einer der Männer drehte sich um, und Stefan machte ein Foto von ihm. Der Mann drehte sich weg und kreuzte die Hände vorm Gesicht.

»Das Volk«, lachte Rico, »ich bin auch das Volk, verstehste, Danie.« Wir waren jetzt auf der Goethestraße und liefen an der Oper vorbei. Die Glocken der Kirchen läuteten immer noch, wahrscheinlich war das ein Signal, denn vom Karl-Marx-Platz kamen jetzt noch mehr Leute. An der Haltestelle standen drei Straßenbahnen und konnten nicht weiter. Wir liefen mitten auf der Straße, auf den Fußwegen standen Polizisten neben ihren Autos, ein paar hatten Hunde. »Das soll alles sein«, sagte Rico, »die paar Bullen?« »Kommt noch«, sagte ein Mann neben uns. Er hielt eine Kerze in der Hand, jetzt zündete er sie an. »Bleibt immer schön in der Mitte, nicht nach außen gehen.« Er hielt die Kerze nicht gerade, und Wachs tropfte auf seine Jacke. »Wollt ihr auch eine?« »Was denn?« »Na 'ne Kerze.« Er holte eine aus seiner Jackentasche, da waren noch mehr drin, das konnte ich sehen, er zündete sie an seiner Kerze an und gab sie Stefan. Rico nahm sie ihm aus der Hand. »Musst auf deine Kamera aufpassen.«

»'ne Fahne und 'ne Kerze«, sagte Mark, »wir sind die Größten!« Er hielt den Besenstiel ganz unten fest und schwenkte die Fahne über unseren Köpfen. »Danke«, sagte ich zu dem Mann, aber er war schon ein paar Meter weiter. Überall in der Menge sah ich jetzt Kerzen leuchten, wahrscheinlich war der Typ so eine Art Kerzenverteiler. »Wie beim Lampionfest«, sagte Stefan. Er drehte sich um und machte ein paar Fotos von den Leuten hinter uns. »Pass gut auf«, sagte Rico, »sonst holen dich die Bullen.« »Ach, wieso denn, ich hab doch meinen Mitgliedspass dabei, von der Foto AG.« Er griff in seine Innentasche und holte eine kleine Karte raus, die in einer Folie steckte. Sein Passfoto war drauf, mit einem Stempel und einer Unterschrift, und auf der Rückseite der Karte war eine Sicherheitsnadel, mit der machte er sie an seiner Jacke fest. »Mensch, mach das Ding ab«, sagte Mark und schwenkte weiter seine Fahne, »is doch peinlich!« »Nee, da bin ich wie von der Zeitung, da darf ich fotografieren, Foto AG, verstehste!« »'n Beißer«, flüsterte mir Rico ins Ohr und grinste. Wir waren am Bahnhofsplatz. Die Bullen standen jetzt überall, vorm Bahnhof und auf der anderen Seite der Straße, sie standen in einer Reihe vor ihren Autos, sie trugen Helme, und ihre Schilde waren wie eine Mauer. »Wasserwerfer«, sagte Rico, »guck dir das an, schlimmer als beim

Fußball!« Da standen sie, neben dem Bahnhof, wie Panzer. »Scheiße«, sagte ich, »wenn die jetzt loslegen!« »Glaub ich nicht«, sagte Rico, »zu viele Leute.« Stefan fotografierte, er hatte das Blitzlicht ausgeschaltet und drehte vorne am Objektiv. »Nachtaufnahmen«, sagte er, »Blaulicht und Kerzen, das wird spitze!«

Wir liefen jetzt langsamer, die Haltestelle lag in der Mitte der Straße, und die Menge teilte sich. »Da oben«, rief Stefan und richtete seine Kamera auf den Bahnhof, »da sind welche aufm Dach, da laufen welche rum! Das is Polizei!« Er blieb stehen und fummelte an seiner Kamera rum, aber ich griff nach seiner Schulter und zog ihn weiter. Überall standen Straßenbahnen, sie waren leer, und die Innenbeleuchtung brannte. »Hör mal, was rufen die?« Es ging nicht mehr weiter, wir blieben stehen, und Mark stützte sich auf seine Fahnenstange. »Wir sind das Volk! Wir sind das Volk!« Es kam irgendwo von vorne aus der Menge, aber jetzt fingen sie auch neben uns an zu rufen: »Wir sind das Volk! Wir sind das Volk!«

»Die Typen von vorhin«, schrie Rico, »mit dem Plakat, das ist von denen, das haben die angestimmt!« Auch Mark schrie jetzt mit: »Wir sind das Volk!« und schwenkte wieder seinen Pionierwimpel. Neben uns standen zwei dicke Frauen, sie blickten auf Marks Fahne, die eine zeigte mit dem Finger drauf, sie lachten. »Wir sind das Volk! Wir sind das Volk!« Dann ging es weiter. Wir liefen um die Straßenbahnen herum, die Türen standen offen, ein paar Fahrer saßen auf den Stufen in den Türen und rauchten, einige winkten. Auf den Fußwegen und der Straße liefen die Bullen neben uns her. »Wahnsinn«, sagte Mark, »das sind Hunderte!« »Na und«, sagte Rico, »wir sind doch paar Tausend.« Stefan stieg in eine der Straßenbahnen, stellte sich in die Tür und fotografierte die Bullen. »Hier«, schrie Mark, »wir auch noch!« Wir stellten uns vor ihn hin, ich in der Mitte, Rico hielt seine Kerze hoch, Mark schwenkte seine

Fahne, ich legte meine Arme um ihre Schultern. »Die Leute«, rief Stefan, »die Leute laufen durchs Bild!« Aber jetzt drückten sie schon von hinten, jemand stieß mir in den Rücken, die Menge lief schneller. Stefan sprang wieder aus der Bahn, er stolperte, und ich riss ihn hoch. Jemand schrie »Bullenschweine!«, aber sie standen noch auf den Fußwegen, vielleicht rückten sie von hinten, vom Bahnhof her, vor. »Zusammenbleiben«, rief Rico, »bloß zusammenbleiben!« Ein paar Leute neben uns hielten sich an den Händen oder legten die Arme um die Schultern ihrer Nachbarn, und auch wir rückten jetzt dichter zusammen, ich hielt Mark an der Jacke und Rico am Arm. Vor uns war das blaue Wunder, die große blaue Fußgängerbrücke neben dem großen silbernen Kaufhaus, das alle nur »Blechbüchse« nannten. Die Brücke war voller Leute, vom Geländer hingen Transparente runter, und auf dem Geländer standen jede Menge Kerzen. »Guck dir das an«, sagte Rico und zerrte an meinem Arm, »das is wie Weihnachten.«

»Freie Wahle«, las Stefan und machte ein paar Fotos, »was soll'n das?« »Da hängt noch 'n N, du Blödmann, freie Wahlen!«, sagte Mark und winkte den Leuten auf der Brücke mit seinem Pionierwimpel zu. »Wir sind das Volk!«, riefen sie jetzt oben, und es sah aus, als würden sie auf und ab springen. »Wir sind das Volk!«, riefen sie neben uns und blieben stehen. Wir standen jetzt genau vorm blauen Wunder, es wackelte wirklich ein bisschen, fast so wie Herr Singer es gesagt hatte. Auch unter der Brücke riefen sie jetzt »Wir sind das Volk!«, es war ein Riesenlärm, und oben sprangen sie auf und ab. »Wer nicht wippt, ist ein Club-Schwein«, rief Rico und lachte, »wer nicht wippt, ist ein Club-Schwein!« Mark und ich riefen mit, »wer nicht wippt, ist ein Club-Schwein!«, das riefen die Chemie-Fans immer in der Straßenbahn auf dem Weg zum Spiel und sprangen auf und ab und brachten die Wagen zum Wackeln. Auch wir sprangen auf und ab, und auch ein paar Leute neben uns begannnen, auf und ab zu springen. »Wir sind das Volk! Wir sind das Volk! Wer nicht wippt, ist ein Club-Schwein!« Stefan stand vor uns und machte seine Fotos. Ricos Kerze war ausgegangen, seine ganze Hand war voller Wachs. Er suchte in seinen Taschen rum, eine Frau hielt ihm ihre Kerze hin, und er zündete seine wieder an. Dann ging es weiter, wir liefen unter der Brücke durch, auf der linken Seite stand ein Wasserwerfer. Stefan legte einen neuen Film in seine Kamera, er fotografierte den Wasserwerfer, dann blickte er nach oben und tippte mir auf die Schulter. »Du, Danie, was meinst'n, ob die wirklich einstürzen kann?« »Quatsch«, sagte ich, »du glaubst doch nicht den Mist, den Singer erzählt hat.« Er nickte, »ja, is Quatsch« und blickte wieder nach oben. Er lief jetzt schneller, er drängte sich zwischen den Leuten durch, und dann sah ich ihn mit seiner Kamera draußen vor der Brücke auf dem Fußweg stehen. Er stand ziemlich dicht bei den Bullen, und ich winkte ihn wieder ran. »Biste blöd, die kannste nicht knipsen, das gibt Ärger, du!«

»Glaub ich nicht, Danie, Foto AG.« Er tippte auf die Mitgliedskarte an seiner Brust.

»Jetzt geht's los«, sagte Rico neben mir, »jetzt kracht's!« »Wieso, was meinst'n?« Aber dann sah ich es, vor uns auf der linken Seite war ein großes altes Haus mit Säulen, ich kannte es, ich war schon ein paar Mal mit der Straßenbahn dran vorbeigefahren, aber da hatten die Bullen und der Wasserwerfer und der Panzerwagen noch nicht davorgestanden. »'n Panzer«, sagte Rico, »Wahnsinn!« Sogar auf dem Balkon über den Säulen standen Bullen, sie trugen Maschinenpistolen an Gurten um den Hals, wie Stefan seine Kamera, einer hielt ein Fernglas und beobachtete uns. Auf dem Dach des Hauses waren Scheinwerfer, die Strahlen bewegten sich über die Menge, jetzt waren sie bei uns, ich hielt die Hand vor die Augen und drehte mich weg. »Is ja wie Krieg«, sagte Mark, und Stefan fotografierte das Haus.

»Is ’n Bullenpanzer«, sagte Rico, »nicht von der Armee.« Er kannte sich aus mit so was, sein Vater war Offizier gewesen. Wir blieben stehen. Die Leute um uns herum drehten sich langsam zum Haus und zu den Bullen, sie hielten ihre Kerzen und Transparente hoch, und dann begannen wieder die Sprechchöre, erst leise, irgendwo ganz vorne, dann immer lauter: »Wir sind das Volk! Wir sind das Volk!«, und dann, viel schneller und in einem anderen Rhythmus: »Freie Wahlen! Freie Wahlen! Freie Wahlen!«

Die Bullen wurden nervös, das konnte man sehen, sie standen nicht mehr still in einer Reihe, sie bewegten ihre Schilde und rückten langsam vor. Der Typ auf dem Balkon hatte sein Fernglas abgesetzt und hielt ein Funkgerät in der Hand, das größer war als sein Kopf.

»Wer wohnt denn hier«, schrie Mark, »Scheiße, wer wohnt denn hier?«

»Der Bürgermeister«, sagte Stefan.

»Quatsch«, sagte Rico, »Bullen, ganz hohe Tiere, Geheimdienst!«

Ein Typ hatte sich auf ein Auto am Straßenrand gestellt, er fuchtelte mit den Händen und schrie, dass man es bis zu uns hörte: »Stasi raus, Stasi raus! Wir wollen keine Stasi-Schweine!« Ein paar Bullen rannten auf ihn zu, aber zwei Männer sprangen aus der Menge, zerrten ihn vom Auto runter und verschwanden mit ihm zwischen den Leuten. »Was’n für Stasi, Mensch?«, schrie Mark. »Bullen«, sagte Rico, »Geheimdienst!« Der Wasserwerfer fuhr auf die Menge zu, der kleine Drehturm bewegte sich, neben dem Wasserwerfer liefen Bullen mit Hunden, ich konnte sie bellen hören. Ein paar Leute stellten sich vor die Bullen, sie hielten ein großes Transparent, auf dem stand: »Keine Gewalt!« Ein Bulle drückte sein Schild in ein Gesicht, der Mann ging zu Boden, er hielt sich am Transparent fest, es war eine Frau, zwei Bullen hoben sie auf und schleiften sie weg. »Keine Gewalt! Keine Gewalt!«, schrien sie jetzt in der Menge, und ich sah, dass auch Rico neben mir mitschrie, Rico, der Boxer. Aber die Bullen hörten nicht drauf, sie prügelten jetzt auf die anderen Transparentträger ein. »Los«, schrie Mark, »weg!« Er nahm seine Fahne runter, rollte sie ein und klemmte sich den Besenstiel unter den Arm. Von hinten drückten sie schon, alle liefen zur rechten Straßenseite, und die Bullen und der Wasserwerfer blieben stehen. »Großkalibriges Maschinengewehr«, sagte Rico und zeigte auf den Panzer, »wenn der loslegt, is hier Pumpe!« »Das können die gar nicht«, sagte ich, »das geht doch gar nicht, die können doch nicht einfach in die Menge ...« Ich drehte mich um, das Haus lag schon ein Stück hinter uns, aber immer noch liefen Leute dran vorbei, das Transparent »Keine Gewalt« war verschwunden. »Sag ich doch«, Mark rollte seine Fahne wieder aus und hielt sie hoch über seinen Kopf, »nur zur Abschreckung der Panzer, war sicher nicht mal geladen. Für den Frieden, wir marschieren doch für den Frieden!«

»Von wegen Frieden«, sagte Rico, »hast's ja gesehen, keine Gewalt!«

»Du mit deinem Frieden«, sagte ich, »du bist doch der Einzige, bei dem Frieden draufsteht!«

»Macht meine Fahne nicht schlecht! Da vorne, siehst du, Freiheit, das ist doch fast dasselbe!«

»Zu viele Leute«, sagte Stefan und legte wieder einen neuen Film in seine Kamera, »die waren im Weg, zu viele vor der Linse. Habt ihr das gesehen, die Polizei, die haben die einfach ...«

»Wenn mein Vater hier wäre«, sagte ich, »der würde die ...«

»Klar«, sagte Rico, »alle machen würde er die!« Er legte seine Hand auf meine Schulter, und ich nickte. Vor uns auf der linken Seite lag das Rathaus, das aussah wie eine Burg.

»Zur Mitte«, sagte Rico, »wir müssen mehr zur Mitte!«

Er hatte Recht, wir waren fast auf dem Fußweg, wir versuchten, uns zurück in die Menge zu drängeln, aber vor uns stolperten sie in unsere Richtung, sie drückten und schoben uns auf den Fußweg, bestimmt knüppelten die Bullen auf der anderen Seite in den Zug, wir waren mitten unter den Leuten, die plötzlich in einer kleinen Seitenstraße standen, die am anderen Ende von drei Bullenautos abgesperrt war wie eine Sackgasse. »Zurück in den Zug!«, schrie ein Mann und warf seine Kerze weg, Rico hielt seine noch fest. Das waren nur zehn, zwanzig Meter, ich konnte die Transparente sehen und die Kerzen und die Köpfe der Leute, jetzt riefen sie auch wieder »Wir sind das Volk!«, aber da waren jetzt Bullen zwischen unserer kleinen Gruppe und dem großen, großen Rest.

»Was'n jetzt passiert?«, schrie Mark und hielt seinen Besenstiel mit beiden Händen wie einen Knüppel. Hinten in der Straße sah ich auch einen LKW mit offener Plane, bestimmt wollten sie uns da reinjagen, aber warum? »Was machen wir denn jetzt«, schrie Rico. »Foto AG«, sagte Stefan und trat ein Stück zurück und hob seinen Fotoapparat, es blitzte, »ich darf das!« Ein paar Leute versuchten, vorne zwischen den Bullen durchzukommen, aber sie hatten keine Chance, die Bullen drängten sie einfach mit ihren Schilden zurück. »In 'n Haus«, schrie Rico, »in irgendein Haus rein!« Er schmiss seine Kerze nach den Bullen, sie knallte an ein Schild, Rico rannte los, zu einem der Häuser. Mark ließ seinen Pionierwimpel fallen und lief hinterher, und nur Stefan stand einfach da und fotografierte die Bullen. »Stefan, komm schon!«, schrie ich. Jemand rempelte mich an, ich stolperte und hielt mich an der Hauswand fest, die Leute rannten in der Straße hin und her, einige rüttelten an Haustüren, ich konnte Stefan nicht mehr sehen und rannte zu Rico, der vor einer Toreinfahrt stand, irgendwie hatte er sie aufbekommen. »Los, Danie, rein hier!« In der Toreinfahrt war es dunkel, und wir tasteten uns an Aschentonnen entlang hinter in den Hof. Jemand machte ein Feuerzeug an, neben uns waren noch andere Gesichter, keine Bullen. Wir liefen über den Hof und dann ins Haus rein, die Tür war offen. »Nee«, sagte Rico, »das is nicht, hier kommen wir nicht mehr raus, da aufs Dach, Danie.« Er lief wieder auf den Hof, ich packte Mark an der Schulter und zog ihn mit. »Scheiße, Danie, die kriegen uns.« »Mensch, sei ruhig, Rico macht das schon!« Rico war jetzt auf einer kleinen Mauer, und von dort kletterte er auf ein Schuppendach. »Na los, kommt schon!« »Räuberleiter«, sagte Mark, »bitte, Danie, ich schaff's sonst nicht!« Ich hörte das Getrampel von Stiefeln und Schreie draußen auf der Straße. Ich hielt ihm meine Hände hin, er stellte seinen Fuß drauf und kletterte auf die Mauer. Dann zog ich mich hoch, Rico reichte mir seine Hand, dann lag ich neben ihm und Mark auf dem Schuppendach. »Bloß liegen bleiben«, sagte Rico, »bloß hier oben liegen bleiben!« Licht in der Toreinfahrt und dann auf dem Hof, Taschenlampen, Bullentaschenlampen. Dann Licht im Treppenhaus, richtiges Licht, dann Schreie und Stiefelgetrampel im Treppenhaus, sie hatten sie erwischt, das konnten wir hören, und jetzt sah ich auch einen Bullen im Treppenhausfenster, er hielt einen Mann an der Schulter und schob ihn weg. Dann waren sie auf dem Hof, wieder Schreie, da heulte doch jemand!, ich drückte mein Gesicht auf die Dachpappe, bis meine Nase wehtat, dann waren sie weg. Ich richtete mich auf. »Unten bleiben«, flüsterte Mark, »Mensch, bleib doch unten, vielleicht lauern die noch!« Das Licht im Treppenhaus ging wieder aus. Es waren wirklich noch welche da, denn es klapperte was, aber das war nur eine Frau, die sich im zweiten Stock aus dem Fenster beugte, ich konnte ihre weißen Haare erkennen. Zwei Stockwerke über ihr wurde noch ein Fenster geöffnet.

»Und, sindse weg?«, sagte ein Mann.

»Sind weg«, sagte die Alte, »sind endlich weg.«

»Ich wollt einen reinlassen«, sagte der Mann, »aber hat ja kein' Zweck ...«

»Nee«, sagte die Alte, »bringt uns ja nichts, machen sie noch die Tür kaputt. Is schlimm ...«

»Ja, is schlimm«, sagte der Mann.

»Na ja, vielleicht ist bald vorbei.« Die Alte hustete.

»Was vorbei?«, fragte der Mann.

»Ach, ich mein bloß.« Die Alte hustete wieder.

»Ist alles so 'ne Sache«, sagte der Mann.

»Gute Nacht«, sagte die Alte.

»Nacht«, sagte der Mann. Er machte das Fenster wieder zu. Die Alte stand noch da und hustete, sie hatte ein weißes Nachthemd an. Sie hustete nochmal, dann spuckte sie aus dem Fenster, sie musste ein ganzes Stück Lunge rausgehustet haben. Sie machte die Fenster wieder zu, dann zog sie die Gardinen vor und machte das Licht aus. Ich drehte mich auf den Rücken.

»Guckt mal, da oben«, sagte Mark, »der Große Wagen.«

»Stefan«, sagte ich.

»Ach, dem passiert schon nichts«, sagte Rico, »der hat doch seinen Foto-Pass.«

Ich lächelte, und weil sie's ja nicht sehen konnten, lachte ich, aber nicht zu laut. »Der mit seinem Foto-Pass.«

»Nee«, sagte Rico, »den müssen sie doch wieder gehen lassen, oder sie fahren ihn nach Hause, ist auch nicht schlecht, mit dreizehn, verstehste ... das war seine Mutprobe, jetzt gehört er richtig dazu.«

»Stimmt«, sagte ich, »da kann er auch mit auf die Messe.«

»Wer weiß, wo die den hinsperren. Jetzt guckt doch mal. Und daneben, Kleiner Bär, heißt das.«

Ich klopfte Mark auf die Schulter. »Bist 'n Sternen-Ass!«

»Du, Danie«, sagte er, »verstehst du das?«

»Was?«

»Na, worum's da geht. Heute, mein ich, marschieren.«

»Nich so richtig, nee.«

»Dass sie da einfach so rein ... hätt ich nicht gedacht!«

»Na ja, beim Fußball gehen sie doch auch manchmal rein!«
»Stimmt, Danie, aber nicht so doll.«
»Seid mal ruhig«, flüsterte Rico. Im Treppenhaus hörten wir Schritte, die Tür ging auf, und jemand lief leise über den Hof zur Toreinfahrt. Vielleicht hatte der Mann doch einen in seiner Wohnung versteckt oder vielleicht die Alte oder ein anderer aus dem Haus.
»Was meinst'n, wenn die rauskriegen, dass wir heute hier waren, Singer und Dettleff. Und die Seidel. Die kriegen doch immer alles raus.«
»Da können die gar nichts machen«, sagte ich, »bei den vielen Leuten. Von wegen Krawallmacher und so.«
»Gegen solche Schweine«, sagte Rico und rutschte näher an uns ran, »gegen die geht's doch. Und gegen die Bullen, klar, gegen die auch.«
»Krieg trotzdem Ärger«, sagte Mark, »mein Alter, versteht ihr, hatte doch Hausarrest.« Mark stand auf. »Wolln wir jetzt? Wenn ich nicht ganz so spät komme, ist's vielleicht nicht so schlimm.«
»Aber erst mal vorsichtig gucken«, sagte Rico und kletterte auf die Mauer, »wenn die noch da sind, müssen wir irgendwie über die Höfe.« Wir kletterten die Mauer runter und liefen über den Hof zur Toreinfahrt. Die Tür zur Straße stand immer noch weit offen, und wir blickten vorsichtig nach links und rechts, aber alles war leer. Wir traten auf den Fußweg. Die Straße war dunkel, kein Blaulicht mehr, nur zwei Laternen brannten, die anderen waren kaputt. Wir liefen vor zur Hauptstraße, und auch die war leer, jetzt fuhren zwei Autos vorbei. »Bullen!« Mark presste sich an die Hauswand. Aber sie fuhren weiter, ohne Blaulicht. Auf dem Fußweg und der Straße lagen ein paar Kerzen, neben denen Wachsflecken waren. »Meine Fahne!« Mark bückte sich. Sie war ganz schmutzig und zerknittert, er hob sie auf und strich über den Stoff und den Besenstiel. Er zog

ein Gummi aus der Tasche und rollte den Wimpel ein. »Lass offen«, sagte Rico, »wenn sie uns jetzt erwischen, warn wir bei ’nem Pioniertreffen.« Mark grinste. »Siehste, meine Fahne!« Wir liefen die Hauptstraße lang, zur Haltestelle am Karl-Marx-Platz. Auch hier lag alles voller Kerzen, ich hob eine auf und steckte sie ein. Wir liefen ganz alleine auf dem Fußweg, Mark schwenkte seine Fahne.

*Ingo Schulze*

# Heute entscheidet sich alles

Am nächsten Morgen waren wir kurz vor zehn im Theater. In der Dramaturgie, diesem niedrigen dunklen Raum unterm Dach, drängten sich die Leute.

Michaela griff sofort zum Telephonhörer, preßte ihn ans Ohr und hielt sich während des Gesprächs das andere Ohr zu.

Die meisten schien die pure Langeweile hierher verschlagen zu haben. Sie inspizierten unsere kleine Bibliothek, blätterten in alten Programmheften und sprachen über Aufführungen und Kollegen, als sei das ein Gebot der Stunde. Ging die Tür auf, stockten die Gespräche jeweils für einen Augenblick.

Amanda von der Requisite erschien und kurz darauf Olaf, der Inspizient. Norbert Maria Richter war noch nicht da. Amanda steckte sich eine Zigarette an und fragte, was wir denn planten. »Ich plane nichts«, sagte ich.

Die einen sprachen über eine Resolution des Dresdner Theaters, die auf der Bühne verlesen werden sollte, andere von Blutkonserven und freigeräumten Stationen. Das werde tatsächlich in Leipzig erzählt, bestätigte Patrick. Ellen habe ihn deshalb im Theater angerufen. Amanda zeigte uns einen Artikel aus der »Volkszeitung«. »Werktätige fordern: Staatsfeindlichkeit nicht länger dulden!« lautete die Überschrift. Eine Kampfgruppeneinheit namens Geifert fühlt sich von gewissenlosen Elementen nach der Arbeit, beim Genuß ihres verdienten Feierabends, belästigt. Die Folgerung daraus: Sie sind bereit und willens, das von ihrer Hände Arbeit Geschaffene zu verteidigen und zu schützen, die Störungen endgültig und wirksam zu unterbinden. »Wenn es sein muß, mit der Waffe in der Hand.« Ich las den Artikel laut und ließ die Zeitung herumgehen. Amanda hielt ihre Kippe unter den Wasserhahn und legte sie neben die Seife zu den anderen. Sie lächelte.

»Heute entscheidet sich alles«, hörte ich plötzlich Michaela. »Wenn wir heute versagen, dann haben wir für immer versagt.« Ihr Blick ging von einem zum anderen. »Wenn wir heute nicht selbst auf die Straße gehen, lassen wir alle, die inhaftiert und gefoltert wurden, im Stich.« Darauf folgte die Wiedergabe dessen, was Thea erzählt hatte.

Michaela nahm sich Zeit für ihre Rede, hob kaum die Stimme und ließ alle spüren, daß sie um Sachlichkeit rang und ihre Gefühle, schließlich handelte es sich um ihre beste Freundin, zu unterdrücken verstand. Sie ähnelte schon einer Nachrichtensprecherin, als sie ein Mädchen erwähnte, das sich habe ausziehen müssen und unter dem Gelächter der Polizisten nackt über den Gang gejagt worden war. Dieses Martyrium sei Thea erspart geblieben. Dafür spüre sie noch den Schlag auf den Kopf – minutenlang habe sie bewußtlos auf dem LKW gelegen; schlimmer noch seien die Rückenschmerzen, die ganze rechte Seite sei ein einziger Bluterguß. Sie seien bei jeder Gelegenheit geschlagen worden, sogar dann noch, als sie an der Wand standen, mit den Händen im Nacken. Immer wieder hätten junge Kerle Leibesvisitationen vorgenommen.

Nach 38 Stunden ohne Schlaf und Essen habe man sie entlassen. Gestern abend sei um die Gethsemanekirche die Straßenbeleuchtung ausgeschaltet worden, dann hätten die Uniformierten losgeprügelt – unterm Sturmgeläut der Kirchenglocken.

»Wenn wir es heute nicht schaffen«, sagte Michaela, während sie am Kragen ihres Mantels zog, »haben wir unsere Chance für lange, vielleicht für immer vertan!«

Michaela hatte uns mit ihrer Rede in Verlegenheit gebracht. Deshalb löste die Nachricht, Norbert Maria Richter sei gekommen, einen etwas überstürzten Aufbruch aus.

Hätte es mich statt Thea getroffen, davon war ich überzeugt, wäre Michaela wohl kaum zu solch einer Rede inspiriert worden. Thea war ihr schon wieder einen Schritt voraus. *Das* fand Michaela unerträglich! Die große Freundin war daran schuld, daß Michaela glaubte, ihr Gesicht zu verlieren, wenn nicht auch sie Kopf und Kragen riskierte.

Liebe Nicoletta! Ich weiß, wie mißgünstig ich Ihnen erscheinen muß. Vielleicht habe ich immer noch zuwenig Distanz zu der ganzen Sache. Aber in diesem Falle teile ich Ihnen nicht nur meine damalige Meinung mit.

Gegen Michaelas Wahn war kein Kraut gewachsen.[1] Ich wußte, sie würde nach Leipzig fahren. In Norbert Maria Richter oder Jonas mußte ich keine Hoffnungen setzen. Robert bliebe mein einziges Argument, aber Thea hatte schließlich auch keine Rücksicht auf ihre Familie genommen.

Mittags in der Kantine wußte jeder von leer geräumten Turnhallen und Notlazaretten zu berichten. Jonas, der lange geschwiegen hatte, sagte mit einem wissenden Lächeln, er rate jedem dringend davon ab, heute nach Leipzig zu fahren.

Als wir uns nach der Probe trafen – natürlich war an eine richtige Probe nicht zu denken gewesen –, fuhren wir zu Tante Trockel. Die würde, sollten wir uns bis zehn nicht gemeldet haben, nach Robert sehen. Danach gingen wir noch in die Kaufhalle – das Angebot war unglaublich gut, ich erinnere mich jetzt nur an die Gläser mit Gewürzgurken, plötzlich schienen davon Unmengen verfügbar zu sein, ebenso H-Milch und Ketchup. Unser Kühlschrank war später so vollgestopft wie vor Weih-

1 Es ist bemerkenswert, dass T. noch im Mai 1990 Michaelas mutiges Auftreten als »Wahn« bezeichnet.

nachten. Michaela legte zweihundert Mark auf den Küchentisch, dazu unseren Vorrat an Telephonzwanzigern, das restliche Münzgeld und die Kliniknummer meiner Mutter. Ich schrieb die Nummer von Geronimo dazu. Robert begann erst beim Anblick der Geldscheine zu ahnen, wie sehr sich dieser Nachmittag von allen anderen unterschied. Er wollte mit. Ich war dafür, Michaela dagegen. Sie sprach mit ihm in seinem Zimmer. Als sie wieder herauskam, sah ich, daß sie geweint hatte. Gegen vier starteten wir; aus dem Theater hatte sich niemand von Michaelas komfortablem Angebot zum Mitfahren bewegen lassen.

Hinter Espenhain wurden wir herausgewinkt, Verkehrskontrolle. Ich hätte nur die Papiere zu Hause vergessen müssen oder ein Blinklicht demolieren, womöglich wäre dann die Reise schon vorbei gewesen. Man wünschte uns gute Fahrt. Bevor ich wieder ins Auto stieg, ließ ich meinen Blick auf den mickrigen Bäumen und Sträuchern ruhen, die den Parkplatz umgaben – in diesem Moment erschien er mir wie eine Idylle. Es war verhältnismäßig warm. Mir kam es so vor, als hätte ich seit Jahren nicht mehr ans Schreiben gedacht.

Kurz vor Leipzig begann sich Michaela zu schminken. Wir könnten doch noch einen Schaufensterbummel machen, sagte sie, Zeit hätten wir ja. Dabei legte sie mir eine Hand auf den Schenkel, als wolle sie mir Mut machen.

Was folgte, ist schnell erzählt:

Wir parkten vor dem Dimitroffmuseum. Direkt gegenüber, in einer Nebenstraße, standen LKWs der Kampfgruppen. Aus großen Kübeln wurde Tee an die Uniformierten verteilt. Sie schienen keine Waffen zu tragen. Wir überquerten die Straße und kamen bis auf zehn Meter an sie heran. Die wenigen, die uns bemerkten, sahen schnell weg.

Wir gingen am Neuen Rathaus vorbei zur Thomaskirche. Ein bißchen benahmen wir uns wie Touristen, denen man eine

Stunde Freizeit gelassen hat, bevor ihr Bus weiterfährt. Wir umrundeten die Kirche und blieben eine Weile vor dem Denkmal Johann Sebastian Bachs stehen. Michaela zog es in den gegenüberliegenden Buchladen. Gerade in einer Situation wie dieser, sagte sie, sei es schön, von Büchern umgeben zu sein. Ich gehorchte meinem Reflex, doch noch bevor ich die ersten Meter des Regals überflogen hatte, war mir klar, daß ich nichts kaufen würde. Ich sah überhaupt keinen Sinn mehr darin, ein Buch auch nur in die Hand zu nehmen.[1]

Es muß dann schon in der Nähe der Oper gewesen sein, als wir auf eine ganze Reihe von diesen Mannschaftswagen stießen. Wir liefen an ihnen vorbei, und es war fast so, als würden wir sie besichtigen. Ein paar Uniformierte stapften hin und her, den Blick auf ihre Gerätschaften gerichtet. Sie hatten auch Hunde dabei und Wasserwerfer.

Am Gewandhaus blieben wir stehen. Von den Eingangsstufen aus konnte man den ganzen Platz übersehen.[2]

Liebe Nicoletta! Sie werden vielleicht annehmen, wir hätten in diesen Stunden irgendwelche gewichtigen Gespräche geführt, Gespräche über die Zukunft und über Robert, oder uns wenigstens versprochen, von nun an jeden Augenblick unseres Lebens zu genießen und einander zu lieben. Aber nichts von alldem.

Weil ich die Staatsmacht nie zuvor derart bedrohlich zu Gesicht bekommen hatte, war es gerade dieser Anblick, der alles so unwirklich machte. Jedesmal wenn eine Kolonne Mannschaftswagen aus Richtung Grassi-Museum auf den Ring einbog, hupten die Autos dagegen an, Pfiffe gellten. Waren die Wagen vorbei, wurde es wieder ein schöner Oktobernachmittag

1 Auch hier wüsste man gern: Warum?

2 Der Eingang des Gewandhauses ist völlig ebenerdig, es gibt dort keine Stufen.

mit Leuten, die einander zulächelten, die Buchläden durchstreiften und auf die Straßenbahn warteten.

Ich erklärte Michaela, deren Einkäufe ich trug, aus welcher Richtung die Demonstranten kommen würden, falls man sie überhaupt bis auf den großen Platz ließe. Wären sie erst mal hier, könne sie nichts mehr aufhalten. Wir hatten einen geradezu idealen Standort gefunden. Von hier aus konnten wir flüchten oder teilnehmen oder einfach verharren. Wer wollte einem verbieten, mit einer Buchtüte unterm Arm vor dem Gewandhaus zu stehen?

Plötzlich drangen von allen Seiten Geräusche auf uns ein. Aus Lautsprechern tönte ein Aufruf zur Gewaltlosigkeit[1], und zugleich hörte ich die Sprechchöre laut und nah. Unversehens war sie da, die Demonstration, wir hatten es gar nicht gemerkt. Von einer Sekunde auf die andere war der Opernplatz voller Leute, als hätten sie Tarnkappen abgeworfen. Wir selbst waren die Demonstration! Jetzt ist es zu spät, dachte ich. Michaela knetete meine Hand. Ich wollte ihr sagen, sie brauche nun keine Angst mehr zu haben, als sie mich wegzog. Michaela strebte auf einen Mann zu, der mit seinem Schnauzer und dem kahlen Kopf aussah wie eine Robbe. Sie umarmten sich. Er trug eine Brille aus dem Westen und tat so, als habe er mich gar nicht bemerkt. Mindestens eine halbe Minute lang wartete ich hinter Michaela und sah ihn über ihre Schulter hinweg an. Irgendwann sagte sie: »Das ist Enrico, der ist auch am Theater.« Ich fragte, was *er* denn mache, worauf Michaela »Das ist ***!« rief. *** nickte kurz wie in Gedanken und richtete seine Robbenaugen wieder

1 Aufruf der »Sechs von Leipzig« (die Sekretäre der SED-Bezirksleitung Kurt Meyer, Jochen Pommert, Roland Wötzel, der Dirigent Kurt Masur, der Theologe Peter Zimmermann und der Kabarettist Bernd-Lutz Lange): »Wir alle brauchen freien Meinungsaustausch über die Weiterführung des Sozialismus in unserem Land.« Der von Masur verlesene Aufruf endete: »Wir bitten Sie dringend um Besonnenheit, damit der friedliche Dialog möglich wird.«

auf Michaela. Und schon gingen wir drei nebeneinander in Richtung Post. Ich schob mich neben Michaela und winkelte meinen rechten Arm an, damit sie sich bei mir unterhakte. Sie aber tat nichts dergleichen und wandte kein Auge von der Robbe. Ich wußte nicht einmal, woher sie sich kannten. »Irre«, sagte die Robbe mehrmals, »irre!«

Ohne mich wären sie einander wohl noch öfter um den Hals gefallen. Michaela erzählte von Thea. Sah so der Regisseur aus, der Michaelas Träume erfüllen konnte?

Unerträglich war mir der Gedanke, daß er nun unauslöschlich mit diesem Tag verbunden sein würde. Wie eine Zecke würde er von nun an in unserer Erinnerung hängen. Genosse Robbe war dazu übergegangen, statt »irre« »schlimm« zu sagen. Jedem Satz von Michaela gab er mit »schlimm, schlimm« seinen Segen. Sie fühlte sich davon angespornt. Plötzlich zeigte er zu der Kamera hinauf und sagte: »Wenn das ein Maschinengewehr wäre!« Jemand hatte angefangen, der Kamera zuzuwinken, und nun winkten alle um mich herum hinauf. An der Fußgängerampel machten wir halt.

Sie kennen ja die dunklen Fernsehbilder. Haben Sie die Langsamkeit bemerkt, mit der die Leute einen Fuß vor den anderen setzten, und die großen Abstände zwischen ihnen? Ich kannte nur Maidemonstrationen, bei denen man sich ewig die Beine in den Bauch stand, ab und an ein paar Meter voranschlurfte, wartete und schließlich zum Laufschritt angetrieben wurde, damit vor der Tribüne keine Lücke im Demonstrationszug entstand. Hier aber schlenderte man zu zweit, zu dritt, in Grüppchen über den Platz, darauf bedacht, den anderen nicht zu nahe zu treten. Die Ampel wurde grün. Wir aber blieben stehen und warteten. Ein Mann fragte: »Beim nächsten Grün gehen wir los?« Und so betraten wir, als das grüne Männlein wieder aufleuchtete, endlich die Straße.

Wir wandten uns nach links, in Richtung Hauptbahnhof. Die

Leute in den Autos, für sie war kein Durchkommen mehr, saßen wie festgefroren, angststarre Blicke. Von den Einsatzwagen, überhaupt von Polizei war nichts zu sehen. Nur ein einziger Polizist zeigte sich breitbeinig in einer Nebenstraße, als wollte er sich die Demonstration einmal persönlich anschauen. Nach zwei- oder dreihundert Metern drehten wir uns um. Sie erinnern sich vielleicht, die Straße fällt zum Hauptbahnhof hin leicht ab. Michaela jubelte und umarmte mich, die Robbe schrie: »Irre, irre!« Die ganze Stadt schien eine einzige Demonstration!

Auf einmal brüllte die Robbe los: »Reiht euch ein! Reiht euch ein!« Beim zweiten Mal hatte er sogar seinen Arm erhoben und skandierte es mit geballter Faust, als drohte er den Leuten in dem Restaurant, die an die Fenster gekommen waren und winkten. »Reiht euch ein!« brüllte er, und Michaela fiel beim vierten oder fünften Mal mit ein. Dann wechselten sie zu »Gorbi, Gorbi!«. Es war grausam. Die beiden machten ein solches Geschrei, daß alle Gespräche verstummten und den anderen nichts weiter übrigblieb, als einzustimmen.

Michaela wandte sich mir zu, als wollte sie sagen: »So wird's gemacht!«

Wenn die Robbe pausierte, sprach Michaela weiter von Thea. Sie nahm es klaglos hin, daß die Robbe sie mitten im Satz unterbrach, um die »Internationale« anzustimmen.

Wir liefen unter der dichtbesetzten Fußgängerbrücke hindurch und betraten die riesige Kreuzung dahinter, die völlig leer war. Ich genoß es, mitten auf der Straße gehen zu können. Im selben Moment sah ich die Helme und Schilde, vielleicht dreihundert Meter von uns entfernt. Wir blieben stehen. Die Robbe klärte uns darüber auf, daß dort die »Runde Ecke« sei, das Gebäude der Staatssicherheit.

Wie schon an der Fußgängerampel warteten wir, daß die Leute aufrückten und der Demonstrationszug dichter wurde.

Auf dieser Kreuzung hörte ich zum ersten Mal »Wir sind das Volk« (im Originalton: »Mihr sinn das Vouhlg«), was mir damals wie eine Antwort auf den Leserbrief der Kampfgruppe vorkam.[1]

An der »Runden Ecke« – kein einziges Fenster war in dem ganzen großen Haus erleuchtet – sah ich erst, wie klein der uniformierte Haufen war, der sich da vor dem Eingang Schild an Schild drängte. Ich glaubte zu erkennen, daß diese Hopliten wie Pferde zu scheuen und auf der Stelle zu tänzeln schienen.[2] Um sie zu beruhigen, hatte sich eine Reihe von Demonstranten vor die Schildbewehrten gestellt. Sie hielten sich an den Händen und sahen den anderen Demonstranten zu, wie diese brennende Kerzen zu ihren Füßen auf das Pflaster stellten.

Plötzlich verschwand die Robbe von unserer Seite und zwängte sich in die Menschenkette vor den Uniformierten. Dabei sah er nach links und nach rechts, als ginge es darum, sich beim Schlußapplaus gleichzeitig mit den anderen zu verbeugen. Statt weiterzugehen und ihn dort stehen zu lassen, trat Michaela vor ihn hin. Er aber, ganz ergriffen von seiner neuen Rolle, ignorierte sie jetzt.

Schweigend trotteten Michaela und ich an der Thomaskirche vorbei, bis wir zum Neuen Rathaus kamen.

Ich wunderte mich über das Freudengeschrei um uns herum. Ich hatte eher das Gefühl, wir seien ins Leere gelaufen. Was soll man tun? Noch einen Schwenk, zurück zum Gewandhaus?

Michaela wollte bleiben. Ich ging weiter geradeaus zum Auto. Notgedrungen folgte sie mir. Was ich gegen *** habe, rief sie, und warum in aller Welt ich den Beleidigten spiele. Von ihm, sagte ich, habe sie mir nie erzählt. Da gebe es auch nichts zu erzählen, sagte sie, sie hätten sich nur einmal in der Kantine

1 T. hörte diesen Spruch eine Woche nach seiner Entstehung.

2 Leicht als Übertreibung erkennbare Beschreibung.

des BE getroffen und Thea habe sie einander vorgestellt. Ich sagte, daß ich ihr das nicht glaubte … Ich wolle einfach nicht kapieren, unterbrach sie mich, wie es unter Theaterleuten zugehe; sie seien eben eine große Familie und so eine Begrüßung habe gar nichts zu bedeuten. Ganz egal wie es sei, sagte ich, auf jeden Fall habe sie mich verleugnet.

Wir schwiegen während der gesamten Rückfahrt.

Als ich die Wohnungstür aufschloß, glaubte ich erst, Tante Trockel sei gekommen, aber es war meine Mutter, die mit Robert Abendbrot aß. Ich dachte, sie würde uns Vorwürfe machen wegen unseres Leichtsinns und weil wir Robert allein gelassen hatten. Aber das schien sie nicht zu interessieren. Sie habe mal wieder vorbeischauen wollen, sagte sie und hörte Michaela mit schiefgelegtem Kopf zu, als berichtete sie von ihrer letzten Premiere. Tante Trockel hingegen, von der ich den Schlüssel holte, verlangte einen vollständigen Bericht. Den sei ich ihr schuldig, schließlich habe sie bereits ihre Sachen gepackt. Sie klang vorwurfsvoll, als hätte ich sie um eine Reise, um ein Abenteuer gebracht.

Ihr Enrico T.

# Anhang

# Autorenviten und Quellenverzeichnis

*Hector Berlioz* war ein französischer Komponist und Musikkritiker, der 1803 in La Côte-Saint-André, Département Isère, geboren wurde und 1869 in Paris starb. Er ist ein bedeutender Vertreter der Musik der Romantik in Frankreich. Sein Œuvre markiert den Beginn der Moderne in der Musik. Auf Wunsch seines Vaters studierte er Medizin, wechselte jedoch 1824 auf das Pariser Konservatorium. 1830 erhielt er den begehrten Rompreis als Abschluss seines Kompositionsstudiums. Obwohl er seit Ende der zwanziger Jahre mehrere Werke erfolgreich aufgeführt hatte, konnte er seine Familie von dieser Arbeit nicht ernähren und war fast dreißig Jahre lang auch als Musikkritiker tätig. Während der Revolution von 1848 hielt er sich in London auf. 1852 veranstaltete Franz Liszt ein erfolgreiches Berlioz-Festival in Weimar, das wesentlich zur Verbreitung von dessen Werk in Deutschland beitrug.

Hector Berlioz: Bei Mendelssohn Bartholdy in Leipzig*. In: Ders.: *Memoiren mit der Beschreibung seiner Reisen in Italien, Deutschland, Russland und England 1803–1865*. Leipzig 1967.

*Theodor Fontane*, geboren 1819 in Neuruppin, war ein deutscher Schriftsteller und approbierter Apotheker, der 1898 in Berlin starb. Nach mehreren Angestelltenpositionen als Apotheker in Magdeburg, Leipzig und Dresden gab er 1849 den ungeliebten Beruf auf und beschloss, als freier Schriftsteller zu arbeiten. Er gilt als der bedeutendste Vertreter des poetischen Realismus.

Theodor Fontane: In der Hainstraße*. Aus: Von Zwanzig bis Dreißig. Autobiographisches. In: Ders.: *Werke in Einzelausgaben*. Herausgegeben von Christfried Coler. Berlin [o. J.].

*Johann Wolfgang von Goethe* (geadelt 1782) wurde 1749 in Frankfurt am Main geboren und starb 1832 in Weimar. Von 1765–68 studierte Goethe in Leipzig Jura, begeisterte sich jedoch eher für Poetikvorlesungen und seinen privaten Zeichenunterricht. Ein Blutsturz zwang ihn, das Studium abzubrechen und nach Frankfurt zurückzukehren. 1770 ging er nach Straßburg, um sein Studium zu beenden. Er begegnete dort Johann Gottfried Herder, dessen Verständnis von Poesie und Sprache entscheidenden Einfluss auf ihn hatte. Nach Jahren als Anwalt in Frankfurt wurde er 1775 von Herzog Carl-August, der in ihm einen geeigneten Berater für die eigene Regierungstätigkeit sah, nach Weimar geholt. 1786 wurde Goethe von den Regierungsgeschäften beurlaubt und reiste nach Italien. Nach dieser zweijährigen Bildungsreise kehrte er nach Weimar zurück und übernahm 1791 bis 1817 die Leitung des Hoftheaters. In dieser Zeit entwickelte sich die kollegiale Freundschaft mit Friedrich Schiller. Goethe ist als Dichter, Theaterleiter, Naturwissenschaftler, Kunsttheoretiker und Staatsmann der zentrale Vertreter der Weimarer Klassik.

Johann Wolfgang von Goethe: Auerbachs Keller in Leipzig. In: Ders.: *Goethes Werke.* Bd. 12. Vollständige Ausgabe letzter Hand. Stuttgart und Tübingen 1828.

Johann Wolfgang von Goethe: Meine Kollegia besuchte ich anfangs emsig und treulich*. In: Ders.: *Werke.* Hamburger Ausgabe in 14 Bänden, Bd. 9, Autobiographische Schriften I: Dichtung und Wahrheit. München 1982.

*Johann Georg Theodor Grässe* war ein deutscher Bibliograph, Sagenforscher und Literaturhistoriker, der 1814 in Grimma geboren wurde und 1885 in Niederlößnitz starb. Er studierte ab 1833 in Leipzig Philologie, Philosophie und Archäologie, wo er 1834 promoviert wurde und setzte dann seine literaturwissenschaftliche Ausbildung in Halle fort. 1837 ließ er sich in Dresden nieder und begann mit der Arbeit an einer vierbändigen Literaturgeschichte. 1838 wurde er Lehrer für französische Sprache und Literatur, 1843–54 Privatbibliothekar des sächsischen Kurfürsten Friedrich August II., 1858 wurde er zum Inspektor des Münzkabinetts ernannt. 1861 wurde er Direktor der Dresdner Porzellansammlung, 1864 als Hofrat zum Direktor des Grünen Gewölbes ernannt. 1842 legte Grässe eine Übersetzung der »Gesta Romanorum« vor, 1855 erschien eines seiner Hauptwerke, der »Sagenschatz des Königreiches Sachsen«, 1868/71 das »Sagenbuch des Preußischen Staats«.

Johann Georg Theodor Grässe: Der Ursprung von Leipzig und seinen Linden. In: Ders.: *Der Sagenschatz des Königreichs Sachsen*. Bd. 1. Dresden 1874.

*Wolfgang Hilbig*, geboren 1941 in Meuselwitz bei Leipzig, gestorben 2007 in Berlin, übersiedelte 1985 aus der DDR in die Bundesrepublik. Er erhielt zahlreiche literarische Auszeichnungen, darunter den Georg-Büchner-Preis, den Ingeborg-Bachmann-Preis, den Bremer Literaturpreis, den Berliner Literaturpreis, den Literaturpreis des Landes Brandenburg, den Lessing-Preis, den Fontane-Preis, den Stadtschreiberpreis von Frankfurt-Bergen-Enkheim, den Peter-Huchel-Preis und den Erwin-Strittmatter-Preis.

Wolfgang Hilbig: Leipzig-Plagwitz: Abfahrt und Ankunft. In: Ders.: *Werke*. Herausgegeben von Jörg Bong, Jürgen Hosemann und Oliver Vogel. Band II: Erzählungen und Kurzprosa. Mit einem Nachwort von Katja Lange-Müller. © S. Fischer Verlage GmbH, Frankfurt am Main 2009

*E. T. A. Hoffmann* (Ernst Theodor Amadeus Hoffmann) wurde 1776 in Königsberg geboren und starb 1822 in Berlin. Er war Schriftsteller, Jurist, Komponist, Kapellmeister, Musikkritiker, Zeichner und Karikaturist. 1792 begann er ein Jurastudium in Königsberg, das er in Glogau beendete. Sein Referendariat trat er in Berlin an, wo er Jean Paul kennenlernte und 1800 sein Assessorexamen ablegte. In den folgenden Jahren war er als Gerichtsassessor in Posen, Plotzk und Warschau tätig und beschäftigte sich mit musikalischen Kompositionen. 1807 verließ Hoffmann nach dem Einmarsch der napoleonischen Truppen in Warschau die Stadt, ging nach Berlin, wo er als freier Künstler leben wollte. 1808 zog er als Kapellmeister nach Bamberg, verlor die Anstellung am Theater jedoch nach einer verpatzten Premiere schon nach zwei Monaten wieder. 1810 wurde er als Direktionsassistent, Dramaturg und Dekorationsmaler wieder angestellt. Als er die Stelle des Kapellmeisters bei Joseph Seconda in Dresden und Leipzig angeboten kam, verließ er Bamberg. 1814 übersiedelte er nach dem Sieg Preußens über Napoleon ins Kammergericht nach Berlin. Er knüpfte hier Freundschaften mit Friedrich de la Motte Fouqué, Clemens Brentano und Adelbert von Chamisso an. 1816 wurde Hoffmann zum Kammergerichtsrat ernannt. Seine Talente als Jurist wie auch als bildender Künstler und Literat wurden von seinen Zeitgenossen unterschiedlich hoch geschätzt, doch sein Erfolg und Einfluss, auch auf Schriftsteller der Gegenwart, ist unzweifelhaft.

E. T. A. Hoffmann: Als Kapellmeister nach Leipzig*. In: *E. T. A. Hoffmann im persönlichen und brieflichen Verkehr. Sein Briefwechsel und die Erinnerungen seiner Bekannten*. Herausgegeben von Hans von Müller. Bd. 2, H1 (1803–1814). Berlin 1912.

E. T. A. Hoffmann: Abends gelungene Darstellung der ›Zauberflöte‹*. In: Ders.: *Dichtungen und Schriften sowie seine Briefe und Tagebücher*. Briefe und Tagebücher II. Gesamtausgabe in 15 Bänden. Herausgegeben von Walter Harich und Erich Lichtenstein. Dresden u. a. 1924.

*Uwe Johnson* war ein deutscher Schriftsteller, der 1934 in Kammin, Pommern, geboren wurde und 1984 in Sheerness on Sea, England, starb. 1952–56 studierte er Germanistik in Rostock und Leipzig. Im Jahr 1953 kam es zu heftigen Auseinandersetzungen zwischen Johnson und der Leitung der Universität Rostock, nachdem der Autor sich öffentlich für die ›Junge Gemeinde‹ und das Recht auf Meinungs- und Pressefreiheit eingesetzt hatte. 1959 zog er nach West-Berlin, nachdem sein Debütroman von mehreren Verlagen der DDR abgelehnt worden und im Frankfurter Suhrkamp Verlag erschienen war. 1962 hielt sich Johnson mit einem Stipendium in der Villa Massimo in Rom auf, 1961 und 1966–68 lebte er mit Unterstützung der Rockefeller Foundation in New York, um an seinem vierbändigen Roman »Jahrestage. Aus dem Leben von Gesine Cressphal« zu arbeiten. 1969 wurde Johnson Mitglied des P.E.N.-Zentrums der Bundesrepublik Deutschland sowie der Akademie der Künste in West-Berlin, zu deren Vizepräsident er 1972 gewählt wurde. 1977 wurde er Mitglied der Akademie für Sprache und Dichtung, aus der er 1979 wieder austrat. Von 1974 bis zu seinem Tod lebte er in Sheerness on Sea auf der Isle of Sheppy, England, wo er an Herzversagen starb.

Uwe Johnson: Leipzig, Hauptbahnhof*. In: Ders.: *Das dritte Buch über Achim*, S. 44–47. © Suhrkamp Verlag, Frankfurt am Main 1961

*Der Leipziger Buchdruckereid* von 1589. In: *Archiv für Geschichte des deutschen Buchhandels*, 9. Band. Hrsg. v. Albrecht Kirchhoff. Leipzig 1882.

*Michael Lentz,* 1964 in Düren geboren, lebt in Berlin. Diverse Preise, u. a. den Ingeborg-Bachmann-Preis 2001, den Förderpreis des BDI 2002 und den Preis der Literaturhäuser 2005. Zuletzt erschienen die Prosabände »oder«, »Muttersterben«, der Lyrikband »Aller Ding« und die Romane »Liebeserklärung« und »Pazifik Exil«.

Michael Lentz: Das Völkerschlachtdenkmal*. In: Ders.: *Liebeserklärung.* © S. Fischer Verlage GmbH, Frankfurt am Main 2003

*Erich Loest* ist ein deutscher Schriftsteller, der 1926 in Mittweida geboren wurde. Er publiziert auch unter den Pseudonymen Hans Walldorf, Bernd Diksen und Waldemar Naß. In der Endphase des Zweiten Weltkrieges war er als »Werwolf« eingesetzt worden und in amerikanische Kriegsgefangenschaft geraten. Nach Kriegsende arbeitete er in der Landwirtschaft und als Hilfsarbeiter in Sachsen. Er holte sein Abitur nach und begann 1946 seine schriftstellerische und journalistische Laufbahn als freier Mitarbeiter der ›Leipziger Volkszeitung‹. Er wurde 1947 Mitglied der SED. 1950, nach Erscheinen seines Debütromans, verlor er seine Redakteursstelle und ist seither freier Schriftsteller. 1955/56 studierte er am Literaturinstitut Johannes R. Becher, 1957 wurde er wegen angeblicher »konterrevolutionärer Gruppenbildung« verhaftet und verbüßte eine Strafe von siebeneinhalb Jahren im Zuchthaus Bautzen II. Nach seiner Haftentlassung wurde das Schreibverbot aufgehoben, und Loest arbeitete wieder als Schriftsteller. 1979 geriet er erneut in Konflikt mit der SED-Führung, nachdem er eine Petition gegen die öffentliche Diffamierung Stefan Heyms unterzeichnet hatte, und trat aus dem Schriftstellerverband der DDR aus. Mit einem Dreijahresvisum reiste er in die BRD und kehrte nicht in die DDR zurück.

1987 gründete er in Künzelsau den Linden-Verlag, der seit 1989 seinen Sitz in Leipzig hat. Der Autor wurde 1990 vom Obersten Gericht der DDR voll rehabilitiert und lebt seit 1998 wieder in Leipzig.

Erich Loest: Ein schreckliches Jahr, ein fürchterlicher Wonnemonat Mai*. In: Ders.: *Völkerschlachtdenkmal,* S. 236–256. © Linden-Verlag, Leipzig 1990

*Thomas Mann* wurde 1875 in Lübeck geboren und starb 1955 in Kilchberg bei Zürich. Er zählt zu den bedeutendsten Erzählern des zwanzigsten Jahrhunderts. Nach der Schulzeit ging Mann als Volontär einer Versicherungsgesellschaft nach München, wo er erste literarische Arbeiten veröffentlichte. Er begann Vorlesungen zu besuchen und lebte nach seiner Kündigung von seinem väterlichen Erbe als freier Schriftsteller. 1895 folgte er seinem Bruder Heinrich nach Italien, ab 1898 arbeitete er in der Redaktion des ›Simplicissimus‹. 1900 wurde er als Einjährig-Freiwilliger eingezogen, nach wenigen Monaten jedoch wegen Dienstuntauglichkeit wieder entlassen. Im Folgejahr wurde der Roman »Die Buddenbrooks« veröffentlicht, für den Thomas Mann 1929 den Literaturnobelpreis erhielt. 1933 kehrten er und seine Frau Katia von einer Vortragsreise nicht nach Deutschland zurück, sie hielten sich erst in Frankreich auf, zogen dann in die Schweiz. 1934 und 1935 reisten die Manns erstmals zu Besuchen in die USA, 1936 wurde ihnen und ihren Kindern Erika, Elisabeth und Michael die deutsche Staatsbürgerschaft aberkannt. 1938 emigrierte die Familie in die USA, ab 1941 lebten sie mit anderen deutschen Exilanten wie Bertolt Brecht, Theodor W. Adorno, Arnold Schönberg, Hanns Eisler und Alfred Döblin in Pacific Palisades, Kalifornien. 1952 kehrten die Manns in die Schweiz zurück. Schon 1949 hatte Mann anlässlich der Feiern zu Goethes 200. Geburtstag Frankfurt am Main und Weimar besucht, 1955 besuchte er ein letztes Mal seine Heimatstadt Lübeck.

Thomas Mann: In der Petersstraße*. In: Ders.: *Doktor Faustus. Das Leben des deutschen Tonsetzers Adrian Leverkühn, erzählt von einem Freunde.* Herausgegeben und textkritisch durchgesehen von Ruprecht Wimmer unter Mitarbeit von Stephan Stachorski. Große kommentierte Frankfurter Ausgabe, Band 10.1. © S. Fischer Verlage GmbH, Frankfurt am Main 2007

Über das Leben des Autors *August Salomon Maurer* liegen uns leider keine Informationen vor.

August Salomon Maurer: Messe-Gefahren; Sie müssen Leipzig sehen*. In: Ders.: *Leipzig im Taumel. Nach Originalbriefen eines reisenden Edelmanns 1799*. Neudruck P. Tobler, Münster i. Schw. 1908.

*Alfred Meißner* war ein deutsch-böhmischer Schriftsteller, der 1822 in Teplitz geboren wurde und 1885 in Bregenz starb. Nach seinem Medizinstudium in Prag, das er 1846 mit einer Promotion abschloss, arbeitete er kurze Zeit als Arzt in einer Klinik, widmete sich dann aber der Schriftstellerei. 1846 übersiedelte er nach Leipzig und ging 1847 nach Paris, wo er Heinrich Heine kennenlernte. 1848 wurde er in die Frankfurter Nationalversammlung gewählt, wo er der äußersten Linken angehörte; nach dem Scheitern der Revolution radikalisierten sich seine Ansichten. In den Folgejahren reiste er durch Europa, lebte ab 1869 in Bregenz. Politisch wurde er nun ein Anhänger konservativer und nationalistisch-preußischer Ansichten. Er starb an den Folgen eines Selbstmordversuchs.

Alfred Meißner: Der Irrtum des Verlegers. In: Ders.: *Geschichte meines Lebens*. Bd. 1. Wien und Teschen 1885.

*Felix Mendelssohn Bartholdy*, geboren 1809 in Hamburg, war ein deutscher Komponist, der 1847 in Leipzig starb. Bereits als Zehnjähriger begann er zu komponieren. 1821 besuchte er mit seinem Lehrer Carl Friedrich Zelter Johann Wolfgang von Goethe in Weimar. 1825 reiste er mit seinem Vater nach Paris, wo er mit seinem Klavierquartett die Aufmerksamkeit von Luigi Cherubini erregte. Mit der ersten Wiederaufführung der ›Matthäuspassion‹ von Johann Sebastian Bach 1829 begründete Mendelssohn die Bach-Renaissance im neunzehnten Jahrhundert. 1829 reiste er erstmals nach London, wo er enthusiastisch aufgenommen wurde. Dies war der Auftakt zu Reisen nach Rom, Stuttgart, Frankfurt am Main, Düsseldorf. 1833 wurde er zum Generalmusikdirektor der Stadt Düsseldorf ernannt, 1835 übernahm er die Leitung der Gewandhauskonzerte in Leipzig. Er machte die Stadt zu einem musikalischen Zentrum von europäischer Bedeutung und gründete 1843 hier das erste Konservatorium für Musik in Deutschland, heute ›Hochschule für Musik und Theater »Felix Mendelssohn Bartholdy« Leipzig‹. Nach seinem Tod wurde der protestantisch getaufte und christlich erzogene Mendelssohn Opfer antisemitischer Propaganda; von Richard Wagner verunglimpft und auch von Friedrich Nietzsche diffamiert, wurden Aufführungen der Werke Mendelssohns im Dritten Reich verboten.

Felix Mendelssohn Bartholdy: Vorgestern abend fing also meine Leipziger Musikdirektorschaft an*. In: Ders.: *Briefe aus den Jahren 1833 bis 1847*. Herausgegeben von Paul Mendelssohn Bartholdy und Carl Mendelssohn Bartholdy. Leipzig 1864.

*Clemens Meyer,* geb. 1977 in Halle/Saale, lebt in Leipzig. 2006 erschien sein Debütroman »Als wir träumten«, für den er zahlreiche Preise, darunter den Mara-Cassens-Preis, erhielt. 2008 folgten die Erzählungen »Die Nacht, die Lichter«, die unter anderem mit dem Preis der Leipziger Buchmesse ausgezeichnet wurden. Im Frühjahr 2010 erscheint »Gewalten. Ein Tagebuch«.

Clemens Meyer: Versammlungen. In: Ders.: *Als wir träumten.* 

*Johann Martin Miller* war ein deutscher Theologe und Schriftsteller, der 1750 in Ulm geboren wurde und 1814 dort auch starb. 1770 begann er ein Theologiestudium in Göttingen und war dort 1772 einer der Mitbegründer des Hainbundes, über den er Freundschaft mit Matthias Claudius und Friedrich Gottlieb Klopstock schloss. In den Jahren 1774/75 beendete er sein Studium in Leipzig. Ab 1780 war Miller in der Nähe von Ulm als Pfarrer tätig, wurde 1783 Münsterprediger, 1804 Konsistorialrat, 1810 schließlich Geistlicher Rat und Dekan für Ulm.

Johann Martin Miller: Lied eines Leipziger Magisters. In: *Deutsche Nationalliteratur.* Hrsg. v. Joseph Kürschner. Stuttgart [o. J.].

*Friedrich Nicolai* wurde 1733 in Berlin geboren, wo er 1811 verstarb. Er war ein deutscher Schriftsteller, Verlagsbuchhändler, Verleger, Regionalhistoriker, Kritiker. Die Arbeit Nicolais stand im Dienste der Aufklärung, sein Stil ist polemisch, seine Reisebeschreibungen enthalten aufschlussreiche geographische, nationalokönomische, politische und kulturelle Beobachtungen. Er ist ein Hauptvertreter der Berliner Aufklärung.

Friedrich Nicolai: Die Welt der Bücher*. In: Ders.: *Leben und Meinungen des Herrn Magisters Sebaldus Nothanker.* Berlin 1960, S. 70ff.

*Reinhard Piper*, geboren 1879 in Penzlin, Mecklenburg, gestorben 1953 in München, war ein deutscher Verleger und Kunsthistoriker. Nach einer Buchhändlerlehre in München arbeitete Piper 1898–1901 in Berlin, wo er den Bildhauer und Schriftsteller Ernst Barlach kennenlernte, mit dem ihn eine lebenslange Freundschaft verband. 1902 unternahm er eine Bildungsreise nach Frankreich und arbeitete anschließend in einer Buchhandlung in Dresden. 1904 gründete er mit Georg Müller zusammen den Verlag R. Piper & Co. in München. 1912 begegnete er erstmals dem Maler Max Beckmann, außerdem unterhielt er enge Kontakte zu Franz Marc und Wassily Kandinsky, deren Almanach ›Der Blaue Reiter‹ er verlegte. 1923 begann er in seinem Verlag die sogenannten Piper-Drucke, Reproduktionen von Gemälden alter und neuer Meister, herauszugeben.

Reinhard Piper: Als ich das erste Mal in Leipzig war, ging ich voll Ehrfurcht an den großen Verlagshäusern vorbei. In: Ders.: *Mein Leben als Verleger.* © 1964 Piper Verlag GmbH, München

*Wilhelm Raabe* war einer der wichtigsten deutschen Vertreter des poetischen Realismus. Er wurde 1831 in Eschershausen geboren und starb 1910 in Braunschweig. Nach dem Abbruch der Schule und einer abgebrochenen Buchhändlerlehre in Magdeburg versuchte Raabe, in Wolfenbüttel das Abitur nachzuholen, was ebenfalls nicht gelang. Er studierte dann als Gasthörer ab 1854 Philologie in Berlin, was ihm als Bürgersohn auch ohne Abitur möglich war. In dieser Zeit veröffentlichte er seinen ersten Roman. Er unternahm 1859 eine Bildungsreise nach Prag, Wien und Süddeutschland. 1862 übersiedelte er nach Stuttgart, wo er sich als Anhänger Bismarcks stark isoliert fühlte und 1870 mit seiner Familie nach Braunschweig zog. In den letzten acht Jahren seines Lebens stellte er die Schriftstellerei ein und unternahm weitere Reisen.

Wilhelm Raabe: Leipzig ist eine schöne Stadt. …*. Aus: Abu Telfan oder Die Rückkehr vom Mondgebirge. In: Ders.: *Ausgewählte Werke in sechs Bänden*. Hrsg. v. Peter Goldammer und Helmut Richter. Berlin, Weimar 1964–66, Bd. 4, S. 9ff.

*Rainer Maria Rilke*, eigentlich René Karl Wilhelm Johann Josef Maria Rilke, wurde 1875 in Prag, damals Österreich-Ungarn, geboren und starb 1926 in einem Sanatorium bei Montreux, Schweiz. Er war einer der bedeutendsten deutschsprachigen Lyriker. 1895 begann er ein Studium der Literatur- und Kunstgeschichte in Prag, das er in München fortsetzte, wo er Lou Andreas-Salomé, die einstige Freundin Friedrich Nietzsches, kennenlernte. 1897 folgte er ihr nach Berlin, unternahm von dort Reisen nach Italien und Russland, wo er unter anderem Leo Tolstoi begegnete. 1902 reiste Rilke nach Paris, um seine Monographie über den Bildhauer Auguste Rodin zu schreiben. Während des Ersten Weltkrieges hielt sich Rilke vorwiegend in München auf. 1919 ging er nach Zürich, übersiedelte 1921 in den Schlossturm von Muzot im Rhônetal. Ab 1923 begab er sich aus gesundheitlichen Gründen immer wieder in Sanatorien.

Rainer Maria Rilke: Auf einmal fehlt mir so deutlich ein »Inselthee« …*; Widmung des Manuskripts »Die Aufzeichnungen des Malte Laurids Brigge« für Katharina Kippenberg*. In: *Die Insel. Eine Ausstellung zur Geschichte des Verlages unter Anton und Katharina Kippenberg*. Herausgegeben von Bernhard Zeller. Marbach 1965.

*Joachim Ringelnatz*, eigentlich Hans Gustav Bötticher, wurde 1883 in Wurzen geboren und starb 1934 in Berlin. Der deutsche Schriftsteller, Kabarettist und Maler ist vor allem für seine Figur Kuttel Daddeldu bekannt. Bis 1909 schlug sich Ringelnatz mit Gelegenheitsjobs durch, dann bestritt er kurze Zeit seinen Lebensunterhalt als Kabarettist in der Münchner Künstlerkneipe ›Simplicissimus‹, wo u. a. Erich Mühsam, Frank Wedekind und Max Reinhardt verkehrten. 1914 meldete er sich zum Kriegdienst. Seit 1910 hatte er Texte publiziert, doch erst ab 1919 tat er dies unter dem Pseudonym Joachim Ringelnatz. 1920 zogen er und seine Frau nach Berlin. Der unpolitische Ringelnatz unterschätzte die Nationalsozialisten, 1933 erteilten diese ihm Auftrittsverbot. 1934 reiste er noch zu Gastspielen in die Schweiz, starb jedoch kurz darauf an Tuberkulose.

Joachim Ringelnatz: Leipzig. In: Ders.: *Das Gesamtwerk in sieben Bänden.* Band 1. Herausgegeben von Walter Pape. Zürich 1994.

Resolution der Leipziger Theater/Schauspiel vom 11. Oktober 1989. In: Neues Forum Leipzig: *Jetzt oder nie – Demokratie! Leipziger Herbst 89.* Leipzig 1989, 2. Auflage, S. 101–102.

*Ingo Schulze* ist ein deutscher Schriftsteller, der 1962 in Dresden geboren wurde. Er studierte 1983–88 Klassische Philologie in Jena, wurde anschließend Dramaturg am Landestheater Altenburg, das er nach zwei Jahren verließ, um als Journalist zu arbeiten. Er gründete das ›Altenburger Wochenblatt‹, arbeitete als Redakteur, wurde dann Geschäftsführer des ›Anzeiger‹. 1993 hielt er sich für ein Jahr in Sankt Petersburg auf, wo er die Annoncenzeitung ›Privet Petersburg‹ lancierte. Seit 1993 lebt er als freier Schriftsteller in Berlin.

Ingo Schulze: Heute entscheidet sich alles*. In: Ders.: *Neue Leben: Die Jugend Enrico Türmers in Briefen und Prosa. Herausgegeben, kommentiert und mit einem Vorwort versehen von Ingo Schulze.* S. 477–486. © Berlin Verlage, Berlin 2005

*Richard Wagner* wurde 1813 in Leipzig geboren und starb 1883 in Venedig. Er war ein deutscher Komponist, Schriftsteller, Dramatiker, Theaterregisseur und Dirigent. Er gilt als Erneuerer der europäischen Musik des 19. Jahrhunderts, verstand die Oper als Gesamtkunstwerk. Außerdem gründete er die Festspiele, die noch heute im Bayreuther Festspielhaus stattfinden. Er studierte ab 1831 in Leipzig Musik. Nach Jahren in Riga und Paris siedelte er sich 1842 in Dresden an, wo ihm der künstlerische Durchbruch gelang. Hier lernte er Franz Liszt kennen, mit dem ihn eine lebenslange Freundschaft verband. Nach seiner Beteiligung am Dresdner Maiaufstand 1849 sah er sich gezwungen, in die Schweiz zu fliehen. Berufliche Gründe führten ihn in den nächsten Jahren nach Paris, Italien, London, nach Sankt Petersburg, Moskau, Budapest und Prag. Ab 1860 durfte der Revolutionär wieder deutschen Boden betreten. 1864 wurde Wagner von seinem Mäzen König Ludwig

II. in München empfangen, verließ die Stadt jedoch bald wieder, um sich in der Nähe von Luzern niederzulassen. 1876 fanden die ersten Bayreuther Festspiele statt, bei denen der »Ring des Nibelungen« vollständig aufgeführt wurde. Wagner starb während eines Aufenthalts in Venedig in seinem Arbeitszimmer.

Richard Wagner: Kindheit und Jugend in Leipzig*. In: Ders.: *Mein Leben*. Band 1. Leipzig 1958.

*Christoph Wolff*, geboren 1940, ist Direktor des Leipziger Bach-Archivs, Ordinarius für Musikwissenschaft an der Harvard University und Honorarprofessor der Universität Freiburg. Er veröffentlichte zahlreiche Beiträge zur Musikgeschichte des 15. bis 20. Jahrhunderts, vor allem zu Bach und Mozart. Für seine wissenschaftlichen Arbeiten erhielt er 1978 die Dent-Medaille der Royal Musical Association in London, 1992 den Staatspreis des Landes Nordrhein-Westfalen und 1996 den Forschungspreis der Alexander von Humboldt-Stiftung. 1999 entdeckte er in Kiew den verloren geglaubten Nachlass des Bach-Sohnes Carl Philipp Emanuel mit einer großen Zahl bisher unbekannter Kompositionen sowie Handschriften seiner Brüder und seines Vaters.

Wolff, Christoph: Kapellmeister an St. Thomas. In: Ders.: *Johann Sebastian Bach*. © S. Fischer Verlage GmbH, Frankfurt am Main 2000

Mit * gekennzeichnete Titel stammen von der Herausgeberin.

# Bildnachweis

Seite 11: Das Leipziger Stadtsiegel von 1287
Aus: *Leipzig: Ein Städte-Lesebuch*. Hrsg. v. Esther Gallwitz. Frankfurt am Main 1989.

Seite 14/15: Älteste Stadtansicht von 1547. Holzschnitt eines unbekannten Künstlers
Aus: *Leipzigs langes Leben*. Hrsg. v. Hans Ludwig und Bernd Weinkauf. Leipzig 1982.

Seite 30: Der Marktplatz mit Messebuden um 1850. Stahlstich von Ludwig Rohbock nach einer Zeichnung von Georg Michael Kurz
Aus: Rolf Weber (Hrsg.): *Mein Leipzig lob ich mir: Zeitgenössische Berichte von der Völkerschlacht bis zur Reichsgründung*. Berlin 1983.

Seite 86: Augustusplatz mit Universität und Universitätskirche. Lithographie von Karl Traugott Riedel nach einer Zeichnung von Otto Knäbig
Aus: Rolf Weber (Hrsg.): *Mein Leipzig lob ich mir: Zeitgenössische Berichte von der Völkerschlacht bis zur Reichsgründung*. Berlin 1983.

Seite 107: Universitätskirche, Kreuzgang und Kirchenschiff
privat

Seite 108: Sprengung der Universitätskirche am 30. Mai 1968.
Aus: Merian Leipzig. September 1977.

Seite 120: Der Thomaskirchhof in Leipzig (Stich von Gottfried Krügner d. Ä., 1723) mit der Kirche, der Schule (vor Renovierung und Erweiterung) und einer Gruppe von Chorschülern

Aus: Christopf Wolff: *Johann Sebastian Bach*. Frankfurt am Main 2000.

Seite 171: Traditioneller Gautschbrief eines Buchdruckergesellen

Aus: *Leipzigs langes Leben*. Hrsg. v. Hans Ludwig und Bernd Weinkauf. Leipzig 1982.

Seite 179: Das Haus in der Richterstraße

Aus: Anton Kippenberg: *Reden und Schriften*. Wiesbaden 1952.


Seite 200: Völkerschlachtmargarine

Aus: *Leipzigs langes Leben*. Hrsg. v. Hans Ludwig und Bernd Weinkauf. Leipzig 1982.

Seite 203: Polizeikette vor der Nikolaikirche, Leipzig, 18. September 1989

Aus: Neues Forum Leipzig: *Jetzt oder nie – Demokratie! Leipziger Herbst 89*. Mit einem Vorwort von Rolf Henrich. München 1990.


Der Fischer Taschenbuch Verlag dankt allen Rechteinhabern für die Abdruckgenehmigung.

Sofern es in Ausnahmefällen nicht möglich war, derzeitige Rechteinhaber zu ermitteln oder deren Abdruckgenehmigung zu beschaffen, sichern wir hiermit die nachträgliche Honorierung im üblichen Rahmen bei entsprechender Nachricht an den Verlag zu.